COMO DECIFRAR NOVA YORK

COMO DECIFRAR NOVA YORK

Um guia visual da arquitetura da Big Apple

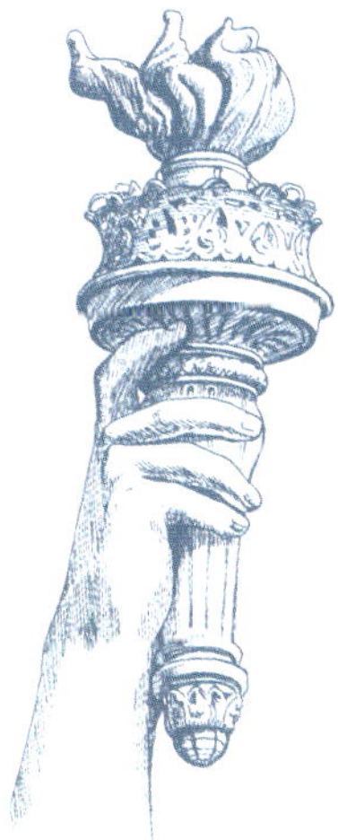

EDIÇÕES DE JANEIRO

Will Jones

Nota desta edição:

Nomes próprios, assim como as referências de ruas e avenidas, e ainda endereços consagrados (caso de alguns museus, casas de espetáculo etc.) foram mantidos na língua original para melhor compreensão e localização. As demais informações foram traduzidas respeitando o Acordo Ortográfico da Língua Portuguesa de 1990.

COORDENAÇÃO DA EDIÇÃO
Ana Cecilia Impellizieri Martins
MV Serra

COORDENADORA DE PRODUÇÃO
Cristiane de Andrade Reis

ASSISTENTE EDITORIAL
Aline Castilho

TRADUÇÃO
Joel Ghivelder

COPIDESQUE
Laura Folgueira

REVISÃO
Elisabeth Lissovsky

DIAGRAMAÇÃO
Filigrana

Edição original *How to read New York*

DIRETOR DE CRIAÇÃO Peter Bridgewater
PUBLISHER Jason Hook
DIRETOR EDITORIAL Caroline Earle
DIRETOR DE ARTE Michael Whitehead
EDITOR SÊNIOR Stephanie Evans
DESIGNER JC Lanaway
ILUSTRADOR Coral Mula
EDITOR DE PROJETO Jamie Pumfrey
GERAÇÃO DE COR Ivy Press Reprographics

IMPRESSO NA CHINA

CIP-BRASIL. CATALOGAÇÃO NA FONTE
SINDICATO NACIONAL DOS EDITORES DE LIVROS, RJ

J67c Jones, Will
Como decifrar Nova York: um guia visual da arquitetura da Big Apple / Will Jones; tradução Joel Ghivelder. - 1. ed. - Rio de Janeiro: Edições de Janeiro, 2015.
256 p. : il. Tradução de: How to read New York
ISBN 978-85-67854-59-5
1. Arquitetura - História. I. Título.
15-20449 CDD: 720.9 CDU: 72

EDIÇÕES DE JANEIRO
Rua da Glória 344, sala 103, Glória
20241-180 | Rio de Janeiro, RJ
+55 (21) 3796-6708
contato@edicoesdejaneiro.com.br
www.edicoesdejaneiro.com.br

Sumário

BEM-VINDO

Chegando a Nova York, a primeira reação é olhar para o alto. A dramaticidade da *skyline* de Manhattan é inigualável a de qualquer outra cidade do mundo. Mas, apesar de os icônicos arranha-céus de Nova York competirem pela nossa atenção, o ambiente ao redor tem muito mais a apresentar.

Este livro oferece não uma excursão-relâmpago pelos famosos pontos de referência da cidade, mas uma viagem pelos diferentes estilos arquitetônicos que nela coexistem. Ele inclui dicas de como reconhecer características que definem cada estilo e notas de como o caráter arquitetônico da cidade foi moldado por arquitetos, no passado e no presente. Assim, embora o Empire State, o Edifício Chrysler e a Estátua da Liberdade estejam aqui incluídos, o foco está na compreensão dos princípios por trás de seus projetos, de modo que você possa descobrir muito mais.

Se você é um visitante em Nova York, a tentação é correr por toda parte e tentar absorver o máximo possível. Por outro lado, se você mora em Nova York, pode estar tão familiarizado com

Uma faixa de verde
No meio dessa cidade densamente habitada está o Central Park. Concluído em 1873, foi uma resposta ao superpovoamento e ao desejo público-urbano de poder experimentar a implantação de áreas verdes em escala local.

NOVA YORK

os edifícios que passa por eles quase sem os ver. Neste livro, encorajamos visitantes e moradores a desacelerar o passo e apreciar os detalhes, não apenas dos edifícios famosos, mas também da riqueza de outros tesouros arquitetônicos que a cidade tem para mostrar.

Não é possível destacar aqui cada construção expressiva. Mas podemos dar as ferramentas para apreciar essa paisagem arquitetônica e descobrir coisas que você nunca notou antes.

Aspirante a gigante
O edifício Chrysler, o mais encantador dos arranha-céus de Nova York, era o mais alto do mundo quando foi concluído, em 1930. Entretanto, esta distinção não durou muito. Seis meses mais tarde o Empire State ultrapassou os 320 metros de sua agulha.

Procurando pistas

Arquitetura é uma ciência exata no que diz respeito ao projeto estrutural de um edifício e, no entanto, quando se trata do delineamento entre certos estilos ou movimentos, as linhas ficam um pouco borradas. A arquitetura clássica – a dos gregos e romanos – se funde quase sem emendas com projetos do Renascimento e de *Beaux-Arts*; a forma gótica influenciou a art déco; e, embora os fundamentos do Internacionalismo e do Modernismo possam parecer ordens rígidas das quais não se pode desviar, arquitetos manipularam tais estilos para incluir uma decoração semiclássica, e assim nasceu o Pós-Modernismo.

Como localizar as diferenças ou as similaridades entre esses estilos? A chave é procurar por pistas, às vezes óbvias, mas, geralmente, sutis.

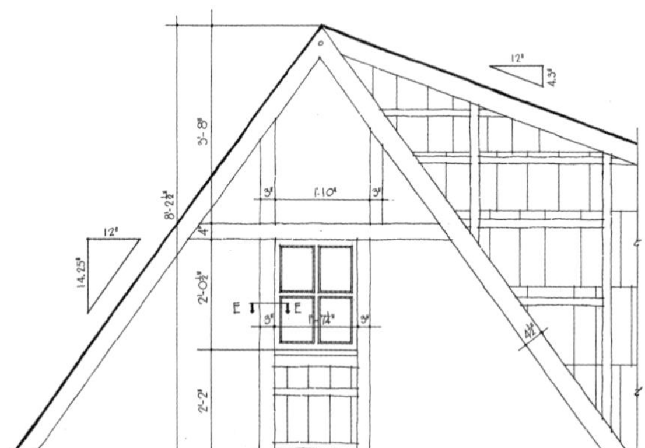

Influência colonial

Quando a arquitetura, tal como é hoje conhecida, estava apenas engatinhando nos Estados Unidos, as casas, com frequência, davam indicações sobre a nacionalidade ou a inspiração arquitetônica de seus donos. Aqui, por exemplo, um revestimento de tábuas (uma característica popular americana) cobre uma moldura de madeira assimétrica, em estilo típico de casas holandesas daquele tempo.

Decoração clássica e neoclássica

A decoração ornamental de edifícios inspirados no Clássico geralmente fornece pistas quanto ao estilo. Este detalhe do teto apresenta um padrão geométrico sinuoso, um ovo e um dardo, um atado de frutas e folhagem e um topo de pergaminhos enrolados. Variadas como são, tais decorações juntas apontam para um design neoclássico. Isoladamente, indicam uma gama de influências, do Grego ao Barroco.

Contrafortes

Contrafortes foram inicialmente projetados como suportes estruturais para paredes de pedra altas e pesadas de construções como as catedrais góticas. Com o passar do tempo, mestres construtores manipularam os contrafortes de modo a incluir arcos ornamentais e pináculos. Aqui, levando tal ideia à sua conclusão lógica, o contraforte é usado puramente como elemento decorativo para acrescentar dramaticidade à construção art déco do Edifício Chanin.

A fachada modernista

O Edifício Seagram é o Modernismo exemplificado. Nenhum outro arranha-céu sofreu tamanha influência desta escola de arquitetura. Paredes externas de vidro são sustentadas por delgadas armações de ferro. Não há decoração, e a estrutura funcional do edifício é o grande realce. É o refinamento do design modernista levado à sua forma mais simples.

Novo século, novas formas

Na era dos projetos de arquitetura impulsionados por computadores, as edificações têm assumido formas cada vez mais incomuns. Dos ideais em curva de Frank Ghery à forma quase simplista de caixote do Novo Museu de Arte Contemporânea projetado pelo escritório japonês SANAA, arquitetos estão em busca de maneiras novas e únicas de expressão.

Introdução

Um ato clássico
Colunas, capitéis e entablamentos decorados indicam que a biblioteca Memorial Low foi projetada em estilo clássico. Embora construído em 1895, é um dos muitos edifícios de Nova York projetados de acordo com as regras arquitetônicas legadas por antigos impérios.

Sob uma perspectiva europeia, a América do Norte e Nova York sequer existiam até meados do século XVI. Mas, logo depois que os exploradores encontraram esse novo grande continente, colonizadores seguiram seus passos e trouxeram seus métodos construtivos e os estilos a eles associados. Esses estilos são chamados, coletivamente, de colonialismo – francês, holandês, inglês etc. E, embora houvesse algum mérito arquitetônico neles, as razões para os projetos específicos tendiam a enfocar assuntos estruturais ou de abrigo mais do que decorativos. Hoje em dia, exemplos ainda podem ser vistos em casas preservadas daquele período, bem como em influências em propriedades mais novas.

A verdadeira arquitetura clássica, o tipo que tende a incluir cúpulas dramáticas, colunas e escadas majestosas, se estabeleceu na Itália e na Grécia muito antes do século XVI. Entretanto, em suas diferentes formas, a arquitetura clássica ainda era profundamente difundida até o século XIX. Apenas com a ascensão do Modernismo é que arquitetos questionaram a validade da arquitetura clássica e, mesmo então, muitos se manifestaram contra o estrito funcionalismo do design moderno. Assim, vários dos mais imponentes edifícios de Nova York, até mesmo aqueles planejados e construídos no início do século XX, foram projetados de acordo com os ideais dos estilos romanesco, georgiano, dórico e paladiano.

Estátua da Liberdade

Ganhando uma cabeça

Antes que a estátua fosse enviada para os Estados Unidos, este símbolo da amizade franco-americana foi exposto ao público francês. A cabeça foi exibida na Feira Mundial de Paris, em 1878. O pedestal sobre o qual foi colocada era usado como palco, do qual as autoridades faziam seus discursos.

Dada como presente aos Estados Unidos pelo povo francês, talvez esta seja a estátua mais conhecida em todo o mundo. Construída para comemorar o centenário da independência norte-americana, a mulher vestida com um manto é uma interpretação de Libertas, a deusa romana da liberdade. Com 46 metros de altura, a Liberdade americana é a maior de três estátuas idênticas. Uma versão em tamanho natural (4,5 metros, contando com o pedestal) está instalada no Jardim de Luxemburgo, onde fica alojado o senado francês, em Paris. Este foi o modelo original de Bartholdi. Uma segunda Liberdade, com 10,6 metros de altura (uma réplica exata da estátua maior), foi presente dos Estados Unidos aos franceses, para comemorar o centenário da Revolução Francesa, em 1889. O nome formal da estátua americana é "A liberdade iluminando o mundo", e na tabuleta que ela segura está gravado, em algarismos romanos, "4 de julho de 1776", o dia em que as colônias americanas conquistaram a independência da Grã-Bretanha.

Um primeiro relance da Liberdade

Eis aqui a Liberdade, braço direito levantado. Por sobre seu ombro esquerdo se avista o Museu da Imigração de Ellis Island.

Estátua da Liberdade

Localização
Ilha da Liberdade, Porto de Nova York

Construída em *1886*

Arquitetos
Frédéric Auguste Bartholdi, Richard Morris Hunt

Em foco

Construída com imensas folhas de cobre sobre uma armação de aço inoxidável, a estátua foi fabricada na França sob a direção de seu projetista, Frédéric Auguste Bartholdi. A fabricação levou dez anos, sendo completada em 1886. A estátua, que pesava 204 toneladas, foi então desmontada e embarcada para Nova York em 241 engradados. Bartholdi, que se inspirou na aliança franco-americana para projetar a estátua, solicitou que o projeto fosse um esforço conjunto. Enquanto os franceses construíam a estátua, os americanos se ocupavam da base e do pedestal. Em 1885, Richard Morris Hunt projetou e supervisionou a construção do pedestal e da base no local que depois foi chamado de Bedloe's Island. Antes da estátua ser erguida, a cabeça foi exibida na Feira Mundial de Paris, em 1878, enquanto o braço e a tocha foram exibidos na Exposição do Centenário, na Filadélfia, em 1876. O presidente Grover Cleveland inaugurou a estátua em 28 de outubro de 1886.

Pedestal

O projeto de Richard Morris Hunt para a base e o pedestal complementa a Liberdade em seu design clássico. Sobre uma fundação em forma de estrela com onze pontas, o pedestal de pedra é idêntico em cada lado. Balcões em forma de pilares repousam sobre discos redondos de pedra (dez em cada lado), que originalmente pretendiam conter inscrições dos então quarenta estados dos Estados Unidos.

Escadas (ao lado)

Uma escada em dupla hélice se desenvolve para cima, dentro do esqueleto interno da estátua. Antes, porém, os visitantes escalam quatro andares dentro do pedestal. O acesso à tocha é feito por uma escada no braço da estátua. O projeto da escada é atribuído a Alexandre-Gustave Eiffel, juntamente com seu engenheiro estrutural Maurice Koechlin.

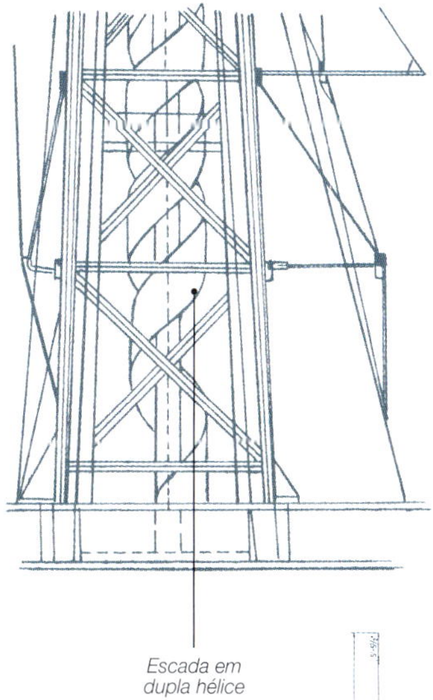

Corte (abaixo)

Um corte transversal da estátua mostra a enorme superestrutura de aço inoxidável necessária para sustentar a Liberdade. As folhas de cobre moldadas – a "pele" da estátua – são presas à armação de aço por arrebites selados. A pesada superestrutura e o método de ancoragem à pele foram inventados por Eiffel.

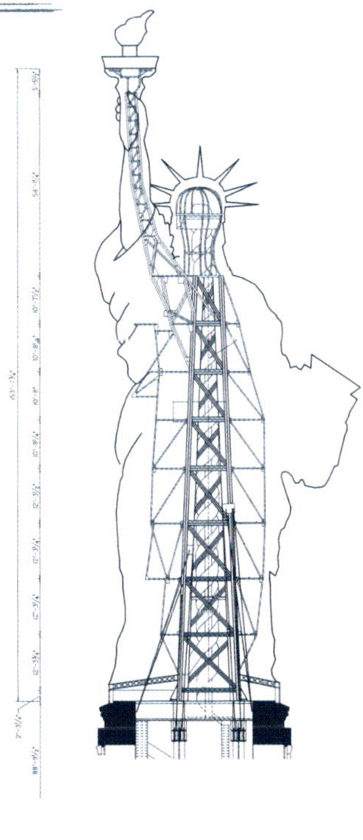

A tocha

Criada em estilo neoclássico, a Liberdade segura a tocha que a representa "iluminando o mundo", junto com sua auréola, ou halo, que representa o sol, sete mares e sete continentes. Até 1916 os visitantes podiam acessar uma varanda em volta da borda da tocha. Desde esse ano ela está fechada por motivos de segurança.

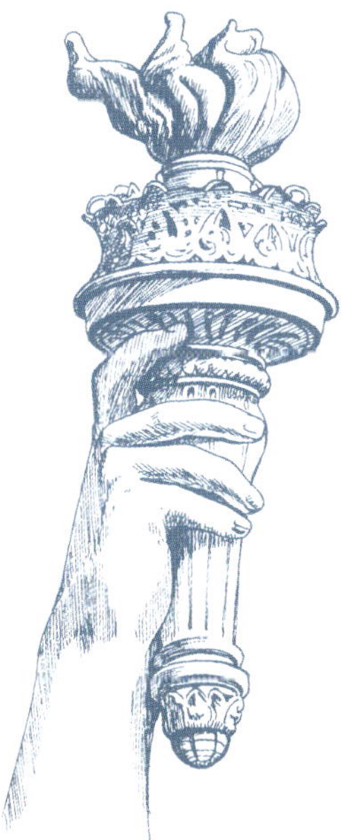

Prision Ship Martyrs Monument
(Monumento aos Mártires das Prisões Navais)

Os ingleses prendiam todos aqueles que não jurassem fidelidade à Coroa durante a Revolução Americana, inclusive cidadãos americanos e marinheiros estrangeiros. Quando as prisões ficavam repletas, eles ancoravam barcos danificados longe da costa da baía de Wallabout e os usavam como prisões flutuantes. O monumento é um memorial aos mais de onze mil homens, mulheres e crianças que morreram encarcerados nesses navios-prisões e o terceiro que homenageia as vítimas de tais atrocidades. O primeiro foi erguido pela Tammany Society no início dos anos 1800. O segundo, uma cripta construída para armazenar os ossos dos mártires, foi construído em 1873, o mais recente foi erigido em 1908.

Um marco pungente
Clássico em seu design e comedido em seu simbolismo, o monumento é uma lembrança pungente do pavoroso tratamento posto em prática pelos ingleses durante a Revolução Americana, embora tenha sido erigido mais de um século depois.

Coluna
Esta única coluna dórica, de 45,4 metros de altura, é reconhecível como da ordem dórica devido ao seu capitel simples, quase sem decoração. Os tríglifos em sulcos horizontais também são indicativos do estilo.

Localização *Fort Greene Park, Brooklyn*

Construído em *1908*

Arquiteto *Stanford White (McKim, Mead & White)*

Braseiro

No alto da coluna há um braseiro de bronze, criado pelo escultor A. A. Weinman, significando a chama eterna. Essa escultura pesa mais de sete toneladas.

Porta

A porta de bronze na base do monumento é relativamente pouco decorada. A falta de qualquer detalhamento na cantaria ao seu redor não é comum, visto que quase todos os estilos clássicos incluem alguma forma de ornamentação.

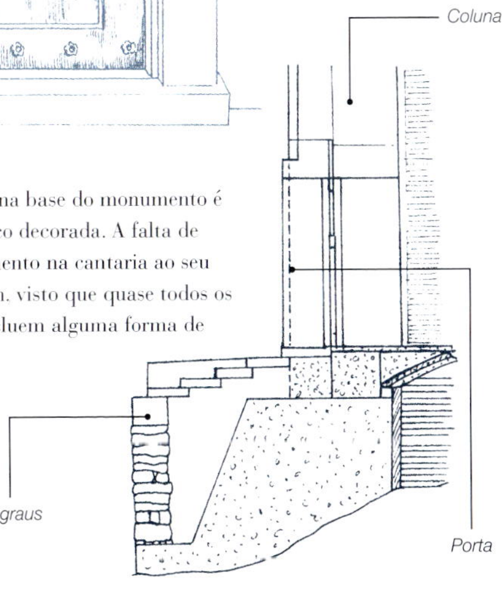

Entrada

Este corte da construção na altura da base e da entrada realça a imensa espessura da coluna. A porta se situa bem atrás, dentro da cantaria, que a protege das intempéries. Cinco degraus rasos ligam a pedra de fundação à entrada.

Casa flutuante do lago Lullwater

Loucura no parque
Este edifício neoclássico é um bom exemplo das loucuras arquitetônicas construídas em muitos jardins formais na Europa, durante o Renascimento. Embora geralmente não tivessem um uso específico, eles complementavam as cercanias paisagísticas.

Projetada por Helmle, Huberty & Hudswell, a casa flutuante fica na margem nordeste do lago do Prospect Park, no Brooklyn. Foi construída em 1905 segundo um design neoclássico inspirado na biblioteca da Academia de Belas Artes de São Marcos, em Veneza. Subutilizado por muitos anos, o edifício quase foi demolido em 1964. Entretanto, em 1972, uma campanha para salvá-lo fez com que fosse inscrito no Registro Nacional de Lugares Históricos. Atualmente, é a sede de um centro de estudos urbanos da organização preservacionista Audubon Society.

Localização *Prospect Park, Brooklyn*

Construída em *1905*

Arquitetos *Helmle, Huberty & Hudswell*

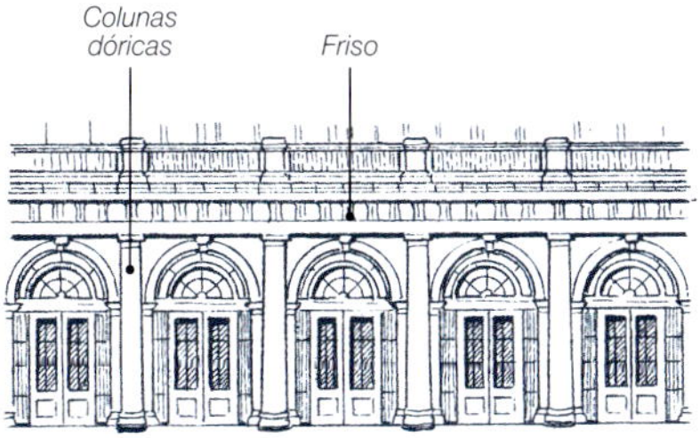

Colunas e arcos

As colunas dóricas e os arcos alternados, encabeçados por um friso no primeiro andar da fachada oeste, são um excelente exemplo do estilo clássico romano, destacado na biblioteca de São Marcos, em Veneza.

Postes de iluminação

Postes de bronze situam-se em frente à fachada oeste. Os globos de vidro repousam sobre capitéis góticos estilizados. A ornamentação e os quatro pés nas bases, entretanto, apresentam um traço mais clássico.

Segundo andar

Coroado por um telhado pouco inclinado, típico da arquitetura romana, o pavilhão superior é rodeado por uma sacada e uma balaustrada *beaux-arts*. A não ser pelos detalhes das falsas colunas e das bordas neoclássicas das janelas, o conjunto se submete ao esplendor do andar de baixo.

Chaminés

As chaminés são um aspecto incomum do que poderia ser considerado um despropósito. Rematando o andar superior à maneira de estantes para livros, elas indicam que o edifício foi projetado para ser usado o ano inteiro.

Biblioteca Memorial Low

Influência panteônica
A fachada principal da biblioteca apresenta um pórtico com dez colunas jônicas, com seus capitéis em forma de volutas indicando a ordem. Embora a edificação seja baseada no Panteão de Roma, seu entablamento é retilíneo, enquanto o outro apresenta um frontão triangular.

Encomendada e financiada pelo presidente da Universidade de Columbia, Seth Low, em memória de seu pai, a biblioteca é o destaque arquitetônico do campus Morningside Heights da universidade. Projetada por McKim, Mead & White, também responsáveis pelo projeto do campus como um todo, o design neoclássico da biblioteca tem como referência o Panteão, em Roma. Seu teto abobadado e as colunas jônicas são as indicações mais óbvias de sua ligação com um edifício que foi construído no ano 126 de nossa era.

Localização *Universidade de Columbia, 2960 Broadway, Manhattan*

Construída em *1895*

Arquitetos *McKim, Mead & White*

Janela em arco

As grandes janelas arqueadas, ao alto das paredes da rotunda central (sala de leitura), foram inspiradas por outro edifício romano antigo, as Termas de Diocleciano. A uniformidade dos arcos, sem pontas ou anteparos, indica que são do estilo romanesco.

Detalhes dos cantos

Neste detalhe do canto esquerdo da fachada frontal, o capitel jônico da coluna sustenta um entablamento adornado com uma grinalda floral, uma decoração comum neste estilo. A modelagem da cornija tem um detalhe em rolo no canto para combinar com os capitéis das colunas.

Estátuas

Olhando para baixo no sentido da rotunda, estátuas de mármore em tamanho natural sobre pedestais na balaustrada dos balcoes representam os filósofos romanos e gregos Demóstenes, Eurípides, Sófocles e Cesar Augusto. Aqui vemos Eurípides (esquerda) e Demóstenes (direita).

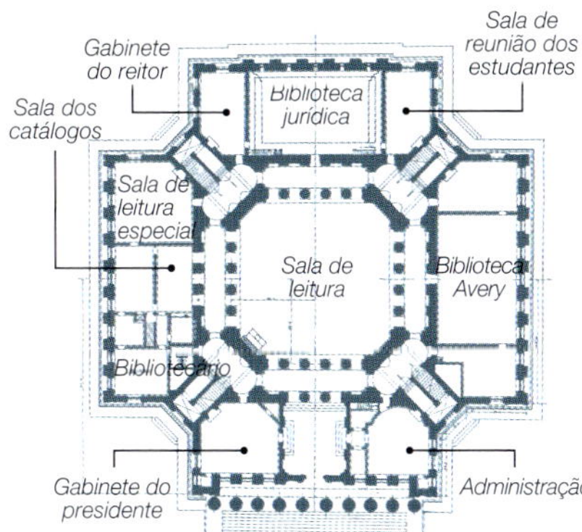

Planta baixa

A planta baixa da biblioteca tem a forma de uma cruz grega. O espaço central (rotunda) foi criado como uma grande sala de leitura, com a luz penetrando pelas quatro janelas em arco. Desde então, o edifício mudou de funções, e a rotunda agora é uma área para cerimônias.

Central Park

Localização
59th Sreet com Broadway (canto sudoeste), Manhattan

Construído em
1873

Arquitetos
Frederick Law Olmsted, Calvert Vaux

No início do século XIX, a população de Nova York cresceu rapidamente, e apelos por um grande parque público, como na tradição europeia, incitaram a realização de um concurso em 1856. A incumbência de projetar o parque ficou a cargo de Frederik Law Olmstead e Calvert Vaux. Centenas de imigrantes pobres foram expulsos dos 314 hectares necessários para o projeto. Originalmente chamado de Greensward, o Central Park foi aumentado para 380 hectares. Enquanto a parte norte é uma representação selvática, a porção sul tem tratamento paisagístico, usando elementos do jardim inglês e de cemitérios rurais.

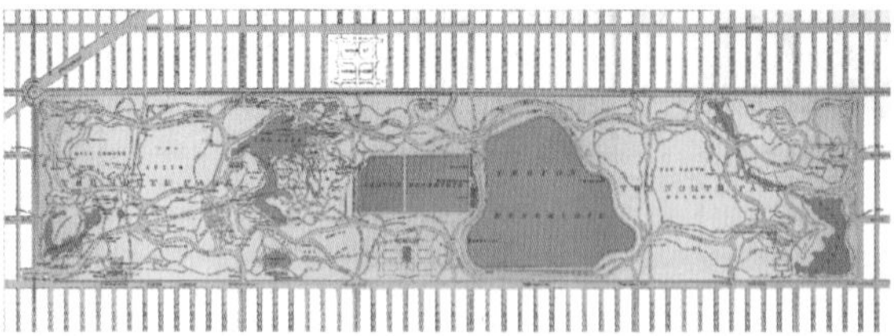

Planta do parque
O projeto de Olmstead e Vaux dividiu o parque em uma seção de paisagem natural, ao norte, cedendo ao sul, na porção bucólica, áreas para fontes, pequenos lagos e jardins paisagísticos formais.

Fonte do Anjo das Águas

Vaux projetou o *layout* do Bethesda Terrace na passagem da 72nd Street. O Anjo das Águas, de Emma Stebbins, é uma estátua de bronze no centro da fonte, na plataforma inferior. O anjo é mantido no alto por quatro jovens, que representam a Saúde, a Pureza, a Temperança e a Paz.

Bethesda Terrace Arcade

Revestido por 15 mil ladrilhos feitos pela famosa fábrica britânica Milton Tile Company, o teto da arcada foi projetado por Jacob Wrey Mould para contrastar com o cenário à volta. Os nichos ladeando as janelas apresentam pinturas dos desenhos em mármore e granito inacabados.

Ponte gótica

Construída em aço e ferro fundido, em 1864, a ponte tem esse nome devido às curvas, em estilo de catedral gótica, do trabalho em ferro ornamental dos tímpanos dos arcos. A ponte foi projetada por Vaux, assim como muitas outras no parque. Esta talvez seja a mais ornamentada de todas.

Vista do parque em direção ao norte

O parque é um corte retilíneo de verde em meio a uma paisagem dominada por edifícios. A necessidade de um espaço verde na área urbana era evidente já nos anos 1850, quando as pessoas começaram a clamar por um parque no interior da cidade.

Palácio de Justiça do Condado de Bronx

Localização
851 Grand Concourse, Bronx

Construído em
1934

Arquitetos
Max Hausel, Joseph H. Freedlander

Construído durante a Grande Depressão, este edifício de oito milhões de dólares foi uma fonte vital de emprego e renda para muitos profissionais. O edifício foi inaugurado pelo prefeito Fiorello LaGuardia em 1934, após três anos e meio de obras. A armação de aço e pedra da fachada do Palácio de Justiça é uma combinação do velho e do novo. A decoração também combina os estilos neoclássico e outros mais modernos (art déco) – um híbrido que às vezes é chamado de "americano do século XX". Foi projetado por Max Hausel e Joseph H. Freedlander, dois arquitetos treinados na Europa, e foi designado como um Marco da Cidade de Nova York em 1996.

Grandeza jurídica
Monumental na forma e na escala, o Palácio de Justiça do Condado do Bronx foi uma proeza espantosa, construído em uma época em que muitos em Nova York lutavam para sobreviver. Hoje ele permanece como uma lembrança das aspirações arquitetônicas daqueles que fizeram um esforço para promover o Bronx a um distrito em pé de igualdade com Manhattan.

Base rusticada

A simples escala do Palácio de Justiça o torna um edifício formidável. Mas o uso, por Hausel e Freedlander, de uma base de granito muito rusticado "quebra" a massa do edifício, dividindo-o efetivamente em duas partes – um bloco de fundações sobre o qual se acomoda um edifício de diferente natureza e material (calcário).

Entrada principal

Assim como em muitos palácios de justiça americanos desse período, a entrada principal é alcançada por uma longa escadaria de pedra. A entrada, em si, está localizada por detrás do pórtico de seis colunas. O entablamento é entalhado e decorado por uma combinação de Clássico e Art Déco.

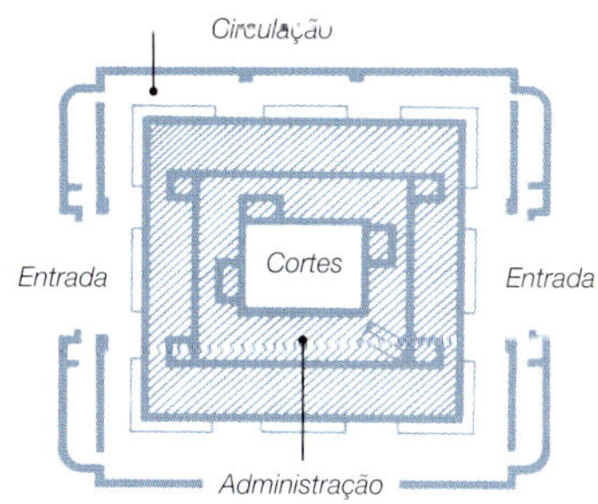

Friso

Representando o trabalhador, incluindo agricultura, comércio, indústria, religião e as artes, este friso feito pelo escultor Charles Keck está localizado acima da base do edifício. É interessante o contraponto aos tímpanos art deco de cobre e níquel, entre as janelas.

Planta baixa

O diagrama do edfício em planta baixa ilustra como o projeto é similar em todos os lados, enquanto, internamente, um caminho circular é "empurrado" para o perímetro externo, com pátios ocupando o centro. O funcionalismo do movimento modernista triunfa sobre a pompa da arquitetura clássica.

Templo dos Marinheiros

Seguindo a Grécia
O Templo dos Marinheiros é uma boa lembrança de como a arquitetura clássica era influente na América do século XX. O arquiteto não tentou inovar, simplesmente copiou os ensinamentos históricos.

O Templo dos Marinheiros foi fundado em 1795 pela New York Domestic Missionary Society para servir aos marinheiros no East River. Originalmente, a sociedade estava instalada em uma igreja na Cherry Street. Em 1844, uma igreja maior foi construída na Oliver Street, uma rua próxima. Aquela área movimentada e sua igreja impressionante, construída em estilo neogrego, atraíram populações imigrantes, incluindo congregações de suecos, italianos, letões e russos. Ainda hoje um local de culto, a igreja abriga duas congregações batistas, a Mariner's Temple Baptist Church e a Chinese Baptist Mission.

Localização *12 Oliver Street, Manhattan*

Construído em *1844*

Arquiteto *Minard Lafever*

Decoração do teto

O medalhão em gesso no centro do teto selado é característico do estilo delicado do arquiteto Minard Lafever. Os detalhes são camadas de pétalas, folhas bem retorcidas e folhagem retangular.

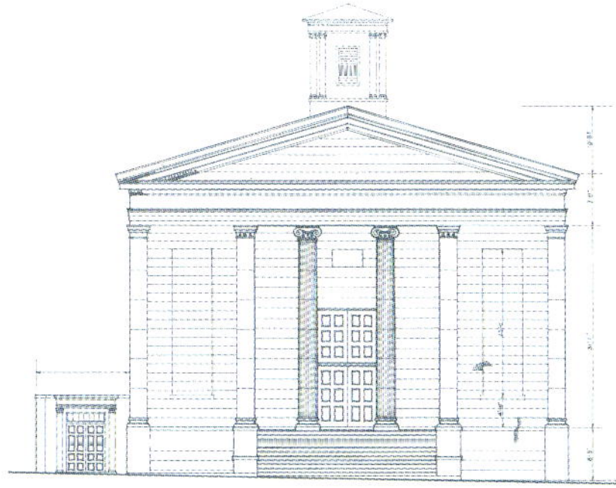

Fachada principal

O pórtico de duas colunas redondas entre duas pilastras quadradas destaca um vestíbulo recuado e o friso dórico acima das colunas. Este dramático estilo neogrego conflita com as quinas georgianas nos cantos do edifício

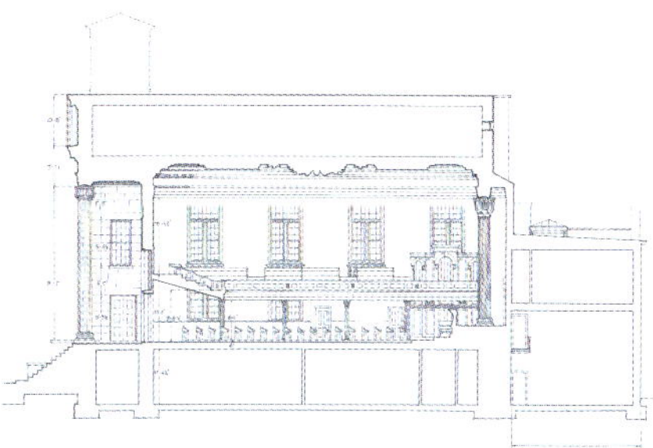

Balcões

As fileiras de balcões que se alinham ao perímetro em três lados da igreja compõem a galeria. São sustentadas por pequenas colunetas coríntias, cópias das grandes colunas externas da fachada frontal.

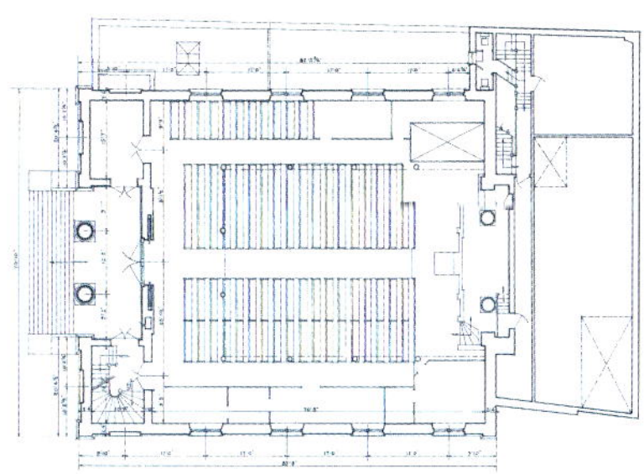

Layout

As pessoas entram na igreja caminhando sob uma galeria e ao longo da nave central. A galeria se estende pelos lados sul, leste e oeste do espaço. Grandes colunas coríntias ladeiam o atril na frente da igreja.

Abrigo para Marinheiros Snug Harbor

Localização
Terrace Richmond, 1000 Staten Island

Construído em
1833

Arquitetos
Martin E. Thompson, Minard Lafever

Cinco gregos
Cinco edifícios alinhados em frente às águas do Kill Van Kull. Inspirados na arquitetura grega clássica, eles são o ponto focal de vida no Abrigo para Marinheiros.

Robert Richard Randall fundou o Abrigo para Marinheiros, nas margens do estreito de Kill Van Kull, em 1833. Sua missão era criar "um abrigo para marinheiros idosos, decrépitos e exaustos". A organização de caridade cresceu e se tornou a mais rica de Nova York, com uma propriedade que se desenvolveu a ponto de incluir uma fazenda, padaria, capela, sanatório, sala de concertos, cemitério e dormitórios. A arquitetura do local refletiu a mudança de estilos do século XIX e começo do século XX. Entretanto, muitos edfícios foram demolidos. Daqueles que restaram, os mais importantes são os cinco em estilo neogrego, originalmente usados como dormitórios. Todas as estruturas ecoam templos gregos, com os arquitetos alternando os projetos para criar um espetáculo inspirador.

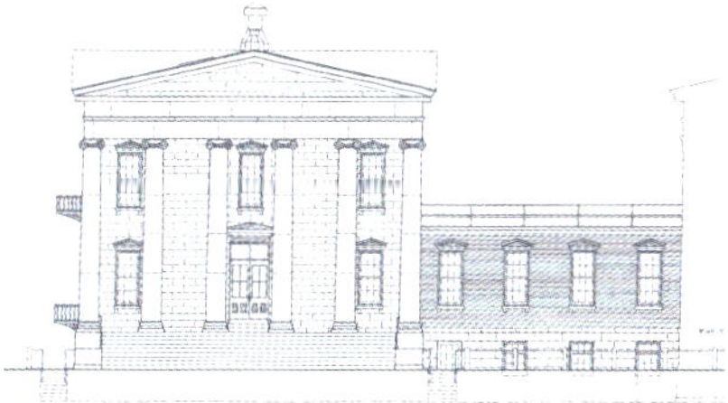

Elevação da fachada colunária

Em estilo neogrego, este clássico pórtico colunário apresenta um frontão triangular sem decoração. Os capitéis em volutas das colunas jônicas são fiéis ao estilo grego, mas as janelas corrediças por detrás das colunas nos lembram que o edifício foi construído no século XIX.

Elevação da fachada não colunária

Esta imagem das fachadas não decoradas remeteria ao design dos edifícios vizinhos se os pórticos não tivessem sido acrescentados. Aqui, cinco janelas de correr e uma pequena entrada coberta (com apenas duas colunas jônicas) repousam confortavelmente sob o frontão triangular.

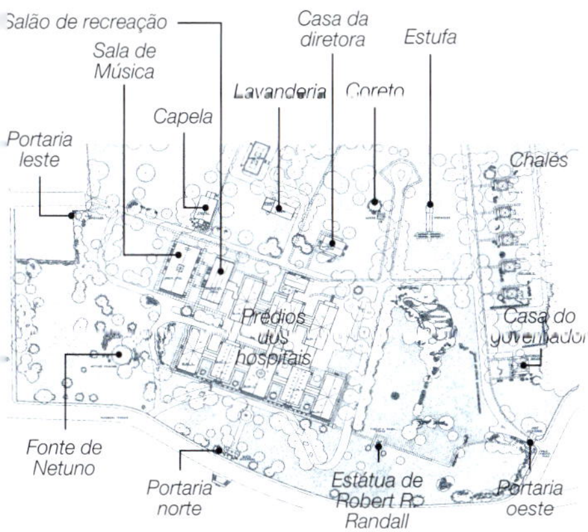

Planos dos edifícios e do terreno

O complexo conta não apenas com os cinco edifícios principais, mas também com um conjunto de quatro outros, mais atrás, inclusive um refeitório e um hospital. Muitos outros edifícios foram demolidos.

Gravura histórica

Os três dormitórios centrais e as passagens que os interligam são mostrados nesta gravura. A imagem é desenhada do ponto de vista de quem estaria olhando para a beira da água do Kill Van Kull, o estreito entre Staten Island e New Jersey.

Cidade de Richmond

Localização
Staten Island

Construída em
1690

Arquitetos *Vários*

Casas históricas
A cidade de Richmond cresceu e mudou de estilos a partir dos anos 1690. Casas de tábuas eram comuns, além de traços de estilo colonial, tais como varandas abertas e tetos tão graciosos quanto os aqui mostrados.

Um dos primeiros assentamentos organizados em Nova York, a cidade de Richmond cresceu a partir de um povoado, em uma encruzilhada que servia às fazendas espalhadas em Staten Island, no século XVII. Pessoas com antepassados holandeses, franceses e ingleses fizeram ali suas casas, mas os holandeses dominavam, fazendo da cidade a sede da Dutch Reformed Congregation. O ministro leigo e professor Hendrick Kroesen morava e trabalhava na Casa do Voorlezer, uma parte central da vida da pequena cidade e a escola mais antiga de que se tem registro no país. Richmond não foi a primeira cidade de Staten Island, mas, devido à sua localização central, se tornou o centro de negócios e comércio ao longo dos séculos XVII e XVIII. Muitos de seus edifícios foram restaurados em seus sítios originais, enquanto outros foram desmontados e reerguidos em outros locais, criando uma atração turística.

A Parsonage

Construída em estilo neogótico, a Parsonage tem como características as empenas decoradas nas extremidades de sua cumeeira e os trabalhos decorativos na varanda que a envolve. A estrutura de madeira dos dois andares é coberta de tábuas. Originalmente, a casa foi moradia do ministro da Igreja da Reforma Holandesa da cidade de Richmond.

Casa do Voorlezer

Construída para servir de igreja, escola e residência para o *Voorlezer* (ministro leigo e professor), acredita-se que esta casa foi erigida por volta de 1695. Sua construção simples, com armação de madeira e revestimento de tábuas, é indicativa de um estilo construtivo adotado por colonizadores europeus em finais do século XVII e início do século XVIII.

Chalé Britton

O Chalé Britton foi residência de Nathanael Lord Britton, botânico, criador do Jardim Botânico de Nova York. A parte mais antiga foi construída em pedra por volta de 1671. Acréscimos em madeira foram adicionados aos dois lados da casa em meados do século XVIII.

Casa Edwards-Barton

Construída em 1869, a casa é uma combinação dos estilos neogrego e italianado, sendo as águas do telhado, acentuadamente inclinadas, o detalhe gótico mais evidente. O tamanho da casa e seu design expressivo indicam a prosperidade de seu dono original, o alfaiate Webley Edwards.

Biblioteca e Museu Morgan

Nova entrada

O acréscimo moderno do arquiteto italiano Renzo Piano é uma série de três pavilhões no estilo *high-tech*, que é sua marca registrada. Usando painéis de aço facetado e vidro, ele adiciona ao espaço pouco mais de 6.960 metros quadrados.

A Biblioteca Morgan, como inicialmente concebida, foi projetada por Charles McKim, do escritório McKim, Mead & White, para o financista Pierpoint Morgan. Construída para ser uma biblioteca privada, tornou-se um campus de edifícios ocupando metade de um quarteirão. A biblioteca foi doada à cidade de Nova York por J. P. Morgan Jr. em 1924, e a estrutura original, em estilo *palazzo*, cresceu para incluir um anexo – a casa de Morgan – e, mais recentemente, em 2006, uma estrutura unificadora, de autoria de Renzo Piano. Embora contrastando completamente com a arquitetura original, a estrutura se harmoniza com o conjunto, ao mesmo tempo em que acentua a evolução do projeto do museu.

Localização *225 Madison Avenue, Manhattan*

Construída em *1906*

Arquitetos *Charles McKim, Renzo Piano*

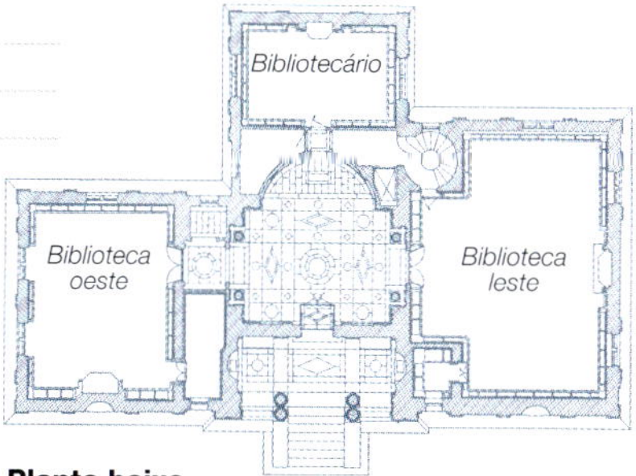

Elevação frontal

Charles McKim era conhecido por sua arquitetura com inspiração italiana renascentista. A elevação frontal é um exemplo requintado disto. O pórtico – um arco central invadindo o entablamento, ladeado por duplas colunas jônicas – combinando com um conjunto de seis pilares jônicos de cada lado é a simetria da arquitetura paladiana naquilo que ela tem de melhor.

Planta baixa

Entrando no prédio original da biblioteca os visitantes chegam à rotunda. À direita está a biblioteca, com suas paredes de nove metros de altura. À esquerda, o estúdio, um espaço menor com janelas de vitrais dos séculos XV e XVII. Finalmente, em frente fica a administração, que foi usada pelos diretores até 1980.

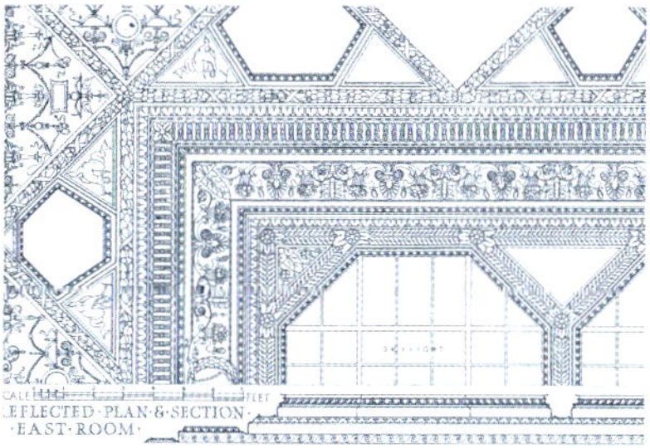

Corte pela entrada e a rotunda

O teto abobadado do pórtico sugere o estilo que virá na rotunda. Colunas e pilastras alinham-se às paredes, enquanto três pinturas em lunetas situadas acima da entrada principal e das portas que dão para a biblioteca e o estúdio derivam das decorações de Pinturicchio para os aposentos Borgia, no Vaticano (c. 1492-94).

Decoração da biblioteca leste

O teto da biblioteca leste é fartamente decorado com pinturas de H. Siddons Mowbray. Entre os espaço brancos vistos aqui, Mowbray pintou representações de musas, inspiradas pelas profetisas de Pinturicchio para a Igreja de Santa Maria del Popolo, em Roma.

Vila Litchfield

Assimétrico

Aqui, a natureza extravagante e idiossincrática do estilo italiano é amplamente ilustrada, com torres redondas, quadradas e octogonais no mesmo edifício.

Tendo adquirido quase 2,6 quilômetros quadrados de planície em 1852, o magnata das ferrovias Edwin Litchfield contratou o arquiteto Alexander Jackson Davis, considerado o pioneiro do estilo italiano nos Estados Unidos, para projetar este palacete no cume de um morro para si e sua família. Lichfield foi obrigado a vender a propriedade em 1868 porque os projetos para o novo Prospect Park, no Brooklyn, incluíam as terras e a casa, que tornou-se o escritório de administração do parque em 1885 e atualmente abriga a sede, no Brooklyn, do Departamento de Parques de Nova York e da Prospect Park Alliance. O palacete foi designado como Marco da Cidade de Nova York em 1966.

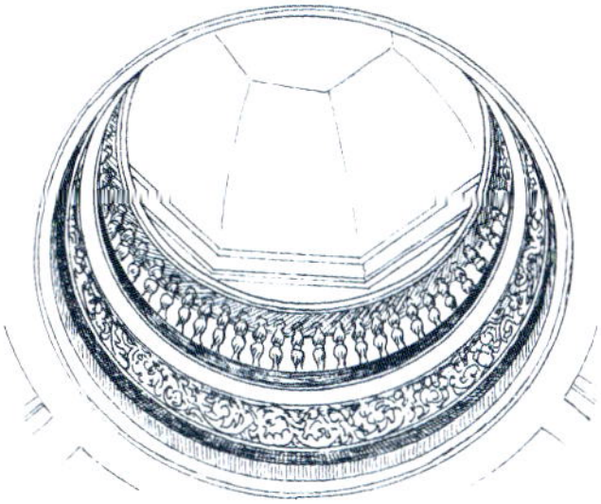

Grades de madeira

Grades decorativas de madeira (vista interior) podem ser encontradas no balcão da torre redonda. O caráter lúdico e decorativo, característico do estilo italiano, é bem ilustrado neste projeto de um poço de iluminação na torre octogonal. Circular na forma, ele é cercado por uma elaborada balaustrada de madeira e uma frisa com ornatos de gesso.

Localização
Prospect Park, Brooklyn

Construída em
1857

Arquiteto
Alexander Jackson Davis

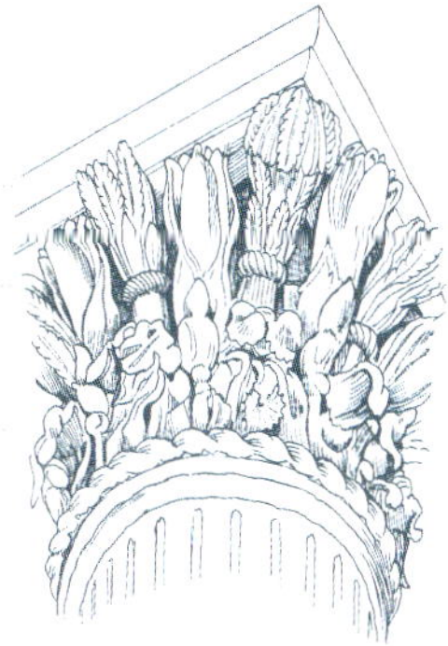

Detalhe da coluna

Coríntias em sua forma afunilada, as colunas na varanda principal apresentam capitéis que não são enfeitados com as tradicionais folhas de acanto, mas com feixes de trigo e espigas de milho. Esta interpretação incomum pouco prejudica o estilo clássico do palacete, que tem muitas peculiaridades bem-humoradas.

Frontões decorativos

Os frontões pesadamente decorativos e os detalhes dos beirais são indicativos do estilo italianado, uma releitura do estilo paladiano e do neoclassicismo. O frontão principal tem um beiral liso rodeado de frontões em cores contrastantes. Originalmente, um frontão escuro era justaposto a um reboco claro. Atualmente, frontões de cores leves contrastam com a fachada de tijolos.

Torre quadrada

A torre quadrada tem quatro andares de altura. É coroada por uma varanda coberta, guarnecida por uma balaustrada decorativa de madeira entalhada. Abaixo, conjuntos idênticos de três janelas se alinham a cada uma das quatro fachadas, sendo os topos uniformemente arqueados, um traço comum de design italianado.

Sociedade Histórica do Brooklyn

Localização
128 Pierrepont Street, Brooklyn

Construída em
1881

Arquiteto
George B. Post

Projetado pelo arquiteto George B. Post, este edifício foi construído para a organização originalmente chamada de Sociedade Histórica de Long Island. O projeto de Post foi o primeiro a utilizar terracota produzida no local, e o arquiteto usou um sistema de treliças, adotado predominantemente por engenheiros de pontes, para suspender o telhado da galeria da biblioteca, criando um espaço aberto livre de colunas. Em 1991, a construção foi reconhecida como Marco Histórico Nacional, e partes do interior, incluindo a biblioteca, foram apontadas como Marcos Interiores da Cidade de Nova York.

Fazendo história

Não tão icônica quanto as torres de Nova York, a Sociedade Histórica do Brooklyn é também importante, tanto por seu projeto arquitetônico quanto pela história testemunhada por suas paredes. O edifício é um indicador de projetos para clientes com recursos modestos, praticados no final dos anos 1800 e início dos 1900.

Detalhe da alvenaria

A treliça de terracota ladeada por alvenaria é um indicativo do design decorativo de Post, em estilo *Queen Anne*. A terracota não vitrificada mistura-se bem com o vermelho dominante do tijolo, em vez de contrastar com ele, como seria o caso da decoração com terracota vitrificada, bem mais comum.

Porta principal

Construída no estilo *Queen Anne*, a Sociedade Histórica do Brooklyn resplandece com terracota decorativa, alvenaria de tijolos e esculturas. Relevos de noruegueses de terracota contemplam o arco romanesco da entrada principal.

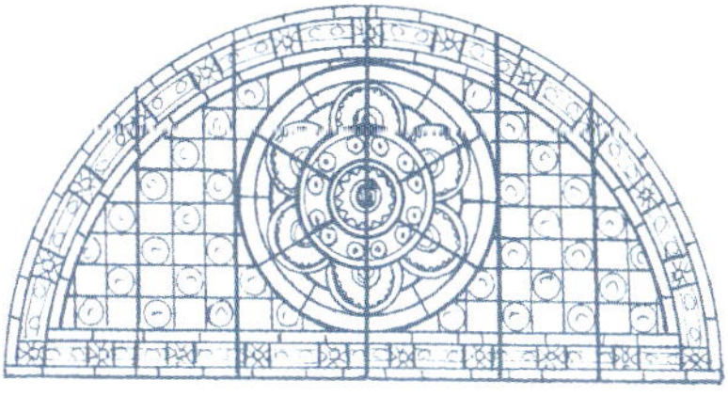

Janela de vitral

Vitral é um acréscimo incomum a este edifício em tijolos e terracota. Entretanto, Post acreditava em empregar artistas para avivar sua arquitetura. Os vitrais e a entrada de luz solar são atribuídos ao ateliê do conhecido artista Charles Booth.

Busto de Shakespeare

Post contratou o escultor Olin Levi Warner para criar bustos heroicos de figuras históricas. A fachada leste inclui quatro bustos: Gutenberg, Beethoven, Shakespeare (aqui ilustrado) e Michelangelo. Acima deles há um friso com a inscrição *Historia Testis Temporum* (História, testemunha do tempo).

O Archive

Localização
666 Greenwish Street, Manhattan

Construído em
1899

Arquitetos
Willoughby J. Edbrooke, William Martin Aiken, James Knox Taylor

Construído pelo governo americano em 1899 para abrigar os arquivos federais, o edifício foi projetado no estilo Richardson romanesco, utilizando tijolos vermelhos e acabamentos em pedra. Ocupa um quarteirão inteiro da cidade e, atualmente, é um edifício de uso misto, contendo apartamentos, um supermercado e lojas de varejo. Com 11 andares, o Archive era o edifício mais alto de Greenwich à época em que ficou pronto e ainda domina a visão panorâmica das ruas Greenwich, Barrow, Washington e Christopher. Está inscrito no Registro Nacional de Prédios Históricos.

Uma vista imponente
A visão a partir do outro lado do rio Hudson ilustra o tamanho e a proporção do Arquivo. Agigantando-se entre seus vizinhos, o edifício posa como um monumento à infraestrutura governamental do século XIX e um avanço em matéria de renovação e reutilização de estruturas históricas no século XXI.

Arcos romanos redondos

Imponentes arcos romanos alinham-se às fachadas do primeiro e do sétimo andares. São facilmente diferenciáveis de outros estilos de arcos devido às curvas circulares perfeitas, sem anteparos. As janelas arqueadas do sétimo andar proporcionam aos atuais moradores a aparência de catedrais.

Canto redondo

Os belos cantos em curva do edifício fazem com que ele se destaque de armazéns mais novos e construídos com mais pressa. O projeto é interessante porque os detalhes em pedra são contínuos em toda a volta do canto, menos no sétimo andar. A razão dessa omissão é um mistério.

Detalhes da cornija ao nível do telhado

A pesada cornija no topo da fachada é construída em alvenaria em todos os lados, contrariamente à cantaria, como a maioria dos outros elementos decorativos externos. As pequenas janelas em arco do andar mais elevado deram lugar a modilhões em arco que sustentam a cornija.

Arandela

Lâmpadas decorativas situam-se em cada lado do arco de entrada. Típicas do estilo renascimento romanesco, o design é similar à tocha segurada pela Estátua da Liberdade, que se baseia na tocha de Libertas, a deusa romana da liberdade. Lavradas em latão, com o tempo oxidaram, e a cor mudou para verde.

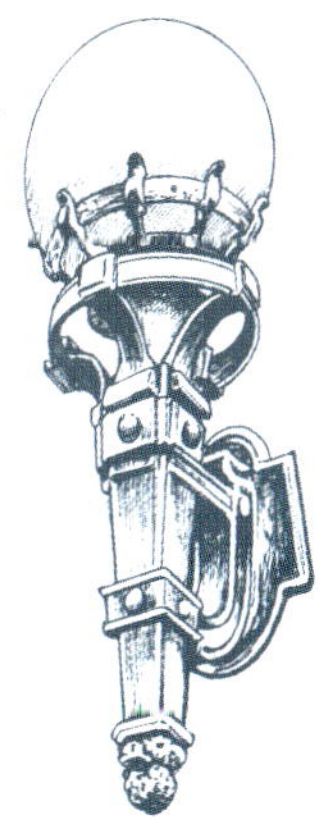

Companhia de Armazém e Depósito Eagle

Localização
28 Old Fulton Street, Brooklyn

Construído em
1894

Arquiteto
Frank Freeman

Construído no local que abrigou a sede do jornal *Brooklyn Eagle*, o Edifício da Companhia de Armazém e Depósito Eagle é uma peça de arquitetura em estilo renascimento romanesco um tanto atarracada. O edifício de sete andares foi usado originalmente para armazenar móveis e prataria, esta sendo guardada em grandes cofres no subsolo. Nos anos 1980, o armazém, assim como tantos edifício similares, foi transformado em um edifício de apartamentos. Um pátio foi aberto na parte central para permitir a entrada de luz em seu interior.

Design grandioso
Atualmente um edifício de apartamentos, a pesada estrutura de tijolos do armazém não pareceria adequada ao novo uso. Mas, fazendo entrar a luz no centro do edifício através de um pátio, os arquitetos responsáveis pela reforma conseguiram manter a fachada exterior, conservando intacto o caráter histórico do edifício.

Detalhe da cornija

Logo abaixo do relógio há um detalhe na cornija. Uma fileira de pequenas janelas terminadas em arco se assenta em uma mísula de tijolos que se estende para fora, criando uma borda antes de a alvenaria aparecer outra vez na forma de parapeito canelado, no qual se situam o relógio e o nome da companhia.

Entrada principal

Operários talentosos podiam fazer quase tudo com tijolos, e o magnífico arco romano, com seus arcos internos menores e misulados, atesta suas habilidades. A curva circular e a solidez destacam o estilo romano, ressaltando mais a força do que a decoração.

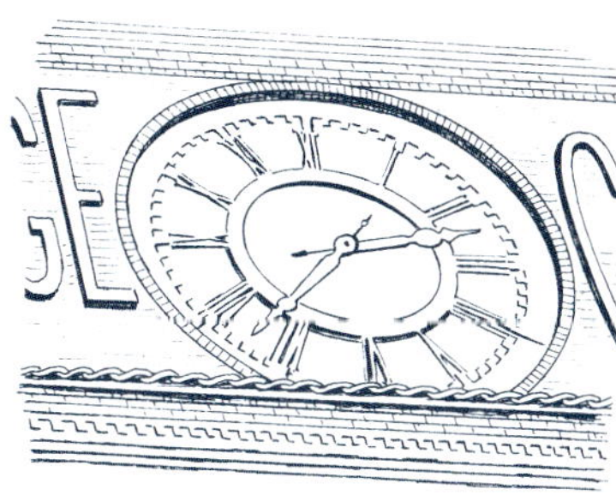

Portões

A entrada do edifício é feita através de portões confeccionados com barras de bronze verdes. Em estilo austero similar ao maciço arco romano sob o qual eles giram, o único ornato dos portões é uma elegante coluna curva coroada por uma cabeça de dragão estilizada que se lança para baixo.

Relógio

O relógio que domina a fachada frontal na linha do telhado está instalado em uma orla circular de tijolos. O mostrador é feito de vidro, criando uma janela gigante no alto do edifício. Hoje em dia, essa janela forma o ponto central do apartamento de cobertura do edifício.

Coleção Frick

Localização
1 East 70th Street, Manhattan

Construído em
1913

Arquiteto
Carrère & Hastings

Estilo caseiro
Pedra rusticada, entornos das janelas decorados e uma balaustrada de pedra, tudo reflete a influência do Renascimento.

O edifício era, anteriormente, a mansão particular de Henry Clay Frick, um magnata do aço e do coque, de Pittsburg. As obras de arte ali abrigadas foram legadas a uma comissão de curadores com a indicação de a mansão vir a ser um centro de estudo das artes. Russel Pope realizou alterações e acréscimos no projeto original, e o edifício foi inaugurado como um museu de arte, em 1935. Seis galerias exibem obras coletadas por Frick e pelos curadores após a morte dele, inclusive trabalhos notáveis de mestres europeus, e a biblioteca contém edições raras relacionadas à história da arte.

Entrada

O frontão em arco é sustentado por colunas jônicas e orlado por pilastras em estilo similar. Ele exibe uma figura esculpida, em repouso. A pedra-chave no topo do arco é um traço de estilo comum no design renascentista.

Fonte

Nada é mais opulento em uma residência do que um pátio interno ajardinado. Com claustros de pares de colunas jônicas ladeando o espaço, a atração central é a fonte. Seu design em forma de prato indica a influência romana em todas as partes da casa.

Escadaria e arco

O design do interior é uma reminiscência da arquitetura doméstica europeia do século XIX. O arco romano robusto faz contraste com o delicado ornato em arabesco da balaustrada da escadaria, que é mais do estilo rococó, e com a ornamentação dramática no nicho do patamar.

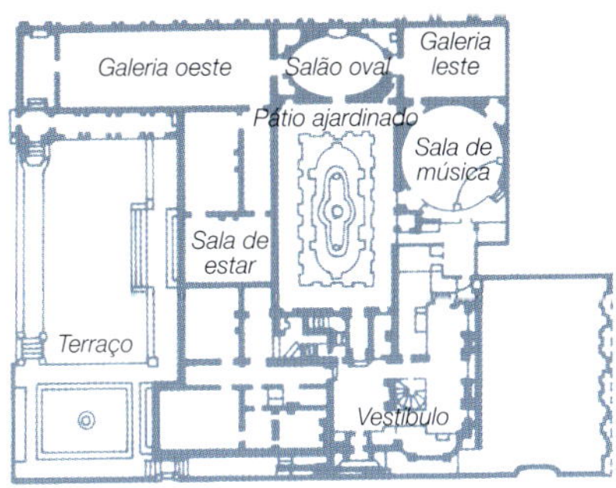

Planta baixa

O *layout* do edifício revela que ele foi projetado para ser uma residência, e não um museu. Muitos aposentos são pequenos e pouco apropriados para exibir obras de arte. Entretanto, em uma casa dessa proporção, os quartos que eram usados para lazer são de bom tamanho e funcionam bem como espaços de galerias.

Casa de John Bowne

Esta velha casa
Um belo exemplo bem restaurado do estilo colonial, a casa não imita a arquitetura europeia mas, em vez disso, tem sua inspiração na vida rural americana.

Construída pelo imigrante inglês John Bowne por volta de 1661 e ampliada em 1669 e 1680, à medida que a família crescia, a casa é um belo exemplo de design holandês colonial e é uma das propriedades residenciais mais históricas de Nova York.

Localização *1 Bowne Street, Queens*

Construída em *1661*

Arquiteto *John Bowne*

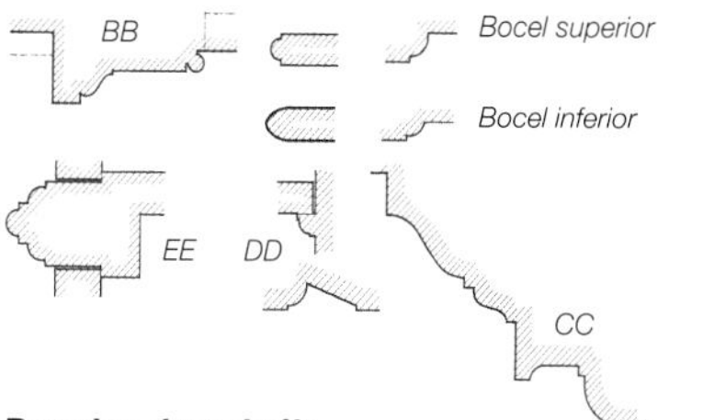

Paredes de painéis

A sala de visitas, um espaço para divertimentos, é revestida com belos painéis de madeira entalhada. As modelagens – molduras de quadros (DD), rodapé (EE) e cornija (CC) – são extremamente intrincadas. Quase todas usam algum elemento arredondado (prateleira superior) ou moldes projetantes de cimalha, conforme ilustrado na arquitrave (BB).

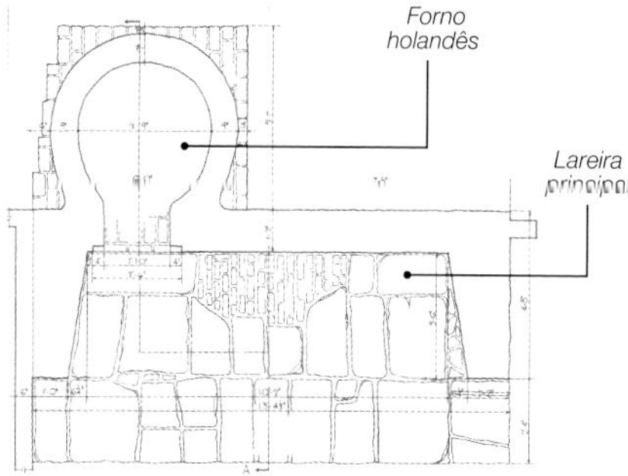

Forno holandês

Atrás da lareira principal existe um forno holandês, espaço de cozinhar abobadado, acessível através de um pequeno arco em tijolo. O acabamento interno em argamassa lisa reflete o calor em volta e assa tudo por igual. O forno é uma nítida evidência da influência colonial holandesa sobre a arquitetura daquele tempo.

Detalhe da dobradiça da porta da cozinha

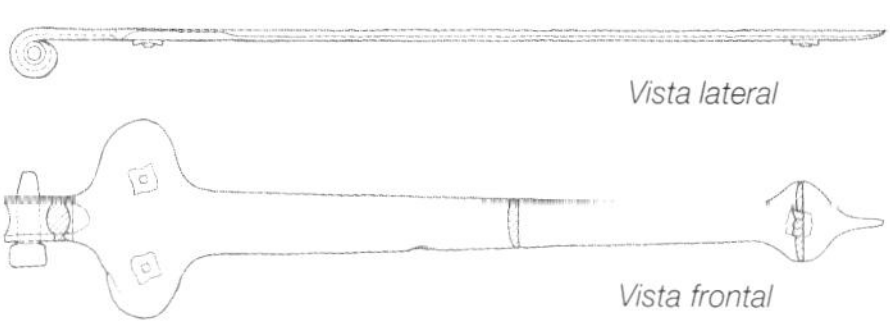

Dobradiça

Este braço de dobradiça feito de ferro é típico do estilo usado em arquitetura de recursos modestos no século XVII. Aqui, ele enfeita a porta da cozinha, parte da casa que não é vista por visitantes. A extremidade arredondada da faixa forma um orifício que se prende à cavilha de ferro que fica presa à moldura da porta. A dobradiça é ligada à porta por pinos e anilhas.

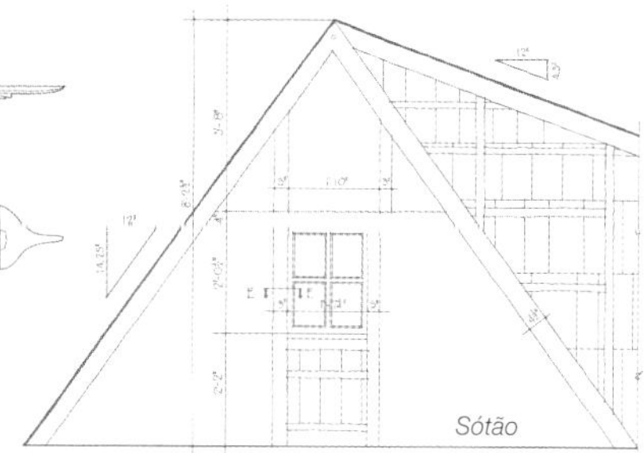

Elevação da empena ocidental

Este diagrama da empena ocidental revela a estrutura simples de madeira sobre a qual a casa é construída. A armação de madeira, coberta de tábuas, é típica de propriedades residenciais da época, assim como o formato assimétrico do telhado.

Conference House

Localização
Conference House Park, Satterlee Street, Staten Island

Construída em
1675

Arquiteto
Christopher Billopp

Christopher Billopp, um capitão da Marinha Real Britânica, recebeu terras em Staten Island em 1674, e acredita-se que tenha construído a casa no ano seguinte. Em seguida à retirada dos ingleses dos Estados Unidos, no final dos anos 1700, a casa foi confiscada do neto de Billopp pelo Estado de Nova York. Correu o risco de ser demolida em 1926, mas um grupo de residentes locais formou a Associação da Conference House e, em 1929, a assembleia da cidade de Nova York transferiu a responsabilidade de manutenção da propriedade à associação.

Ponto de discórdia
Construída em estilo condizente com um oficial naval inglês, a casa é uma afirmação arquitetônica substancial e imponente. Felizmente, não foi demolida depois da Guerra de Independência e permanece até hoje como um exemplo de arquitetura rural colonial inglesa.

Porta principal

Os seis painéis de madeira da porta principal identificam a construção como uma casa de família. Os cinco panos de vidro da janela acima da porta são um traço comum desta mistura de estilos coloniais inglês e holandês. Uma placa ao lado da entrada destaca a Conferência de Paz de 1776 que pretendeu pôr um fim à Guerra de Independência.

Pintura do encontro da Conferência de Paz

A Conferência de Paz de Staten Island teve lugar na casa, em 11 de setembro de 1776. Membros do Segundo Congresso Continental – John Adams, Benjamin Franklin e Edward Rutledge – e o almirante britânico Lord Richard Howe tentaram negociar, sem sucesso, um fim para a Guerra de Independência.

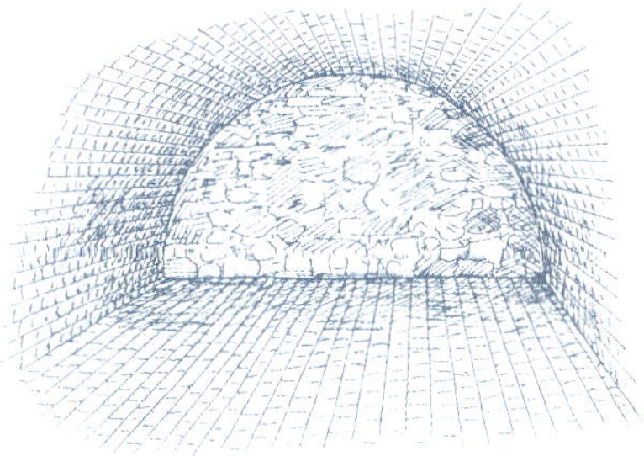

Porão abobadado

Enquanto a estrutura externa da casa é revestida de pedra, as fundações e o porão são feitos em alvenaria de tijolos. O porão abobadado indica que seu proprietário era um homem de posses, pois sua construção teria sido bem mais complexa do que a de um teto apoiado em peças de madeira.

Fachada de pedra

Casas com estrutura de madeira eram comuns no século XVII, enquanto casas de pedra eram construídas apenas pelas classes mais abastadas, porque necessitavam operários especializados e sua construção era bem mais demorada. Vergas de tijolos em arco abatido sobre as janelas e o detalhe da cornija em degraus lembram a influência holandesa.

O Cloisters

O museu e os jardins do Cloisters são uma seção do Metropolitan Museum of Art dedicada à arte e arquitetura da Europa medieval que incorpora elementos de cinco mosteiros franceses – Saint-Michel-de-Cuxa, Saint-Guilhem-le-Désert, Bonnefont-en-Comminges, Trie-en-Bigorre e Froville – e outros elementos arquitetônicos de monastérios do sul da França. O resultado é um museu que é, ele próprio, um exemplo do período que enfoca. Os jardins interiores a três dos monastérios foram plantados de acordo com documentos históricos e indícios garimpados em tapeçarias, capitéis de colunas e vitrais dos períodos em que foram criados.

Medieval em Manhattan

Construído originalmente na França medieval, o Cloisters é um museu de arte alojado dentro de uma recriação de um monastério francês. Embora esta reconstrução pudesse ser grosseira, o arquiteto Charles Collens foi fiel ao projeto histórico.

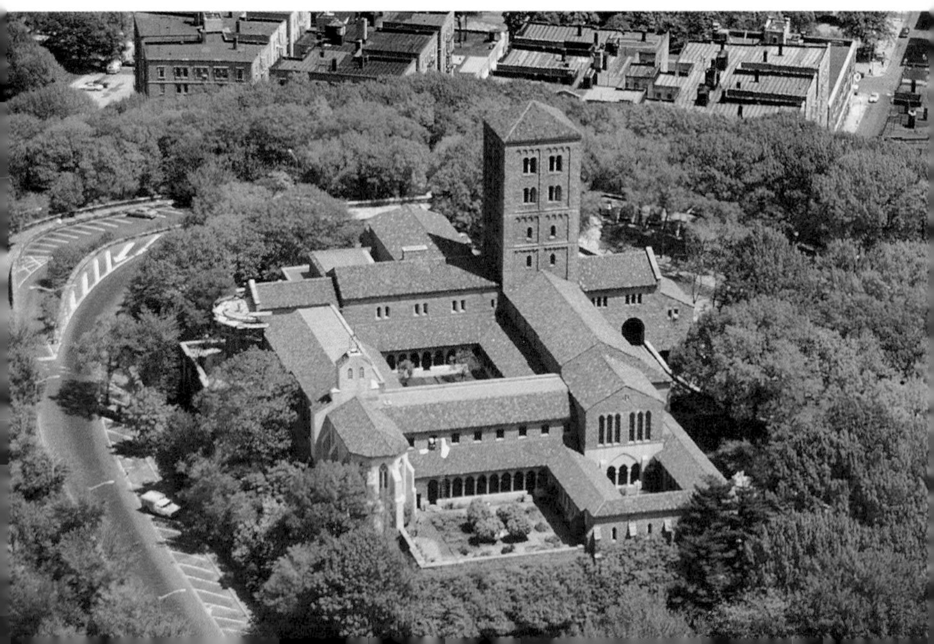

Localização *Fort Tryon Park, Manhattan*
Construído em *1938*
Arquiteto *Charles Collens*

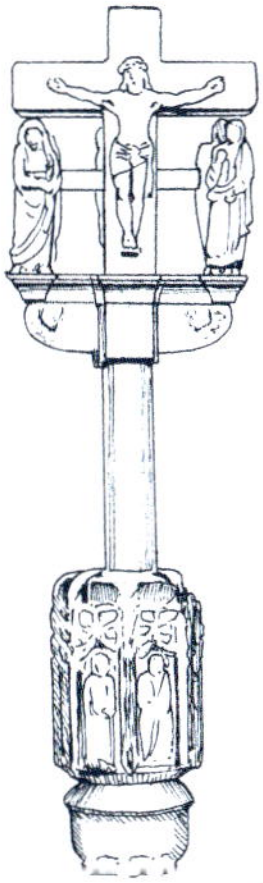

Detalhe do crucifixo em cantaria
Este detalhe em pedra representa a crucificação a partir das Estações da Cruz, ou Via Sacra, últimas horas da vida de Cristo. Feito na Lorraine, França, em inícios do século XVI, na inscrição da placa lê-se: "Através do Sinal da Cruz Sagrada, de nossos inimigos nos livrai, meu Deus."

Claustros
Esses claustros, criados usando colunas duplas, foram reconstruídos com relíquias do sul da França. As colunas mostram uma mistura de influência italiana – as bases simples arredondadas são de descendência toscana, enquanto as colunas e capitéis mais decorativos têm o design romanesco.

Janelas da torre quadrada
Janelas em arco de uma torre simples quadrada são indicativos de arquitetura romana. Decoração esparsa e construção sólida são traços geralmente encontrados em arquitetura monástica influenciada pela Itália, evocando uma natureza simples, em contraste com a grandiosa arquitetura das catedrais católicas romanas.

Altar na alcova abobadada
Aqui, a beleza da alvenaria histórica de pedra pode ser apreciada sem que se tenha de passar por trilhas de enfeites esculpidos. A construção do teto abobadado romanesco e as janelas profundas, entretanto, contrastam muito com as mísulas esculpidas, que são diferentes em cada lado.

Estação IRT Bowling Green

Pequena maravilha
Embora pequena, se comparada a todas as outras edificações deste livro, a entrada é interessante por sua decoração e detalhes usados para conferir status. Esta forma de arquitetura era moda no início do século XX.

Construída em pedra e alvenaria de tijolos para marcar o status de uma importante estação do que foi o primeiro metrô de Nova York, a entrada da estação de Bowling Green, quase em arquitetura grandiosa, ilustra bem o orgulho sentido pelo novo sistema de trens subterrâneos. Operada pela Interborough Rapid Transit Company, a linha era, à época, uma de apenas três. Desde então, o volume de passageiros cresceu consideravelmente, e novas entradas foram acrescentadas para reduzir o congestionamento neste pequeno pedaço da história.

Localização *Battery Place com Broadway, Manhattan*

Construída em *1905*

Arquitetos *Heins & LaFarge*

Cantoneiras ornamentadas

As paredes baixas dos parapeitos, que criam dramaticidade arquitetônica nas fachadas terminadas em triângulo, são arrematadas por um florão. Os quatro cantos desse edifício de alvenaria apresentam pilastras com capitéis que incluem uma combinação de detalhes jônicos e renascentistas.

Elevação frontal

Para um edifício tão pequeno, a entrada da estação de Bowling Green é excessivamente decorada. Sob inspiração das faixas em relevo usadas por arquitetos flamengos do século XVI, as pilastras quadradas do pórtico de entrada apresentam capitéis curvados, um detalhe repetido nos fundos do edifício.

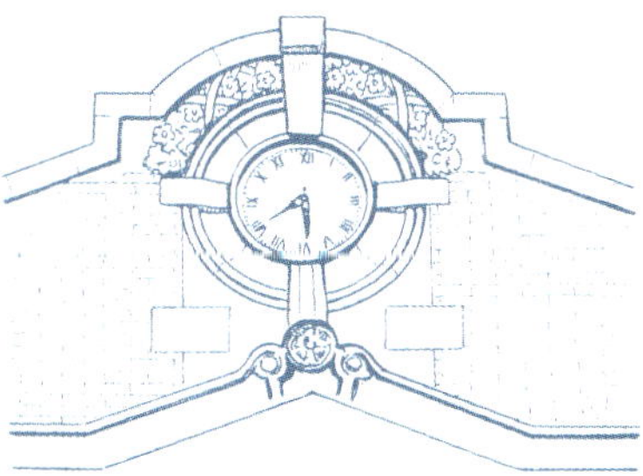

Relógio

O motivo de roseta na parte superior da fachada é substituído por um relógio que está assente em uma orla de pedra com quatro pedras-chave. Embora relativamente simples em seu design, a arquitetura aqui é impressionante pelo uso da pedra realçada sobre um fundo de tijolos.

Roseta

A guirlanda rodeando parcialmente a roseta circular sobre as principais portas de entrada da estação apresentam elementos de faixas em relevo decoradas, um clássico flamengo. Ela retrata um design floral e, entrelaçadas, faixas lisas. A representação de faixas de couro é uma pista da influência flamenga.

Capela de St. Paul

Localização
209 Broadway, Manhattan

Construída em
1766

Arquiteto
Thomas McBean

Único edifício pré-revolucionário ainda em uso em Nova York, a Capela de St. Paul é um exemplo de design de inspiração britânica nos Estados Unidos. O arquiteto Thomas McBean estudou com James Gibbs, o mais influente arquiteto de igrejas de Londres, que, por sua vez, foi aluno de Sir Christopher Wren. E a capela de St. Paul é baseada no projeto de Gibbs para a igreja de St. Martin-in-the-Fields, em Londres. As pedras para fundações e paredes foram extraídas de uma pedreira que existia onde hoje é o cemitério. A pedra usada tem o nome de *Manhattan fieldstone*, ou micaxisto.

Ponderando

Rodeada por edifícios muito mais altos, a Capela de St. Paul, entretanto, domina bem seu espaço. Enquanto pontes de torres de igrejas são acréscimos imponentes em grandes catedrais góticas, aqui, o diminuto estilo inglês de igrejas é literalmente engolido por seu entorno.

Púlpito

O púlpito branco e dourado é encimado por uma pequena coroa e seis penas sobre o defletor. Esta decoração se repete na ferragem fora da capela. É um ornato interessante devido à referência simbólica da nobreza britânica.

Pórtico e portas

Aspectos específicos do Gibbs clássico são o pórtico frontal em forma de templo e o uso alternado de blocos de pedras grandes e pequenas em volta das aberturas de portas e janelas. McBean usou ambos em seu projeto para a Capela de St. Paul.

Coluna

Uma das poucas colunas gigantes construídas nos Estados Unidos àquela época, o frontão triangular portando uma estátua de St. Paul é sustentado por pesadas colunas jônicas caneladas. Distinguem-se de outros estilos pelos capitéis em volutas no alto das colunas.

Torre do relógio

O grande sino, fundido em Londres, foi pendurado na torre de St. Paul em 1979. A torre em si, embora constasse do projeto original, foi acrescentada à capela somente em 1794. Partindo de uma base quadrada, a torre assume forma octogonal e é encimada por uma réplica do monumento corágico de Lisícrates, em Atenas, Grécia, e, finalmente, por um cata-vento dourado.

Casa Valentine-Varian

Sozinho em casa
Uma lembrança solitária do estilo em que viviam fazendeiros ricos no século XVIII, a Casa Valentine-Varian tem influências coloniais, mas é principalmente de estilo georgiano, guardando semelhanças com muitas residências rurais no Reino Unido.

Construída com a mesma pedra do terreno sobre a qual está erguida, esta casa de fazenda georgiana é a última de muitas que se alinhavam na Boston Post Road. Seu construtor, Isaac Valentine, foi ferreiro e fazendeiro. Valentine passou por dificuldades, e, em 1792, Isaac Varian comprou a casa de credores. Ela permaneceu com a família Varian até 1904, quando William F. Beller a comprou. Em 1965, a casa foi doada à Sociedade Histórica da Comarca do Bronx e teve de ser movida 90 metros para liberar o espaço, que foi vendido a um incorporador. A casa foi reassentada no Williamsbridge Oval Park.

Localização *3266 Bainbridge Avenue Bronx*

Construída em *1758*

Arquiteto *Isaac Valentine*

Estátua

A estátua de um soldado da União foi esculpida pelo artista italiano John Grignola. Ela estava originalmente exposta em uma pedreira de lápides funerárias, próxima ao rio Bronx, mas foi movida mais tarde para o terreno da Casa Valentine-Varian, como uma lembrança da ocupação da propriedade por soldados britânicos durante a Revolução Americana.

Elevação oeste

A arquitetura georgiana é famosa por sua simetria de forma, que pode ser aqui vista na empena triangular desse telhado inclinado.
A chaminé é centralizada e as janelas são espelhadas em relação à linha central. Apenas as portas abandonam a estética pura.

Entrada principal

Este modesto pórtico em triângulo é feito de madeira. Suas proporções relativamente esguias contrastam com o peso da pedra da casa. Esta característica foi usada nos Estados Unidos mas não era a predileta de arquitetos e construtores do estilo georgiano britânico, que tendiam a construir pórticos com colunas de pedras.

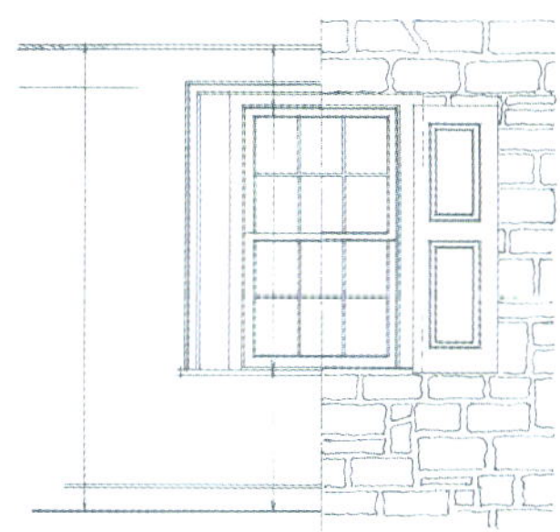

Janelas com venezianas

As janelas com seis vidraças também indicam a influência da arquitetura georgiana.
A ausência de um trabalho em pedra complicado e a relativa simplicidade das venezianas visavam uma construção fácil, sem necessidade de empregar um arquiteto caro.

Metropolitan Museum of Art (Museu Metropolitano de Arte)

Localização
Fifth Avenue com 82nd Street, Manhattan

Construído em
1880

Arquiteto
Calvert Vaux, Jacob Wrey Mould; Richard Morris Hunt; McKim, Mead & White; Roche Dinkeloo

Grande estreia
A fachada principal é dominada por quatro pares de colunas da ordem compósita (notem-se as volutas e as folhas de acanto nos capitéis) que sustentam o entablamento, e cornijas caneladas com bustos esculpidos. Este elemento foi projetado por Richard Morris Hunt, que morreu antes de vê-lo completado.

O Metropolitan (conhecido como "o Met"), foi concebido em 1870 e primeiramente aberto no número 681 da Fifth Avenue, em 1872. Por volta de 1880, mudou-se para um edifício de pedra e tijolos vermelhos situado em uma beirada do Central Park, projetado pelos arquitetos Calvert Vaux e Jacob Wrey Mould. Esse edifício original está agora completamente rodeado por uma sucessão de acréscimos que tiveram início vinte anos depois que ficou pronto.

Em 1902, o curador do museu e arquiteto Richard Morris Hunt projetou um pavilhão e uma nova fachada em estilo *beaux-arts*, trazendo o museu para frente, ao encontro da rua. Nove anos mais tarde, a usina de projetos arquitetônicos daquela época, McKim, Mead & White, também se empenhou em fazer mudanças monumentais, mas teve seus projetos enfraquecidos de alguma forma (embora suas alas norte e sul realmente adicionassem uma significativa metragem quadrada ao edifício projetado por Hunt). Em 1902, um plano diretor integrado, de autoria de Roche-Dinkeloo, foi aprovado e, ao longo das duas décadas seguintes, novas alas foram acrescentadas para melhor expor parte dos 2 milhões de itens do acervo do museu. Hoje, a fachada da Fifth Avenue tem quase 400 metros de comprimento, e o edifício tem mais de vinte vezes o tamanho original.

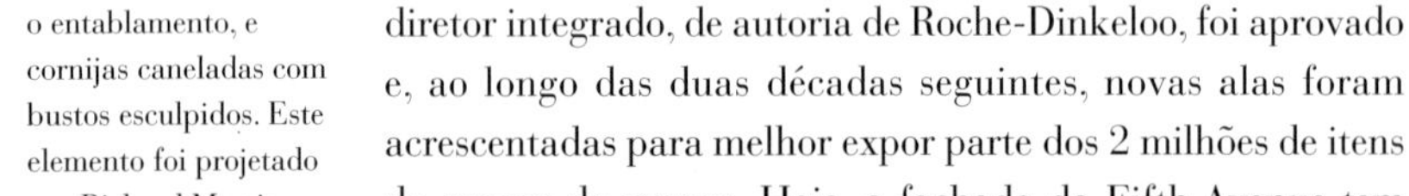

Metropolitan Museum of Art

Grande salão

Arcos, pilastras, colunas, recâmaras e estátuas identificam facilmente a arquitetura interior do Met como sendo de inspiração romana. Embora o edifício tenha tido vários arquitetos, não perdeu nada de seu glamour arquitetônico, conforme visto aqui no Grande Salão.

Em foco

A fachada original de 1880, em tijolo vermelho e pedra branca, projetada no estilo neogótico por Vaux e Mould, ainda pode ser vista fornecendo um pano de fundo para esculturas no Pátio Petrie. Mais facilmente distinguíveis hoje em dia são os acréscimos feitos por Richard Morris Hunt e McKim, Mead & White. A fachada em *beaux-arts* de Hunt sobrevive até hoje, e seus pares de colunas romanescas e a linha de telhado ricamente decorada tornam o museu diferente de qualquer outra construção em Manhattan. Com a coleção crescendo, o edifício precisava ser ampliado, e duas novas alas foram acrescidas, uma em cada lado do corpo principal. Projetadas por McKim, Mead & White, as alas norte e sul ficaram prontas, respectivamente, em 1911 e 1913, e, sem dúvida, receberam influência da estrutura central de Hunt, cada uma com oito pórticos com colunas. O uso mínimo de decoração era parcialmente devido ao estilo arquitetônico e parcialmente devido a restrições financeiras impostas pela diretoria do museu. Hoje, os 19 departamentos curatoriais estão instalados em mais de 186 mil metros quadrados, um dos maiores complexos museológicos do mundo.

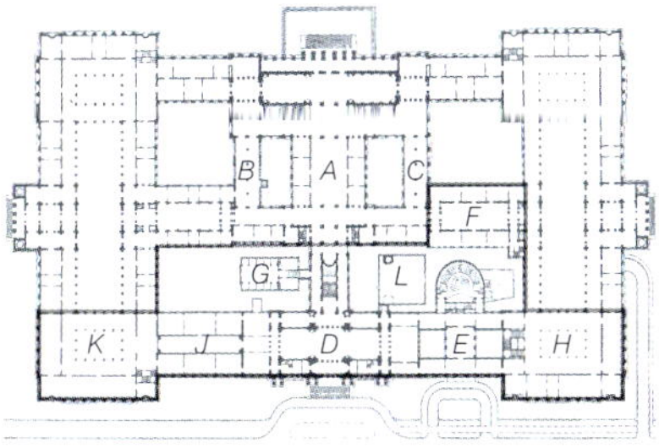

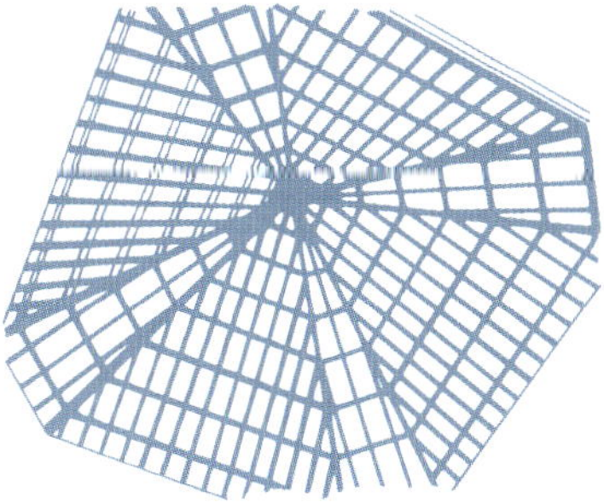

Planta baixa

O edifício do museu original pode ser visto aqui aproximadamente como o elemento quadrado situado na parte central superior da planta (A, B, C). Abaixo, localizado centralmente, mas próximo à rua, o primeiro acréscimo de Hunt (D) e, em cada lado, as alas de McKim, Mead & White (E, H, J, K). Desde então, outras mudanças foram realizadas.

Teto de vidro

Há vários acréscimos em vidro em todo o complexo do museu. Adicionado para unificar os edifícios mais antigos das galerias e para criar mais espaço de exposições, o vidro tem aparência moderna – funcional e sem decoração – mas, ainda assim, notável, por seu contraste com a arquitetura histórica.

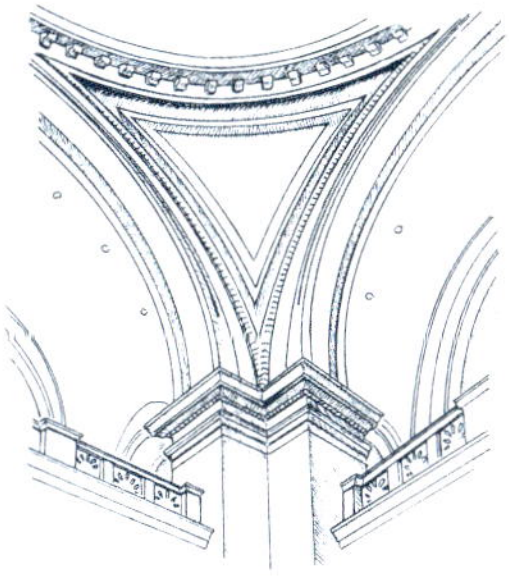

Arcos decorados, teto e claraboia

Pesados arcos romanos dominam o Grande Salão do museu. Cada conjunto de quatro arcos rodeia um teto abobadado, alguns dos quais com claraboias circulares. Preenchendo os intervalos entre os arcos – dispostos em quadrado – e a abóboda estão os elementos curvos triangulares conhecidos como pendentes.

Detalhe do teto no Grande Salão

Este detalhe da junção de dois arcos ilustra os pendentes triangulares rodeados por molduras decorativas relativamente discretas, que se ajustam ao estilo dos arcos romanos e aos pilares sem decoração sobre o qual se assentam.

Mapa de localização

Exemplos de arquitetura clássica e colonial abundam em Nova York. Entretanto, o mais interessante é a variação dos edifícios. Da Casa John Bown à Capela de St. Paul, a Estátua da Liberdade e até mesmo o Central Park, os estilos clássico e colonial influenciaram todos os aspectos da arquitetura em todas as vizinhanças da cidade.

1 **Estátua da Liberdade**
Ilha da Liberdade
página 12

2 **Monumento aos Mártires das Prisões Navais**
Fort Greene Park *página 16*

3 **Casa flutuante**
Prospect Park
página 18

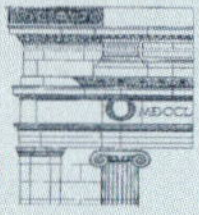

4 **Biblioteca Memorial Low**
Campus da Universidade de Columbia, 2960 Broadway *página 20*

5 **Central Park**
Southwest corner - 59th Street com Broadway
página 22

6 **Palácio de Justiça do Condado do Bronx**
851 Grand Concourse
página 24

7 **Templo dos Marinheiros**
12 Oliver Street
página 26

8 **Abrigo para Marinheiros Snug Harbor**
1000 Terrace Richmond
página 28

9 **Cidade de Richmond**
Staten Island
página 30

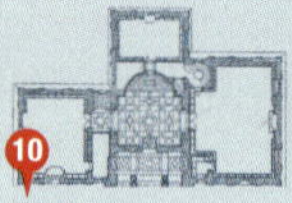

10 **Biblioteca e museu Morgan**
225 Madison Avenue
página 32

11 **Vila Lichfield**
Prospect Park
página 34

12 **Sociedade Histórica do Brooklyn**
128 Pierrepont Street
página 36

13 **O Archive**
666, Greenwish Street
página 38

14 **Companhia de Armazém e Depósito Eagle**
28 Old Fulton Street
página 40

15 **Coleção Frick**
1 East 70th Street
página 42

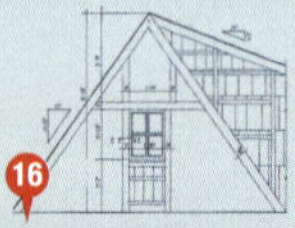

16 **Casa de John Bowne**
1 Bowne Street
página 44

17 **Conference House**
Satterlee Street
página 46

18 **O Cloisters**
Fort Tryon Park
página 48

19 **Estação IRT Bowling Green**
Battery Place e Broadway *página 50*

20 **Capela de St. Paul**
209 Broadway
página 52

21 **Casa Valentine-Varian**
3266 Bainbrigde Avenue *página 54*

22 **Metropolitan Museum of Art**
Fifth Avenue com 82nd Street *página 56*

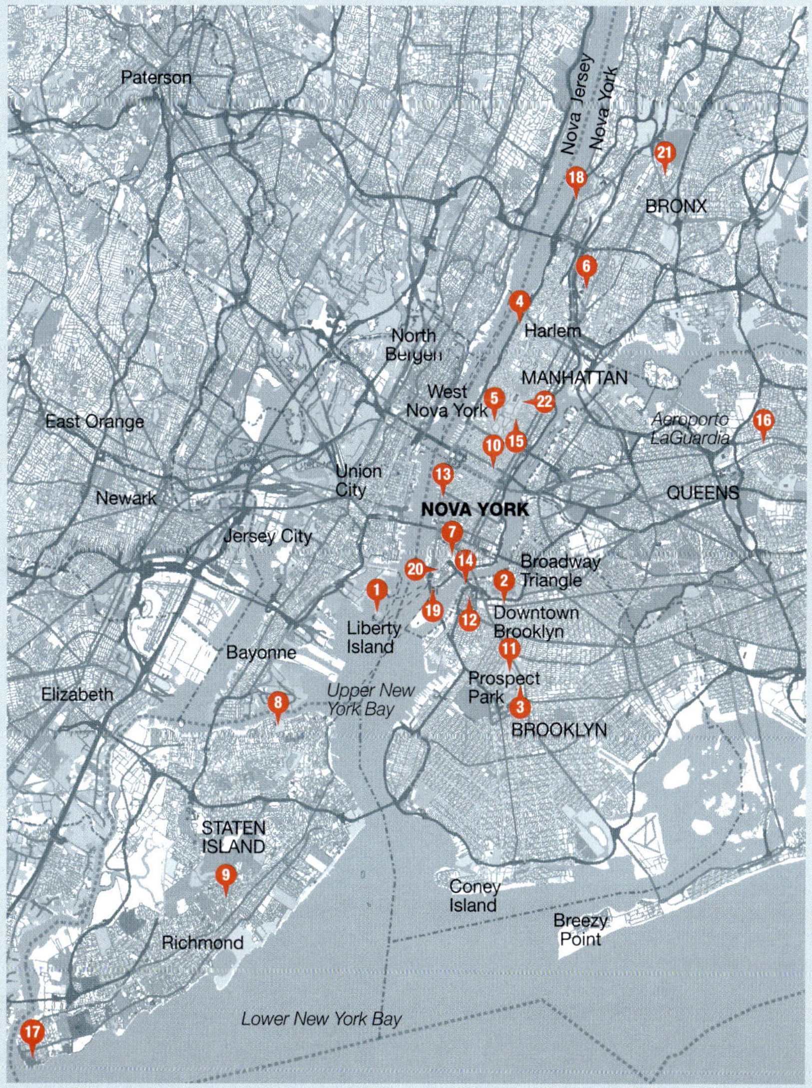
Paterson
Nova Jersey
Nova York
21
18
BRONX
6
4
Harlem
North Bergen
MANHATTAN
West Nova York
5
22
East Orange
Aeroporto LaGuardia
16
10
15
Union City
13
Newark
QUEENS
NOVA YORK
Jersey City
7
Broadway Triangle
14
20
2
1
19
12
Downtown Brooklyn
Liberty Island
Bayonne
11
Prospect Park
Elizabeth
Upper New York Bay
8
3
BROOKLYN
STATEN ISLAND
9
Coney Island
Breezy Point
Richmond
Lower New York Bay
17

Introdução

Estilos de leitura
Os maciços arcos romanescos e as pesadas balaustradas de pedra criam um magnífico pano de fundo para os leitores na biblioteca pública de Nova York.

Se pudéssemos voltar no tempo, para a Florença renascentista, na Itália, no século XV, a arquitetura estaria apenas começando. Inspirado pelos edifícios da antiga Roma, o movimento estudava as formas e proporções de estruturas como o Coliseu e o Panteão e depois incorporava tais descobertas nos edifícios que estavam sendo construídos. Nova York foi povoada por colonizadores europeus apenas cem anos mais tarde e foi apenas no final do século XIX que arquitetos começaram a projetar os grandes edifícios da cidade nesse gênero inspirado no classicismo.

Àquela altura, a arquitetura renascentista já estava estabelecida na Europa há centenas de anos. Os dois ramos mais proeminentes eram o Renascimento francês e italiano, embora também seja possível ver influências germânicas. Arquitetos do Renascimento estudavam a arquitetura clássica, mas não tentavam replicá-la. Em vez disso, tomavam emprestado aspectos, tais como o arco romano, a abóbada e o frontão triangular, e os incorporavam a um estilo mais apropriado aos edifícios da época. A arquitetura renascentista em Nova York é comum: o truque está em saber identificar a diferença entre ela e a arquitetura clássica.

Terminal Grand Central

Localização
42nd Street com Park Avenue, Manhattan

Construída em
1913

Arquiteto
Reed & Stem, Warren & Wetmore

Um das verdadeiras imagens icônicas de Nova York é o pátio principal do terminal ferroviário e metroviário da Grand Central. À medida que a luz entra pelas janelas em arco no alto das paredes, milhares de nova-iorquinos passam apressados por esse espaço glorioso, muitos esquecidos de sua grandeza. O Grand Central substituiu o terminal da 42nd Street, um abrigo para trens feito em aço e vidro construído em 1871. A concorrência para o novo edifício foi vencida por Reed & Stem, e eles se puseram a projetar todos os aspectos funcionais, inclusive criando espaços separados para as pessoas que viajam diariamente para o trabalho e trens para deslocamentos de longa distância, áreas de espera e de venda de bilhetes, o salão principal e ligações da estação de trens ao metrô, além de assegurar que o tráfego na Park Avenue circulasse bem em torno do novo edifício. Entretanto, depois de premiar Reed & Stem com a encomenda do projeto, o dono da estação, William K. Vanderbilt, trouxe a firma de arquitetura de seu sobrinho, Warren & Wetmore, para embelezar o projeto. A firma desenhou o edifício em estilo *beaux-arts* que se vê do nível da rua, rematando todo trabalho duro que foi projetar os incrivelmente intrincados elementos funcionais da estação.

Régio abrigo ferroviário
Esta imagem histórica da Grand Central Terminal esclarece os projetos do edifício da estação, feitos por Warren & Wetmore, e o plano diretor para o fluxo de tráfego nas vias que rodeiam o edifício, de Reed & Stem. O terminal dominava Midtown Manhattan em uma época anterior aos arranha-céus.

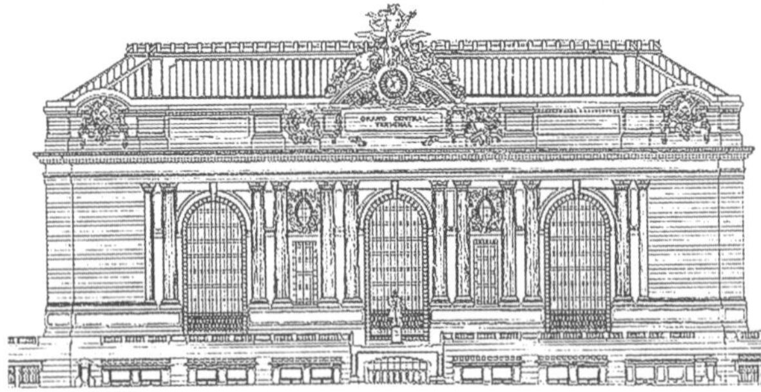

Terminal Grand Central

Passos subterrâneos

A entrada do terminal principal para o metrô é marcada por uma mudança na altura do teto, como um lembrete aos viajantes que eles estariam começando uma jornada subterrânea. Esses pátios no subsolo retêm algo da grandeza do terminal e, ainda assim, têm um design mais utilitário.

Em foco

O esplendor arquitetônico do terminal é atribuído a Warren & Wetmore. O Projeto de Whitney Warren, baseado em termas imperiais romanas, combina com a escala monumental do terminal. O exterior do edifício é revestido de pedra calcária, e suas fachadas sul e principal apresentam um arco triunfal romano ao centro. Pares de colunas coríntias sustentam o entablamento e frontões triangulares gentilmente arqueados arrematam o design, enquanto uma escultura do deus romano Mercúrio coroa a grande fachada. Dentro, o salão é um espaço enorme, sobre o qual há um teto abobadado. Por muitos anos ele esteve coberto por uma fétida camada de fumaça de tabaco, mas um projeto de restauração que durou 12 anos, terminado em 1998, incluiu a recriação de uma pintura representando o céu noturno, feita pelo artista francês Paul César Helleu.

Relógio e estátua

Coroando a fachada sul do terminal está uma escultura projetada por Jules-Andre Contan e esculpida pela John Donnely Company. A face vitrificada do relógio é rodeada por figuras da mitologia romana – Minerva e Hércules – com Mercúrio ao centro, sustentado pela águia americana. A escultura tem 18,30 metros de largura e 15,20 metros de altura.

Entradas em arco do grande salão

Vistas de fora, elas estão parcialmente escondidas atrás da colunata, mas, de dentro do salão principal, as três janelas em arco gigantes são uma visão espetacular. Classicamente romanas (um simples arco semicircular), elas dominam as três entradas da fachada sul.

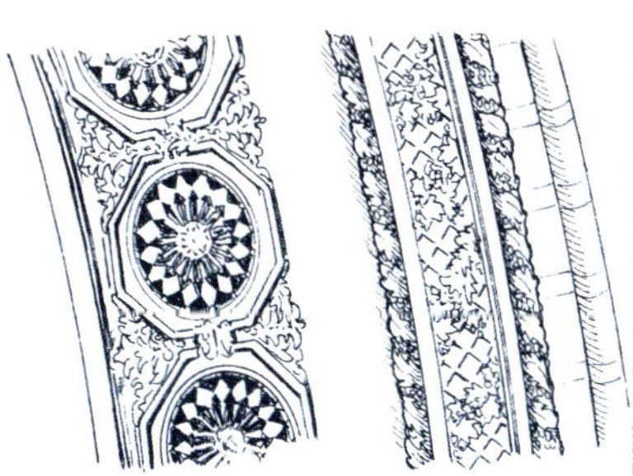

Ornamentação do teto

Margeando as pinturas das constelações feitas por Helleu, há faixas ricamente esculpidas, entalhadas nas pedras calcárias sobre as quais o edifício está construído. Tais detalhes incluem rosetas – uma decoração floral comum – e também folhas de carvalho, símbolo da família Vanderbilt, primeiros donos da estação.

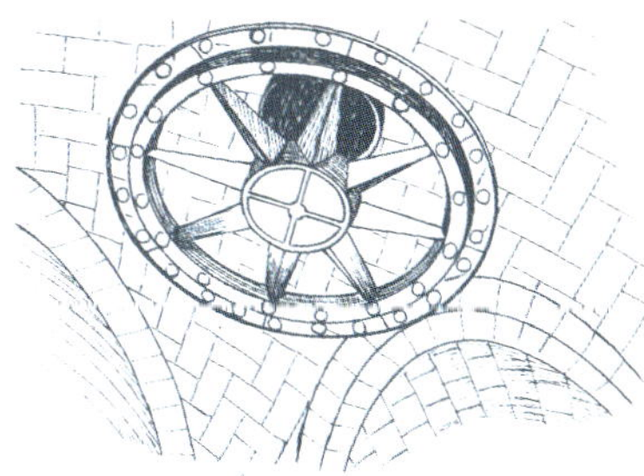

Teto do Oyster Bar

No espaço abaixo do saguão principal, o restaurante Oyster Bar é o negócio mais antigo do terminal. Seu teto, projetado por Rafael Guastavino, é um desenho elaborado de abóbadas de berço que se intersectam (chamadas de abóbadas de aresta), cobertas por tijolos vitrificados dispostos em ziguezague. Equipamentos de luz pouco comuns saúdam os pescadores que fornecem os produtos do restaurante.

Edifício Dakota

Localização
72nd Street com Central Park West
Manhattan
Construída em
1884
Arquiteto
Henry J. Hardenbergh

Mal-afamado como o local no qual o antigo morador John Lennon foi baleado e morto, o edifício Dakota foi construído na parte norte de Manhattan em uma época em que era rodeado de terra sem construções. O arquiteto Henry J. Hardenbergh, que também foi responsável pelo hotel Plaza, projetou o Dakota como um edifício de apartamentos. Eram 65 unidades, variando em tamanhos de quatro a vinte quartos. Construído para atender aos mais ricos, o edifício era avançado para a época. Tinha sua própria usina de força, aquecimento central e elevadores. Os amplos jardins continham quadras de croqué e de tênis, para uso dos moradores.

Estilo germânico--nova-iorquino
Uma estrutura imponente com vista para o Central Park, o Dakota se sentiria em casa em qualquer cidade da Europa central. Os frontões triangulares íngremes e os pesados detalhes das cornijas são indicativos de um design renascentista, o que o torna um alegre estribilho em relação aos edifícios mais utilitários que o cercam.

Luminárias

De forma severa e com peças pontudas no coroamento, conjuntos dessas lâmpadas duplas montam sentinela de ambos os lados da entrada de carruagens. A folhagem estilizada da decoração é reminiscente de designs arabescos e da emblemática flor de lis da monarquia francesa.

Entrada principal

Um traço popular de muitos edifícios renascentistas dos séculos XVIII e XIX é a *porte-cochère*, uma entrada larga o bastante para deixar passar uma carruagem puxada a cavalo. No Dakota, a *porte-cochère* dá entrada para um pátio quadrado central.

Balcão ornamental em nível elevado

Embora janelas em arcos tenham sido favorecidas por muitos anos em diferentes estilos de arquitetura, janelas de caixilhos retangulares estavam tornando-se mais comuns em finais dos anos 1800. Elas eram geralmente duplas, com balcões ornamentais e, como aqui, com decorações esculpidas, tais como esse dossel central e a base, que parece feita para uma estátua.

Tetos abobadados e outras decorações da linha do telhado

Projetado em estilo norte-germânico-renascentista, o Dakota é similar na forma, porém decorado de maneira menos intrincada do que um edifício em estilo franco renascentista da mesma época. As íngremes águas-furtadas têm menos detalhes elaborados, fiando-se, por sua vez, em escala e em geometria para criar sua dramaticidade arquitetônica.

Museu da Imigração Ellis Island

Localização
Upper New York Bay, Jersey City

Construído em
1892

Arquitetos
Boring & Tilton

Mais de 17 milhões de imigrantes passaram pelas salas da estação de imigração de Ellis Island entre sua conclusão, em 1892, e seu fechamento, em 1954. A ilha de 113 mil metros quadrados é quase que inteiramente feita à mão, com os muitos aterros usados para criá-la vindos das escavações para o metrô de Nova York. Um complexo de 33 edifícios projetado por Boring & Tilton no estilo *beaux-arts*, a estação foi abandonada após o fechamento. O governo tentou vender o terreno, mas não conseguiu, e apenas em 1991 ele foi reformado por Beyer Blinder Belle e Notter, Finegold & Alexander e tornou-se um museu e atração turística.

Tão próximo e ainda assim..
Imigrantes chegando de navio podiam ver e até cheirar a cidade antes de desembarcar. Entretanto, eles tinham que passar pela imigração de Ellis Island, a uma distância curtíssima de seu destino final. As instalações são agora um museu e atração turística dedicado a histórias dos imigrantes que fizeram de Nova York o que ela é hoje.

Torre cupulada

As duas torres que imperam na fachada frontal do edifício principal contam muito do treinamento renascentista de seus arquitetos. Essas cúpulas de inspiração italiana são pesadamente ornadas e incluem frontões gregos clássicos, em uma mistura de estilos atribuída ao movimento *beaux-arts*.

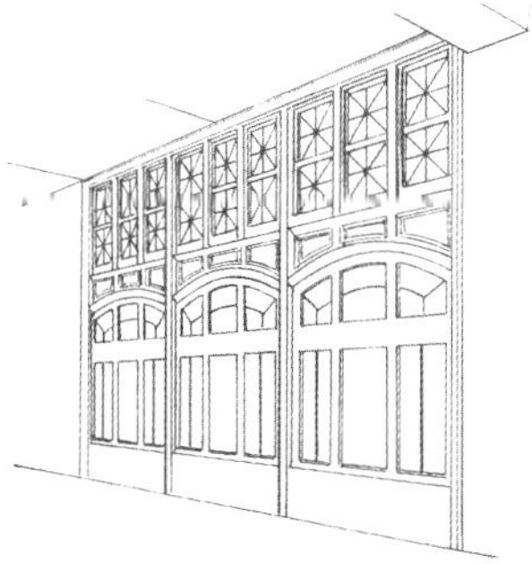

Janelas

A combinação de janelas arqueadas e retangulares, cada uma dividida em pequenos painéis por múltiplas barras verticais e bandeiras horizontais, é um traço desenvolvido na Itália do século XVI e ainda encontrado com frequência em casas de campo renascentistas.

Grande vestíbulo

O teto em abóbada de berço do Grande Vestíbulo deriva da arquitetura mourisca. Construído por Rafael Guastavino, o teto é uma laminagem de várias camadas de azulejos aplicados com padrão de ziguezague e fixados com uma mistura de cimento Portland de secagem rápida.

Detalhe do arco

O arco é romanesco em sua forma, como indicado por seu formato circular. Entretanto, o trabalho de cantaria rústica no calcário é mais similar à arquitetura renascentista. Entradas com arcos triplos com tal detalhamento situam-se a dois andares de altura, nos lados leste e oeste do edifício.

Teatro St. George

Localização
35 Hyatt Street, Staten Island

Construído em
1929

Arquitetos
Eugene DeRosa, Nestor Castro

Cinema e teatro, o St. George foi uma revelação para Staten Island. O projeto do teatro rivalizava com os de Manhattan, como o proprietário Solomon Brill havia prometido, e a arquitetura era uma visão a ser lembrada. Enquanto externamente o edifício projetado por Eugene DeRosa é relativamente discreto (ele faz parte de um edifício de escritórios), o interior é uma exuberância de arquitetura barroca que traz consigo influências espanhola e italiana. Este foi o trabalho de Nestor Castro, diretor artístico da Libman-Spanjer Corporation. O estilo barroco tem tudo a ver com ornamentos, seja como parte da arquitetura, seja como um produto de design. Veja exemplos nas curvas clássicas em forma de "C" nas luminárias, junto com as conchas e arabescos. Veja também a decoração similar da cornija e das rosas no telhado.

Personalidade rachada

O design exterior do Teatro St. George tem uma personalidade rachada. No nível da rua há uma marquise e no telhado do edifício há uma estátua grotesca, já o miolo da fachada é bastante suave. Como o edifício é, ao mesmo tempo, um teatro e um conjunto de escritórios, a fachada reflete ambos os usos.

Balcão do primeiro andar

Ladeado por duas colunas que representam um floreado artístico na forma de uma faixa torcida, o balcão é algo que só pode ser chamado de "exagerado esforço barroco". Os amplos motivos de conchas de vieiras se destacam em meio a uma miríade de floreios e arabescos, que prossegue nas cercanias das paredes e tetos.

Placa de caveira de búfalo

Bucrania (caveiras de boi, em latim) são um elemento comum de decoração no design do Renascimento. Na fachada do teatro, a placa está ao lado de um meandro geométrico que tem propensões gregas clássicas. Este estilo de mistura e combinação é indicativo do movimento *beaux-arts*.

Grifos

Coroando o exterior do edifício há um par de grifos de pedra. O estilo do design, conhecido como grotesco, combina bem com a decoração incomum da construção. Talvez seja para se ter um vislumbre do que esperar do interior e, ao mesmo tempo, reafirmar a influência do Renascimento, que pode ser vista em muita arquitetura *beaux-arts*.

Luminárias barrocas

A decoração interna do teatro é um tumulto de arabescos e ouro. Aqui (ao lado), uma luminária feita quase em estilo mourisco, com seu intrincado trabalho em metal entrelaçado com as curvas em forma de "C", que são indicativos dos estilos barroco e rococó.

City Hall

Escritório do prefeito
Situada à sombra da Prefeitura de Manhattan (muito maior e que pode ser vista ao fundo), a sede da Prefeitura da cidade de Nova York é um edifício projetado classicamente, com toda a pompa e cerimônia dos escritórios ali instalados.

A terceira prefeitura construída em Nova York é o mais antigo edifício nos Estados Unidos que ainda abriga tais funções e empregados do governo. O projeto ganhador da concorrência, de Joseph-François Mangin e John McComb Jr., levou nove anos para ser construído, devido a disputas trabalhistas e à eclosão de um surto de febre amarela em toda a cidade. O edifício em si é uma combinação de vários estilos – renascimento francês no exterior e americano-georgiano no interior. O projeto original de McComb e Mangin foi reduzido em tamanho e os materiais foram modificados depois que o conselho municipal contestou seus custos e suas extravagâncias.

Localização
City Hall Park, Manhattan

Construído em
1812

Arquitetos
Joseph-François Mangin, John McComb Jr.

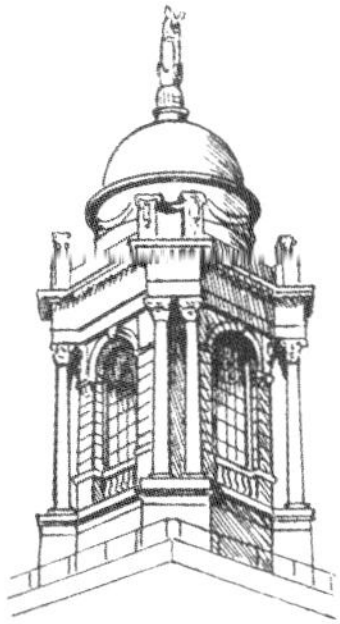

Detalhe da torre cupulada do sino

A torre cupulada coroando o edifício combina estilos de arquitetura, como era típico da arquitetura franco-renascentista. O arco romanesco na janela emoldura o relógio. A torre do sino inspirou uma outra sobre a Eliot House, na Universidade de Harvard.

Entrada principal

O pórtico colunado no topo dos degraus é incomum por ter pares de colunas caneladas jônicas nos cantos. A balaustrada acima é uma de duas, sendo que a mais alta está no nível do telhado, em frente à torre cupulada.

Escadaria interna

Escorregando do segundo andar em duas curvas dramáticas, a escadaria desliza sobre duas pilastras arqueadas e dá uma volta até o centro da rotunda do edifício. Grandes pedras-chave no topo dos arcos redondos são típicas da arquitetura romanesca. Entretanto, o estilo da escadaria é de inspiração americana.

Janelas arqueadas dos balcões

O estilo do Renascimento francês tem tudo a ver com proporção. A janela de correr simples e retangular é emoldurada por pilastras e um pequeno e elegante frontão curvo. O resultado final tem uma suave classe que é lindamente complementada pelos balaústres em forma de vaso do balcão de Julieta.

Edifício Municipal de Manhattan

Localização
1 Centre Street Manhattan

Construído em
1914

Arquitetos
McKim, Mead & White

Tido como fonte de inspiração para Joseph Stalin, a ponto de o edifício principal da Universidade de Moscou ter-se baseado nele, o edifício Municipal de Manhattan é uma combinação do Renascimento francês e italiano com a arquitetura romana imperial. Com altura de quarenta andares, era uma das torres mais altas, em seu tempo. Hoje ele aloja 2 mil empregados de 12 diferentes órgãos municipais em quase 93 mil metros quadrados, um dos maiores edifícios governamentais do mundo.

Força municipal
A fachada desta imponente estrutura repercute firmemente a composição e as proporções de uma coluna clássica – base, fuste e capitel. Na base do edifício, uma colunata alta proporciona um caminho pelo qual antigamente carros passavam. Acima dessa colunata há relevos esculpidos representando as virtudes: Progresso, Dever Cívico, Orientação e Poder Executivo, Orgulho Cívico e Prudência.

Estátua em cima da torre

Bem na ponta do edifício está a estátua da Fama Cívica, esculpida por Adolph Weinman, a segunda maior estátua de Nova York, depois da Liberdade. Essa forma feminina está descalça sobre uma esfera, veste uma roupa esvoaçante e uma coroa de louros. Em sua mão esquerda ela segura uma coroa de cinco pontas representando os cinco distritos de Nova York.

Arco triunfal

O arco triunfal é um elemento clássico na arquitetura romana. O grande arco central é ladeado por dois menores, que se encaixam entre pares de colunas coríntias. Os fustes das colunas são lisos, indicando influência romana, em vez de canelados, o que é mais comum em colunas gregas.

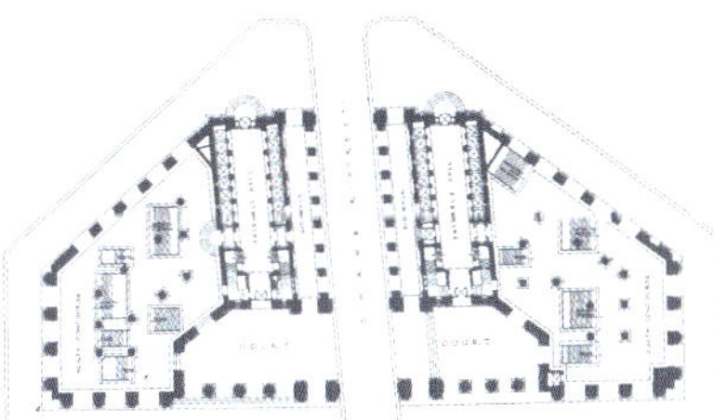

Planta baixa

Ao nível do chão o edifício é cortado ao meio pela via de passagem que costumava estar aberta para o tráfego de veículos. A planta também ilustra a fileira de colunas que esconde a esplanada da rua. Acima, grandes salas de reunião se estendem sobre o centro do edifício.

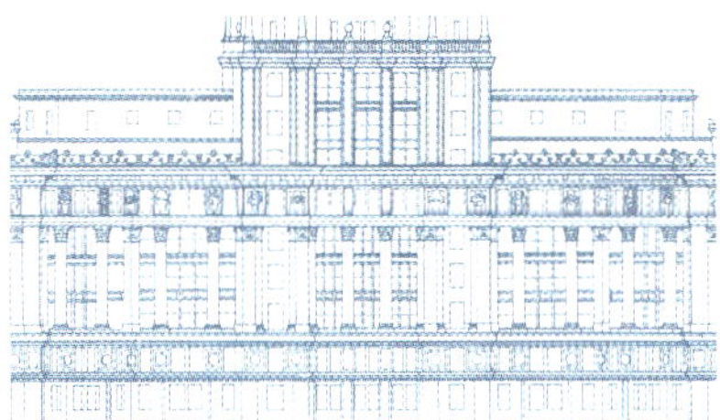

Decoração dos andares superiores

A fachada do edifício é dividida em três elementos, e aqui, no terço mais alto, as janelas são ladeadas por pequenas colunas coríntias. No nível do telhado, a cornija ameada apresenta mais desenhos inspirados em folhagens, mas mantendo as folhas de acanto dos capitéis das colunas.

O Plaza

Vida de luxo
Chamando a atenção por sua imagem imponente, o hotel Plaza foi uma conquista perdulária quando concluído, em 1907. Francês na influência do design, mas verdadeiramente americano na escala, ainda mantém seu ar de grandeza.

O Plaza abriu suas portas no dia 1 de outubro de 1907 ao som de elogios como "o melhor hotel do mundo". Projetado por Henry J. Hardenbergh, que foi também o arquiteto do edifício Dakota, o hotel de 19 andares demorou dois anos para ser construído e custou inauditos 12 milhões de dólares. O Plaza foi designado como Marco da Cidade de Nova York em 1969 e está listado no Registro de Locais Históricos. É também o único hotel na cidade a ser designado como Marco Histórico Nacional.

Localização *Fifth Avenue com Central Park South Manhattan*

Construído em *1907*

Arquiteto *Henry J. Hardenbergh*

Detalhe do canto

Uma torre circular com um telhado cupulado ou cônico é um detalhe clássico do estilo renascentista. Aqui, Hardenbergh usa tal design para criar uma declaração arquitetônica altamente poética nos cantos do hotel. Começando no quinto andar, os detalhes circulares erguem-se até um cume abobadado no 18º andar.

Frontão com declividade acentuada

Baseados na arquitetura dos castelos franceses do Renascimento, os frontões decorativos do Plaza são uma mistura de estrutura gótica e ornamentação italianada. Em verdade, esta influência francesa conta pesadamente com o design italiano. Em seguida às guerras entre os dois países no século XVI, os franceses voltaram com tesouros roubados e novos gostos arquitetônicos.

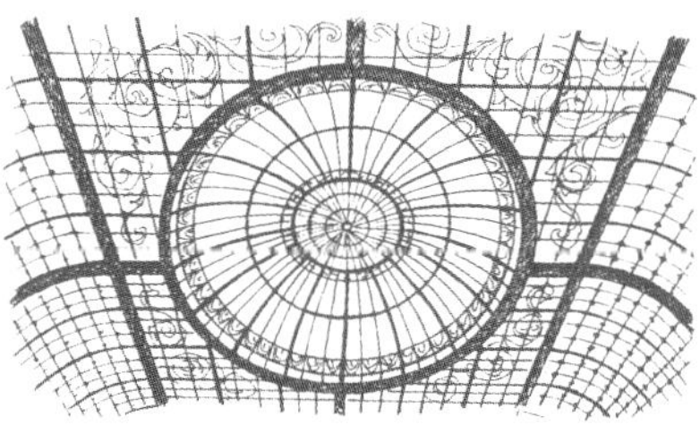

Telhado de vidro no Pátio das Palmeiras

Parte do projeto original de Hardenbergh para o hotel, a claraboia do Pátio das Palmeiras foi retirada durante os anos Conrad Hilton (1943-53). Ela foi restaurada através de um processo meticuloso envolvendo replicar imagens de velhas fotografias. O desenho geométrico de Hardenbergh é seu toque do século XX sobre o estilo clássico renascentista.

O brasão Plaza

Resplandecente em vidro colorido sobre as entradas da Fifth Avenue e do Central Park, o brasão é uma amostra da opulência que recebe os visitantes quando se aventuram a entrar. O emblema original em estilo renascentista foi retrabalhado para um logotipo contemporâneo que é encontrado em todas as partes, de travesseiros a bules de chá.

Edifício Cary

Todo vestido
O projeto do edifício Cary é indicativo de um período quando novas técnicas, tais como fachadas em ferro fundido, estavam tornando-se mais comuns, enquanto estilos clássicos permaneciam apreciados. A combinação do novo com o velho produziu algumas das mais extravagantes arquiteturas de então.

Embora a fachada do edifício Cary pareça ter sido talhada em tijolo e pedra, é uma construção em ferro fundido de inspiração clássica. Construído em 1856, a fachada foi fabricada na Architectural Iron Works, em Manhattan. O proprietário William H. Cary negociava mercadorias secas, e o edifício foi construído originalmente para abrigar estabelecimentos comerciais. Como muitos outros edifícios em Manhattan, é hoje em dia um endereço residencial. Está inscrito no Registro Nacional de Locais Históricos desde 1983.

Localização *105-107 St. Chambers, Manhattan*

Construído em *1856*

Arquitetos *Gamaliel King, John Kellum*

Placa com o nome

A cornija decorada que guarnece o teto plano do edifício Cary é quebrada em seu centro, e um falso frontão abriga uma cártula margeada por exagerados arabescos. Esta representação até certo ponto vulgar do design clássico dá o tom para as fachadas muito decoradas.

Colunata ornada da fachada

Conjuntos de colunas gregas caneladas geminadas sustentam os arcos acima das janelas reentrantes das fachadas. Estas colunas são encimadas por capitéis da ordem compósita, um estilo romano inspirado pelas arquiteturas jônica e coríntia.

Detalhe da cornija

Esta grande cornija projetada (à direita) cria um coroamento que combina com a fachada sobejamente decorativa. Pesados modilhões de volutas se referem à ordem jônica, mas aqui eles são empregados no nível do telhado em vez de nos capitéis das colunas.

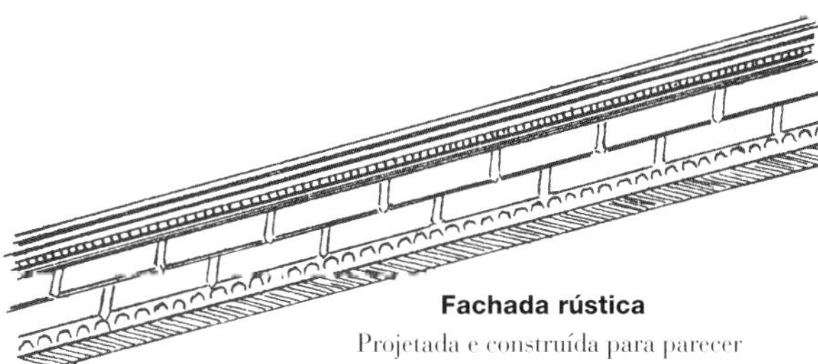

Fachada rústica

Projetada e construída para parecer pedra chanfrada, a fachada é uma obra-prima de construção em ferro fundido. A técnica foi pioneira durante a Revolução Industrial, quando a matéria era relativamente barata, e passou a ser usada de forma decorativa em inúmeros edifícios comerciais em Nova York.

Conservatório Enid A. Haupt

Localização
Jardim Botânico de Nova York, Bronx

Construído em
1902

Arquitetos
Lord & Burnham

Situado no Jardim Botânico de Nova York, o Conservatório Enid A. Haupt é a peça central do local. É a maior estufa do período, nos Estados Unidos, e uma das maiores do mundo. Projetada por Lord & Burnham, principais arquitetos de estufas da época, tem como modelo estufas construídas cinquenta anos antes no jardim botânico de Kew Gardens, em Londres. O edifício foi restaurado durante três anos e concluído em 1978, a um custo de cinco milhões de dólares. A filantropa Enid A. Haupt pagou toda a conta quando outros financiadores recuaram, e o edifício foi nomeado em sua homenagem.

Obra-prima restaurada

Nada poderia ser melhor do que caminhar pelas aleias entre as árvores alinhadas até a entrada principal dessa estufa de vidro abobadada. Em dado momento dilapidado e até abandonado, o conservatório foi reformado com apuro e é, hoje em dia, uma obra-prima renascentista restaurada.

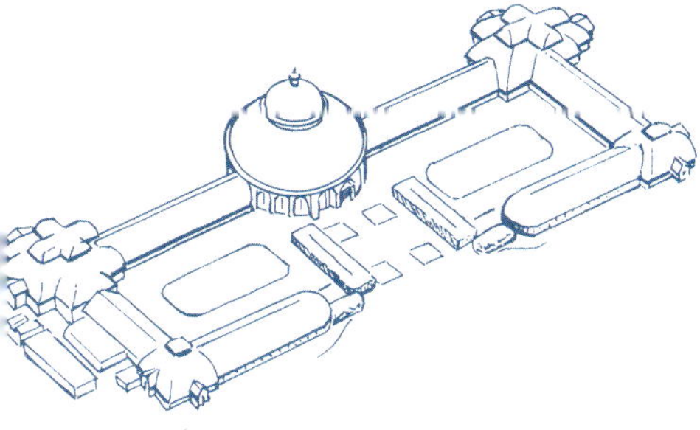

Visão aérea do conservatório

Os 3.900 metros quadrados deste complexo de estufas têm como base um domo central que abriga palmeiras. Com duas estufas em forma de crucifixo situadas em dois cantos do edifício em forma de "C", ele se parece com o Conservatório Botânico do Condado de Buffalo e Erie, projetado alguns anos antes por Lord & Burnham.

Entrada principal

Quatro pilares da ordem compósita, evidenciada pelas folhas de acanto e volutas nos capitéis, sustentam o entablamento, que tem na inscrição o nome da maior benfeitora do conservatório. O arco romano serve de anfitrião para uma claraboia decorada com intrincado trabalho em metal.

Detalhe dos arcos envidraçados do domo principal

Assentes dentro das janelas retangulares da fachada curva, arcos decorativos em metal complementam a claraboia sobre a entrada principal. Este tipo de ornato vitrificado era comum em estufas de estilo renascentista de fins dos anos 1800 e início dos 1900.

Detalhe do domo

Esse extraordinário domo de vidro está construído com uma armação estrutural de ferro e esquadrias de madeira. Sustentado apenas em seu perímetro, o domo principal mantém-se rígido por meio de uma armação de vigas de metal entrelaçadas. Acima, uma cúpula e uma lanterna ornamental levam a altura da estrutura para pouco mais de 27 metros.

Teatro Loew's Paradise

Dentro e fora

Como se estivessem sentados sob um céu noturno e tendo um jardim histórico italiano como pano de fundo, os frequentadores do teatro eram convidados a assistir a um espetáculo arquitetônico cada vez que visitavam esse extravagante edifício.

Um dos cinco "teatros-maravilha" inaugurados em Nova York por Loew durante os anos 1920 e 1930, o Loew's Paradise é um dos últimos teatros no chamado "estilo atmosférico" construídos nos Estados Unidos. O teatro apresentava tanto filmes quanto espetáculos ao vivo. O auditório, projetado no estilo de um jardim barroco italiano, foi dividido em 1970 para criar dois cinemas. Por volta de 1994 o teatro fechou, mas foi reaberto em 2005 como Utopia Paradise Theater.

Localização *2401-2419 Grand Concourse,*

Construído em *1929*

Arquiteto *John Eberson*

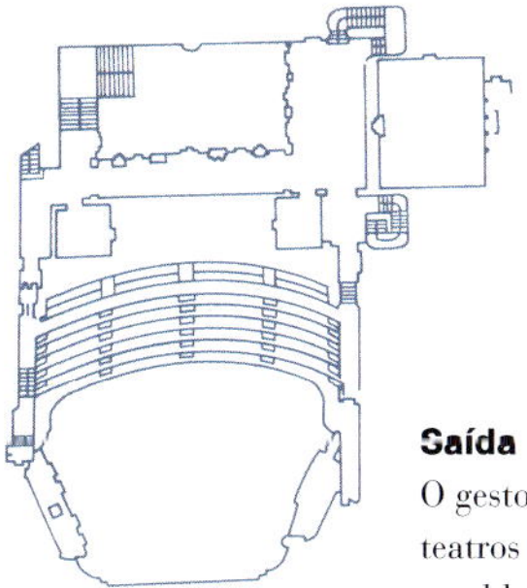

Planta baixa

Esta planta esclarece a grande porcentagem de espaço ocupado pelo cineteatro original. O vasto auditório, enfeitado com ornatos barrocos, exibia em destaque estrelas pintadas no teto, plantas trepadeiras e pássaros empalhados, enquanto estátuas clássicas revestiam as paredes.

Saída

O gesto extravagante era um *must* do projeto de teatros no início do século XX. Aqui, a saída é emoldurada por uma passagem em arco sustentada por colunas romanescas e pilastras tipicamente decoradas ao estilo renascentista.

Teto

Para onde quer que se olhe, o edifício está coberto de decoração teatral. Aqui, uma cártula no teto apresenta *putti* (garotos alados) em meio a arabescos e folhagem, indicativos de um design inspirado no Barroco.

Letreiro

A elevação frontal coberta de terracota tem em seu centro um letreiro em estilo barroco encabeçado por um frontão incompleto. Este design clássico é contrabalançado por letras em neon com o nome do teatro – um completo contraste entre o estilo arquitetônico e a estética, em que apenas este tipo de edifício teatral pode ter sucesso.

Teatro Liceu

Fachada ornada

Em contraste com seus vizinhos mais modernos, o Liceu tem uma das fachadas mais ornadas de Manhattan. A inspiração é a arquitetura grega, e ele é revestido por uma saudável dose de tempero teatral.

O Liceu foi o primeiro teatro de Manhattan a receber o status de marco. É também o mais antigo teatro da Broadway e um dos únicos que ainda funcionam com o nome original. Junto com o teatro New Amsterdam, que foi inaugurado no mesmo ano, o Liceu foi projetado pela firma de arquitetos Herts & Tallant. Atrás da grande fachada *beaux-arts* de forma barroca encontra-se um pequeno teatro com apenas 950 lugares. Entretanto, o que falta em espaço sobra em extravagância arquitetônica. A edificação é um Marco Oficial da Cidade de Nova York desde 1974.

Localização *149 West 45th Street, Manhattan*

Construído em *1903*

Arquitetos *Herts & Tallant*

Corrimão

Similar ao candelabro que ilumina a subida da escada, o corrimão, no pé da escada, evoca referências teatrais da arte e literatura gregas clássicas. Inspirados mais no teatro do que em movimentos arquitetônicos, esses elementos são, apesar disso, um componente expressivo da mixórdia de estilos que é a *beaux-arts*.

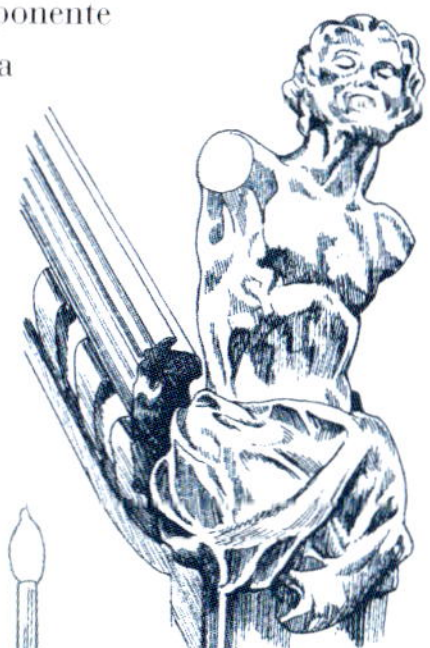

Lyceum

Esta versão da palavra Lyceum foi desenhada pelos arquitetos do teatro. Tirada dos desenhos arquitetônicos de Herts & Tallant, seu estilo é mais uma indicação da influência que a arte clássica grega, especialmente a literatura, teve nas ideias por detrás do projeto do edifício.

Luminária de parede

De suas colunas coríntias a este candelabro inspirado em um sátiro (meio homem, meio bode) grego, o Liceu excede em seu design de ornatos. O saguão no qual fica esta luminária é inundado com folhas de ouro e faixas florais, um traço grego marcante na arquitetura clássica.

Colunas na fachada exterior

Seis colunas maciças ocupam posição de destaque na marquise ondulante da fachada frontal do teatro. Seu design canelado indica a influência grega, e os capitéis robustos de onde brotam folhas de acanto e volutas, a ordem compósita. As faixas com detalhes em forma de "C" indicam o estilo barroco, enquanto as flores entre as caneluras poderiam ser antêmios, outra referência grega.

Metrô

Localização *Várias*
Construído a *partir de 1900*
Arquitetos *Vários*

Em 1870, o inventor Alfred Ely Beach fez uma demonstração de seu sistema de trânsito pneumático em um túnel sob a Broadway. Entretanto, restrições políticas e financeiras, bem como avanços em motores de tração elétrica, paralisaram qualquer progressão, e foi apenas em 24 de março de 1900 que os trabalhos do metrô da cidade de Nova York começaram, com uma cerimônia inovadora em frente à Prefeitura. A primeira seção do metrô, da Prefeitura à 145th Street, ficou pronta em 27 de outubro de 1904. A maioria das linhas existentes do metrô foram construídas usando o método de *cut-and-cover* (cortar e cobrir) em vez da escavação de túneis.

Casa de força
Construída em 1904, a casa de força do Interborough Rapid Transit era a estação de energia para toda a rede original das linhas de metrô de Nova York. O projeto clássico do edifício foi de McKim, Mead & White, e refletia as ideias do movimento City Beautiful que reformou a arquitetura norte-americana.

Elevador ao nível da rua do Borough Hall

Conectando com as linhas da Seventh Avenue e da Eastern Parkway, este elevador ao nível da rua é uma lembrança de tempos idos, quando relativamente poucas pessoas usavam o metrô. As exageradas linhas do teto e da abóboda ao alto deste pavilhão funcional apontam para sua herança da *Beaux-Arts*.

Cartão-postal do Joralemon Tunnel

Este cartão-postal de 1913 celebra o Túnel Joralemon e sua estação em Brooklyn Borough Hall. O túnel ainda opera duas linhas de metrô sob o East River, indo da vizinhança de Bowling Green, em Manhattan, até Joralemo Street e Willow Place, no Brooklyn.

Tetos abobadados subterrâneos

Conquanto linhas de metrô mais recentes apresentem tetos planos de concreto armado apoiados sobre vigas e colunas de aço, túneis mais antigos eram feitos em alvenaria de tijolos. Abóbodas de berço eram suficientes para túneis simples, enquanto abóbadas de aresta eram usadas quando dois túneis se cruzavam. Padrões de ziguezague e tijolos vitrificados se somavam a estas proezas da arquitetura.

Sinalização das estações

Ladrilhos vitrificados decorativos eram usados para sinalização de muitas estações quando o metrô foi construído, e algumas podem ser vistas ainda hoje em dia. Padrões geométricos, tais como os que bordam o letreiro de Borough Hall, indicam uma ética de design distintamente neoclássica, enquanto a cártula estilizada em volta de Bleecker Street é um favorito do rococó.

Agência postal James A. Farley

Localização
421 Eighth Avenue
Manhattan

Construída em *1912*

Arquitetos
McKim, Mead
& White

Pós-classicismo
A inscrição no entablamento acima das poderosas colunas coríntias da agência postal é tirada das "Histórias" de Heródoto, e descreve os mensageiros persas montados a cavalo de cerca de 400 a.C. O dístico foi proposto por William Mitchell Kendall, do escritório McKim, Mead & White.

Com seu entablamento inscrito com as palavras "Nem neve nem chuva nem calor nem escuridão da noite impedem estes mensageiros de velozmente completar suas missões", a agência postal James A. Farley é a principal de Nova York e um Marco Histórico Nacional, ocupando inteiramente duas quadras da cidade. O edifício foi construído em duas fases, com a parte frontal acabada em 1912 e a posterior acrescentada em 1934, dobrando seu tamanho. O projeto da colunata coríntia de McKim, Mead & White originalmente complementava a Penn Station, também projetada por eles e que, num dado momento, dava de frente para a agência de correios, vista do outro lado da Eighth Avenue.

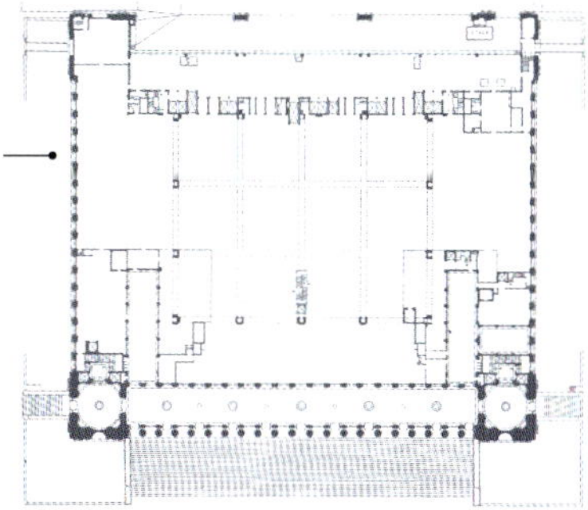

Planta baixa do edifício e fosso seco

Esta planta do primeiro andar mostra a larga escadaria (na parte baixa do desenho) e, dentro, o grande salão público. A maior parte do edifício é tomada por uma imensa sala de seleção. Em volta dos lados do edifício há um fosso seco que proporciona entrada de luz e ar para o porão.

Coluna coríntia

A coluna coríntia se origina na antiga Grécia. É facilmente reconhecível por suas fileiras de folhas de acanto que cobrem o capitel. Há duas versões da coluna, a grega e a romana. As colunas coríntias romanas têm fuste liso, enquanto a versão grega, como a aqui vista, é canelada.

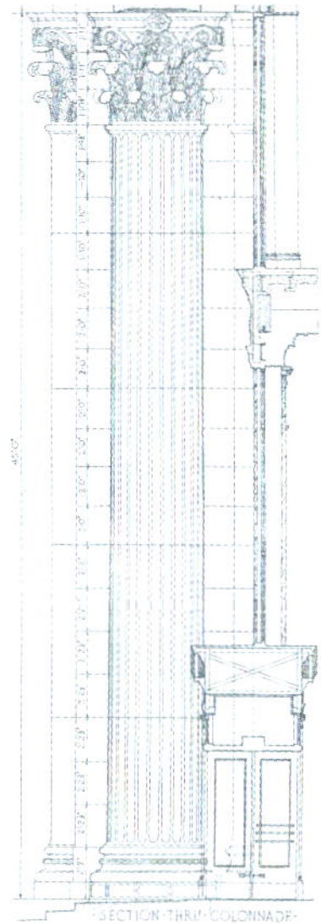

Teto decorado no salão público

Enquanto as áreas privadas são escassamente decoradas, o teto do salão público é uma extravagância de padrões geométricos em meio aos quais estão símbolos nacionais, incluindo a fênix de duas cabeças da Rússia e a República Francesa. Entre eles, há bandas de intrincados arabescos florais.

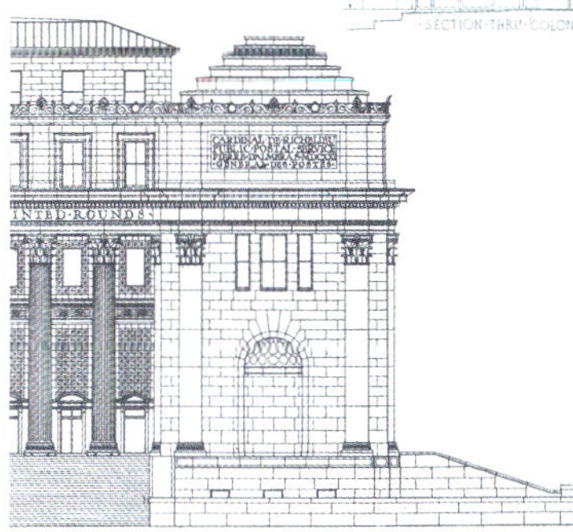

Domos baixos nos pavilhões quadrados

Arrematando a colunata da fachada há dois pavilhões encimados por pirâmides de degraus rasos, ou zigurates. Como as colunas, eles foram projetados para complementar pavilhões arquitetônicos na demolida Penn Station. Cada pavilhão tem um teto abobadado.

Museu do Brooklyn

Localização
200 Eastern Parkway, Brooklyn

Construído em
1926

Arquitetos
McKim, Mead & White

Entrada grandiosa
A entrada principal foi alterada duas vezes. A grande escadaria original foi removida em 1934 e, em 2004, o Rubin Pavilion foi aberto.

Projetado por McKim, Mead & White, o Museu do Brooklyn foi inicialmente previsto como muito maior do que o enorme edifício que se vê hoje. Até desenhá-lo em escala foi uma tarefa pesada e, embora a primeira ala ficasse pronta em 1897, seriam precisos quase trinta anos para que o museu estivesse completo. A parte central do edifício, que originalmente incluía uma grande escadaria descendo até a Eastern Parkway, foi concluída em 1905. A escadaria foi demolida contra a vontade dos arquitetos e reprojetada para incluir o Rubin Pavilion, moderno e envidraçado. O projeto de Polshek Partnership Architects procura corrigir a integridade da fachada, recriando a ideia dos degraus originais em um estilo modernista.

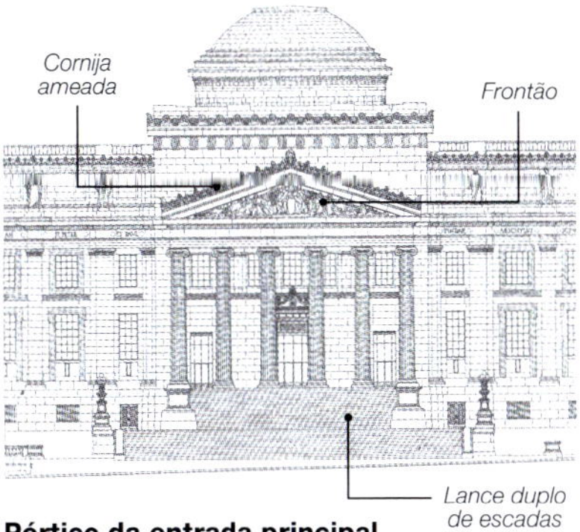

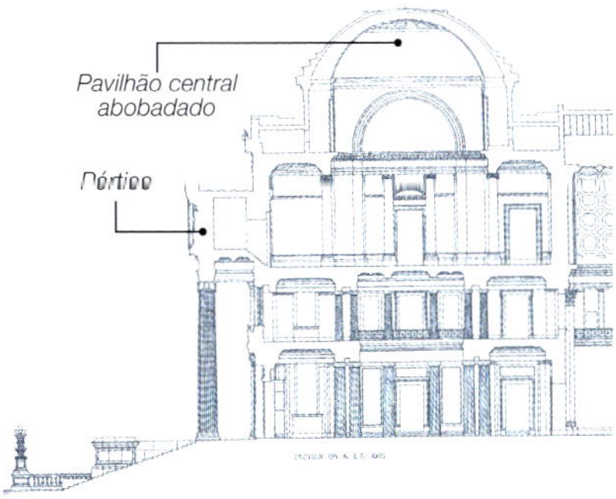

Pórtico da entrada principal com escadaria histórica

A entrada principal do museu é encimada por um pórtico de seis colunas jônicas e um frontão triangular com uma cornija ameada. O lance duplo de escadas visto aqui foi removido em 1934, e uma série de novas entradas (criando um acesso mais "democrático") foi acrescentada em seu lugar.

Abóbada

O corte transversal pelo pórtico da entrada principal e a abóbada do pavilhão central realçam o uso de colunas, arcos e tetos em caixotões neste magnífico museu. Os arcos são tipicamente romanos, usados para sustentar estruturalmente o edifício e resistir à pressão vertical sobre a cantaria.

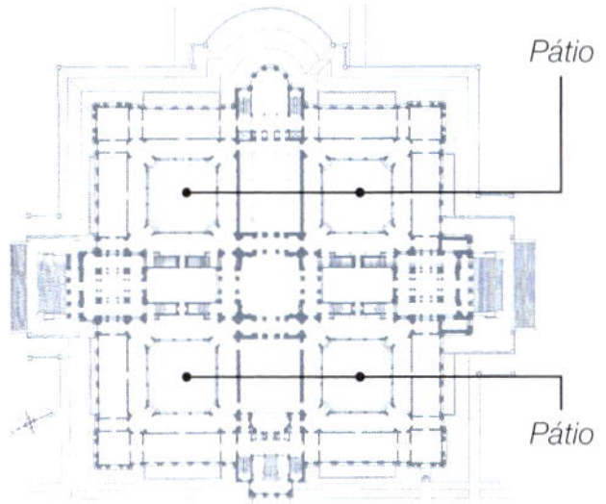

Planta baixa

A planta original do museu (vista acima) jamais seria construída por inteiro, mas este design cruciforme é indicativo do estilo clássico do arquiteto. Aproximadamente apenas metade desta planta do primeiro piso foi, em verdade, construída.

Pátio Beaux-Arts

Um dos espaços mais bonitos do museu, o Pátio Beaux-Arts apresenta uma colunata interna em volta de uma área central. Acima do espaço de dois andares, uma enorme claraboia cobre toda a sala. Entre 1999 e 2001 o pátio foi renovado, inclusive toda a claraboia, que foi substituída.

Museu Cooper-Hewitt

Localização
2 East 91st Street
Manhattan

Construído em
1902

Arquitetos
Babb, Cook
& Willard

Anteriormente a casa da família Carnegie, esta mansão em estilo *beaux-arts* era um dos endereços particulares mais ilustres de Manhattan. Concluída em 1902, a casa foi a primeira residência privada nos Estados Unidos a ter uma armação de aço estrutural. Tinha também um elevador Otis, aquecimento central e um tipo primitivo de ar-condicionado. Inaugurado em 1976 como o Museu Cooper-Hewitt de Design Nacional, subsidiário da Smithsonian Institution, a propriedade com 64 quartos atualmente abriga algumas das mais importantes exposições históricas e contemporâneas dedicadas ao design.

Confortos caseiros
Com seu volume compacto e telhado pouco inclinado, o museu parece uma casa de campo inglesa. Assim é, provavelmente, porque foi uma casa particular, e seu estilo reflete o design clássico europeu.

Cobertura da entrada

A cobertura de vidro acima da entrada da frente faz um contraste divertido com as linhas austeras do arco romanesco abaixo dela. A saia decorativa esconde uma cobertura raiada com uma intrincada armação de arame que mantém no lugar um sem-número de pequenos panos de vidro.

Porta

Assentada dentro de um arco romano rusticado, a porta é emoldurada por um grosso friso cilíndrico torcido, adornado com folhagem. A porta em si é decorada de forma elaborada com ferro ornamental, e a bandeira semicircular em cima tem design neoclássico, com uma rodela central cercada de mais ferro ornamental.

Janela ornada

Assentada acima da entrada principal, esta janela com balcão ornamentados é uma versão menor do mesmo design, nos fundos da casa. Na elevação da frente, as duas janelas laterais são estreitas, ao passo que, nos fundos, elas são tão largas quanto a janela central. A pesada cornija tem um frontão central arqueado e quebrado.

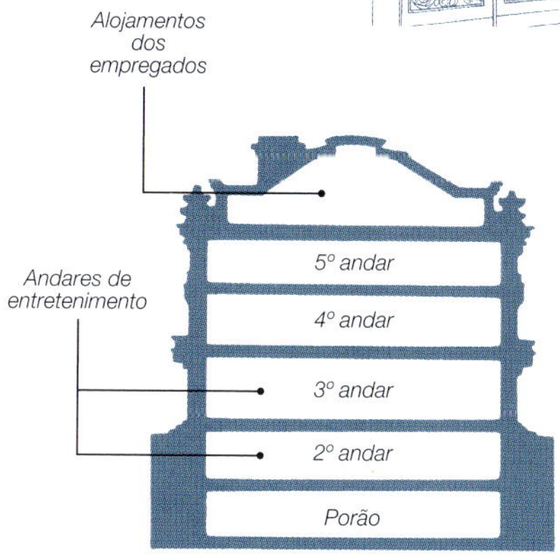

Corte transversal

Com seis andares de altura, a mansão era uma residência muito grande, segundo qualquer padrão. Como convinha à época, salas de entretenimento (o grande salão e a sala de jantar) ficavam nos dois primeiros níveis acima do porão, enquanto os empregados eram abrigados no topo do edifício. Nos andares intermediários havia quartos de dormir, um apartamento para hóspedes, dois ginásios e uma biblioteca familiar.

Edifício Potter

Localização
38 Park Row
Manhattan

Construído em
1886

Arquiteto
Norris G. Starkweather

Em seguida a um incêndio no edifício Potter, que matou 12 pessoas e causou um prejuízo de 400 mil dólares, o proprietário Orlando B. Potter queria um novo edifício que fosse à prova de fogo. A solução foi esta obra-prima de arquitetura *beaux-arts*, com armação metálica e paredes de tijolos e terracota. Projetado por Norris G. Starkweather, o edifício tem fachadas de ferro cobertas nos níveis mais baixos e decoração em ornatos de terracota no alto. A terracota para a construção veio de Boston. Potter abriu a New York Architectural Terra-Cotta Company, que foi a primeira fábrica a produzir esse material em Nova York.

Pele espessa
Não existem mais muitos edifícios com armação metálica e paredes de tijolos e terracota em Nova York, mas, por trás da fachada do edifício Potter, há uma história de fogo e morte que fez de seu proprietário um paladino da construção à prova de fogo, quando este notável exemplo de arquitetura *beaux-arts* foi projetado e construído.

Fachada inferior negra

A porção inferior do edifício é coberta por uma fachada de ferro fundido, e sua aparência negra difere dos tijolos e terracota vermelhos dos andares superiores. O uso de ferro fundido à prova de fogo não é usual, mas é compreensível em vista do incêndio que engoliu o edifício anterior do proprietário.

Detalhe da coluna de canto

A pesada coluna de canto nos 11 andares é moldada em tijolos de argila vermelha. Ela apresenta um capitel de terracota decorado de maneira complicada, no estilo da ordem compósita, na altura do oitavo andar, antes de ascender mais e passar por uma mísula decorativa (no nono andar) para ser coroada por um pináculo.

Decoração da fachada

A fachada é talvez o melhor exemplo preservado, hoje, do trabalho em terracota de fins do século XIX em Nova York. O detalhamento arquitetônico é uma fusão de motivos dos estilos *Queen Anne*, neogrego, neorrenascentista e neocolonial, que inclui frontões arqueados e íngremes, mísulas ornadas e extravagantes capitéis de colunas.

Detalhe do telhado

Starkweather, um arquiteto de Boston, era conhecido por seu estilo decorativo, e o telhado do edifício Potter segue uma tendência vista em seu trabalho anterior, que também incluía remates e frontões de volutas quebradas com urnas no centro.

Biblioteca Pública de Nova York

Assunto de leitura
Grandiosa em tamanho e presença arquitetônica, a Biblioteca Pública de Nova York foi projetada para ser vista como uma das grandes instituições da cidade. Apesar de seu impacto sobre o intelecto da cidade ter diminuído, sua estatura arquitetônica ainda é colossal.

Com sua importância arquitetônica medida lado a lado com o terminal Grand Central, a Biblioteca Pública de Nova York é um dos edifícios *beaux-arts* mais significativos. Carrère & Hastings venceram o concurso de arquitetura para projetá-la, batendo McKim, Mead & White, os mais prolíferos arquitetos daqueles tempos. A biblioteca tem paredes de mármore com mais de 30 centímetros de espessura. A pedra foi extraída de pedreiras em Vermont, e mais de dois terços dela foi inicialmente rejeitado por não ter a qualidade necessária para um projeto de tamanho prestígio.

Localização *Fifth Avenue com 42nd Street Manhattan*

Construída em *1911*

Arquitetos *Carrère & Hastings*

Seção transversal

Este corte mostra a sala de leitura principal, à esquerda. Abaixo dela há sete andares de armazenamento, onde a maioria dos livros é guardada. O poço vertical central indica onde se situam os monta-cargas que transportam os livros para a sala de leitura, quando solicitados.

Leoes em frente a fachada principal

Esculpidos por Edward Clark Potter, os leões que guardam a entrada eram originalmente chamados de Leo Astor e Leo Lenox, em homenagem aos fundadores da biblioteca. O prefeito Fiorello LaGuardia os apelidou de Paciência e Firmeza, qualidades necessárias para suportar a Grande Depressão.

Teto dourado da sala de mapas

O teto da sala de mapas é um dos mais ornados da biblioteca, uma surpresa, se considerado o pequeno tamanho do espaço. Típico da ornamentação neoclássica, ele inclui uma padrão de meandro geométrico, um ovo e flecha, um friso de frutas e folhagem e um topo de volutas.

Janelas em arco e estantes de livros

Montadas dentro das grossas paredes de pedra, grandes janelas em arco permitem a vasta entrada de luz na sala de leitura principal. As janelas se alinham com as paredes leste e oeste da gigantesca sala, que mede 90 metros de comprimento e 15,80 metros de altura. Oito lustres pendem do teto.

Teatro Belasco

Fachada frontal
Embora desfigurada por cartazes de propaganda, a fachada frontal é um maravilhoso pastiche de arquitetura de um templo grego. Seis pilastras com capitéis jônicos são realçadas pela pedra branca e acomodadas debaixo de pesada cornija e frontão.

Inaugurado em outubro de 1907 como o teatro Stuyvesant, o Belasco não adotou seu nome atual até 1910, quando o proprietário, David Belasco, renunciou ao controle de outro teatro ao qual ele já havia dado seu nome. Belasco era admirador do "movimento de pequenos teatros", que cresceu como resposta à abertura de cineteatros. A experiência, baseada na ideia de que teatros menores são mais íntimos, teve alto impacto. O projeto de George Keister faz referência à arquitetura neogeorgiana, preferida para propriedades residenciais, acrescido o efeito de intimidade, de coisa caseira.

Localização *111 West 44th Street Manhattan*

Construído em *1907*

Arquiteto *George Keister*

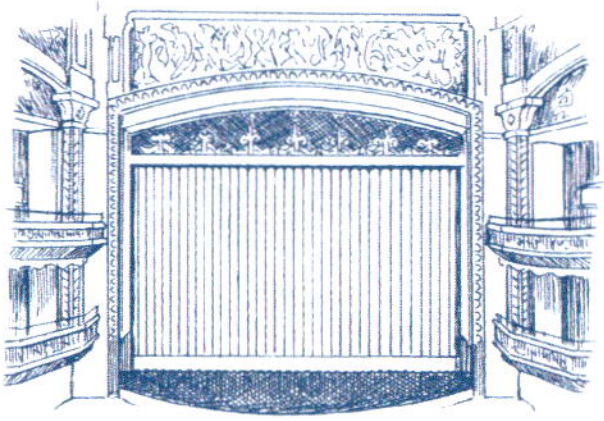

Proscênio e camarotes

A abundante decoração em volta do proscênio e dos camarotes, tanto escultural quanto pintada, é uma combinação de estilos, como era popular durante o movimento *Beaux-Arts*. O artista americano Everet Shinn foi o responsável pelos murais e por muito da decoração interior.

Capitel de coluna Tiffany

O teatro é caracterizado por iluminação de última geração, tanto para os espetáculos quanto para a decoração. Esta falsa coluna é encimada por um capitel de vidro colorido projetado por Tiffany. O resultado é uma agradável combinação de arquitetura e elegância, como convém ao ambiente teatral.

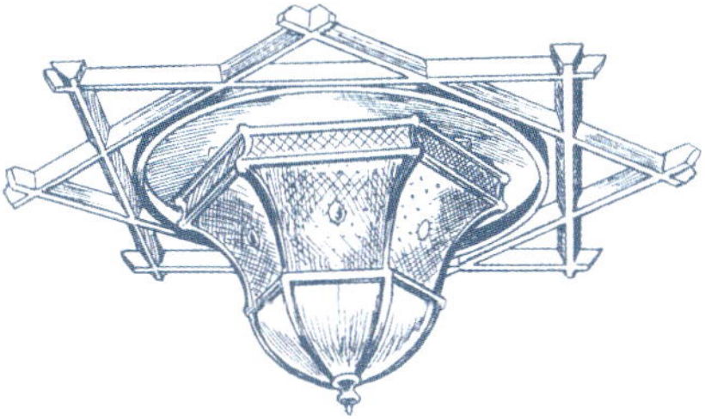

Luminária Tiffany

David Belasco queria que seu teatro tivesse um clima de intimidade, e para isso ele deu aos projetistas a tarefa de recriar, para o interior do teatro, a sensação de sala de visitas. Esquemas de cores e detalhes de arquitetura, tais como cornijas, mantêm uma escala residencial e são complementados por assessórios de luz com o mesmo tamanho relativo, como neste exemplo da Tiffany.

Detalhes exteriores

A arquitetura *beaux-arts* nasceu de outros estilos, e o estilo Belasco foi chamado de colonial renascentista e neogeorgiano. De toda sorte, ele toma do passado pedras angulares em degraus um velho método de reforçar paredes enlaçadas com um meandro horizontal, originalmente usadas na Grécia antiga, mas também valorizadas no estilo neoclássico.

Zoológico do Bronx

Localização
Bronx Park, Bronx

Construído em
1899

Arquitetos
Heins & LaFarge

Quando rédeas livres são dadas a arquitetos e artistas para que sua imaginação corra sem controle, o resultado pode ser fantástico ou horrendo. Ainda bem que o expressionismo decorativo, usado ao pé da letra em todo o Zoológico do Bronx, satisfaz tanto aos moradores quanto ao estilo de arquitetura *beaux-arts* das coberturas em arco. Os projetistas Heins & LaFarge utilizaram elementos da arquitetura clássica, de frontões a pilastras, e os enfeitaram com formas esculpidas de animais. O efeito é estranho e divertido, exatamente como deveria ser em um local como este.

Rainey Memorial Gates
Assim que os visitantes entram no zoológico, são recebidos com uma miríade de formas de animais. Aqui, os portões do Memorial Gates (um acréscimo posterior, de 1934), criados pelo notável escultor americano Paul Manship, são de bronze fundido em estilo naturalista, com suposta influência da Exposição Francesa de Arte Decorativa.

Tartaruga de bronze

De toda a coleção de animais representados nos portões do Memorial Gates, apenas um, a tartaruga, foi fundido em tamanho natural. Originalmente, os portões seriam feitos em ferro lavrado, mas, nos cinco anos passados entre início e fim, o escultor Paul Manship resolveu fundi-los em bronze e criar uma obra de arte muito maior para o acesso ao zoológico.

Pilares da casa dos elefantes com esculturas

Heins & LaFarge projetaram seis casas de animais para o zoológico: das aves aquáticas, dos répteis, dos primatas, dos leões, dos grandes pássaros e dos elefantes. Aqui, a casa dos elefantes, abobadada, apresenta pilastras que se assemelham a seus ocupantes, esculpidas como parte do projeto de arquitetura.

Entrada para a casa dos primatas

Um pouco mais contida que a casa dos elefantes, a casa dos primatas apresenta colunas romanescas com uma versão estilizada de capitéis da ordem compósita. No friso acima da entrada lê-se "macacos". Note, entretanto, que a escultura dentro do frontão representa outro símio, o orangotango.

Interior com abóbada de tijolos

Esta imagem interna da casa dos elefantes mostra arcos de tijolos e claraboias circulares no teto abobadado, admiravelmente projetadas. O teto foi construído pela equipe de pai e filho de Rafael Guastavino e Rafael Jr., que já haviam trabalhado com os arquitetos em estações de metrô na cidade.

RENASCIMENTO

O Flatiron (edifício Fuller)

Localização
175 Fifth Avenue, Manhattan

Construído em
1902

Arquiteto
Daniel H. Burnham

Construção revolucionária
Levantando-se das ruas da cidade, o Flatiron fascinou Nova York devido à sua revolucionária construção em armação de aço. Ela foi então coberta para se parecer mais com seus vizinhos históricos.

Projetado pelo renomado arquiteto Daniel B. Burnham, o edifício Fuller logo passou a ser conhecido como Flatiron devido a seu formato triangular. Foi construído como um projeto especulativo que, se esperava, instigaria a instalação de um segundo centro de negócios ao norte de Wall Street. A aventura fracassou, mas este glorioso e incomum edifício permanece. Em seguida à inauguração do edifício, um novo fenômeno aconteceu. Em sua base, a estrutura canalizava os ventos para cima, e, em um momento de turbulência, os vestidos das senhoras que ali estivessem podiam ser levantados. Diz-se que a exclamação "23 skidoo!" (23, dá o fora!) – o edifício fica na esquina da 23rd Street – foi cunhada por policiais ali colocados para impedir que rapazes oportunistas por lá vadiassem, esperando ter o vislumbre de uma coxa desnuda.

Ápice arredondado
O projeto de ornatos do edifício é dividido em três partes: a base, o fuste da coluna e o capitel de uma coluna grega. O projeto é mais pronunciado quando a proa redonda é vista da parte superior da cidade.

Detalhe de fachada dos andares superiores
Os detalhes de fachada dos andares superiores incluem arcos ornamentados e colunas encimadas por uma pesada cornija que se projeta. A mistura de terracota – inspirada no Clássico – e cantaria foi criticada por arquitetos, mas teve aprovação do público.

BLUE
VALLEY
BUTTER
good

O Flatiron (edifício Fuller)

Em foco

Com pouco menos de 87 metros de altura, o Flatiron é considerado o arranha-céu mais antigo sobrevivente de Nova York. O desenho de sua fachada é baseado nas proporções clássicas de uma coluna grega. A base do edifício é coberta de pedra calcária amarela rusticada. Suas janelas têm esquadrias de cobre. O corpo principal da fachada é feito de tijolos de cor pálida e terracota. Contrária a suas proporções clássicas, a fachada é coberta por um desenho ornado, combinando os estilos renascentistas francês e italiano. Embora aclamado quando pronto, o projeto provocou críticas de outros arquitetos ainda antes de sair do chão. Entretanto, Burnham insistiu em seu projeto, que teve muita influência da Feira Mundial de Chicago, em 1893, com a qual ele esteve envolvido.

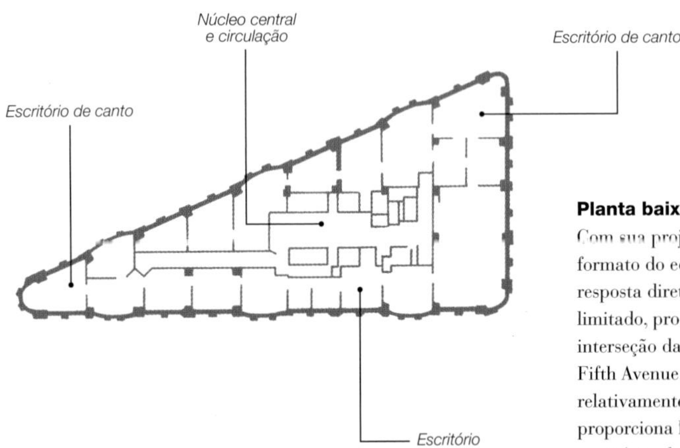

Planta baixa

Com sua projeção triangular, o formato do edifício é uma resposta direta ao terreno limitado, produzido pela interseção da Broadway e da Fifth Avenue. O design relativamente esbelto proporciona luz abundante nos escritórios, localizados em volta de um núcleo central de serviços.

Aço na altura do céu

Completado em 1902, o Flatiron é popularmente reconhecido como o arranha-céu mais antigo de Nova York. Foi também a primeira torre em estrutura de aço que os nova-iorquinos viram ser construída. Mesmo antes de sua conclusão, o edifício os fascinava. Seus novos métodos de construção e o formato incomum somavam-se ao alarido sobre a nova torre que estava sendo construída fora do centro financeiro.

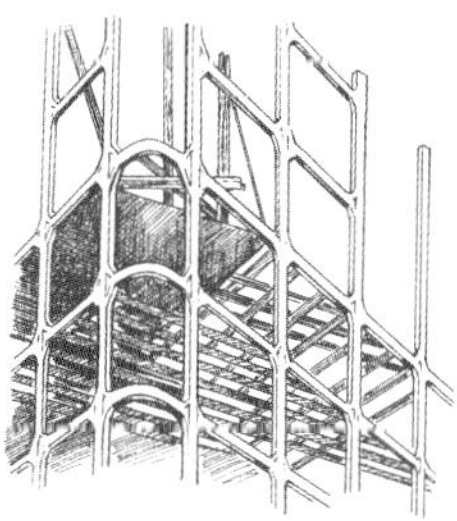

Construção

A superestrutura em aço do Flatiron foi uma revelação para os nova-iorquinos durante a construção da torre. A nova tecnologia permitiu aos arquitetos construir em altura sem necessidade de cantaria espessa e pesada para sustentar os andares superiores.

Mapa de localização

A arquitetura do Renascimento fascinava a imaginação dos arquitetos em Nova York por volta de três séculos depois que foi predominante na Europa. A dramaticidade do estilo produziu alguns dos maiores edifícios da cidade. Do Terminal Grand Central, no coração de Manhattan, ao Bronx Zoo, ao norte, e ao Teatro St. George, em Staten Island, o estilo renascentista instilou pompa e orgulho em todo tipo de edifício.

1 **Terminal Grand Central**
42nd Sreet com Park Avenue *página 64*

2 **O Dakota**
72nd Street com Central Park West
página 68

3 **Museu da Imigracão Ellis Island**
Upper New York Bay
página 70

4 **Teatro St. George**
35 Hyatt Street
página 72

5 **City Hall**
City Hall Park
página 74

6 **Edifício Municipal de Manhattan**
One Centre Street
página 76

7 **O Plaza**
Fifth Avenue com Central Park South
página 78

8 **Edifício Cary**
105-107 Chambers Street *página 80*

9 **Conservatório Enid A. Haupt**
Jardim Botânico de Nova York *página 82*

10 **Teatro Loew's Paradise**
2401-2419 Grand Concourse *página 84*

11 **Teatro Liceu**
149-157 West 45th Street,
página 86

12 **Metrô**
Vários *página 00*

13 **Agência Postal James A. Farley**
421 Fifth Avenue
página 90

14 **Museu do Brooklyn**
200 Eastern Parkway
página 92

15 **Museu Cooper-Hewitt**
2 East 91st Street at Fifth Avenue *página 94*

16 **Edifício Potter**
38 Park Row
página 96

17 **Biblioteca Pública Nova York**
Fifth Avenue com 42nd Street, *página 98*

18 **Teatro Belasco**
111 West 44th Street
página 100

19 **Zoológico do Bronx**
Bronx Park
página 102

20 **O Flatiron (edifício Fuller)**
175 Fifty Avenue
página 104

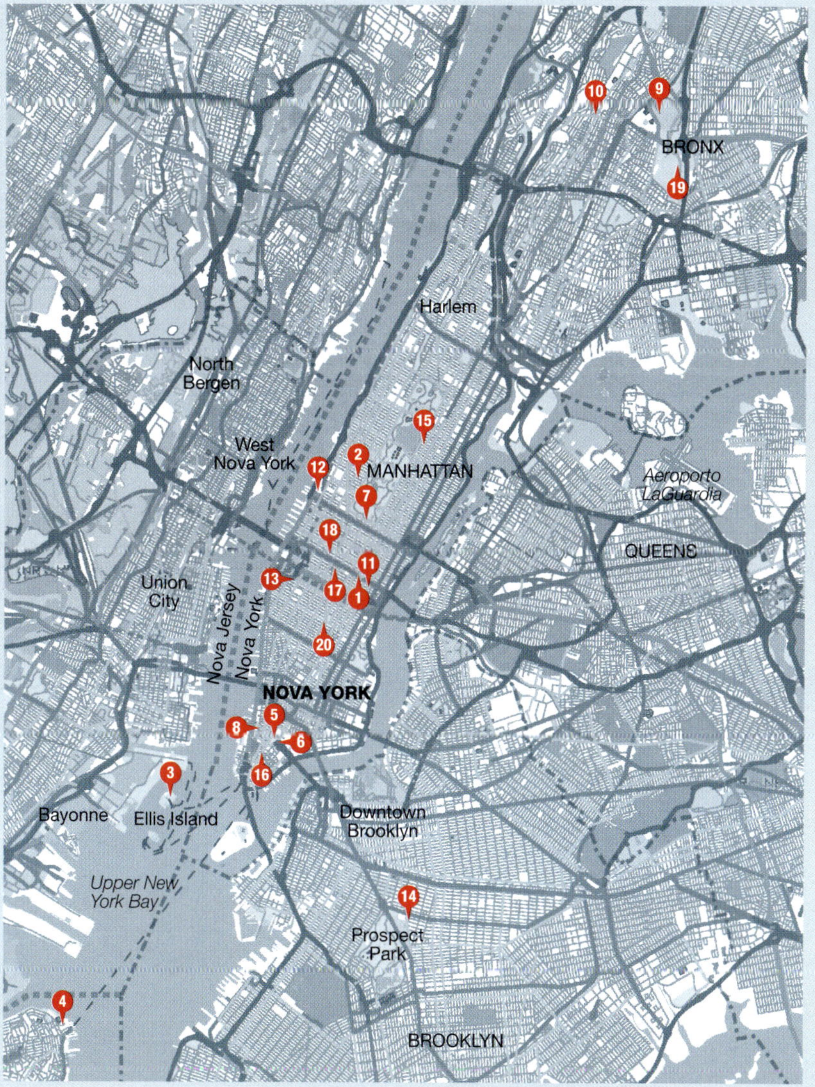
BRONX
Harlem
North Bergen
West Nova York
MANHATTAN
Aeroporto LaGuardia
QUEENS
Union City
Nova Jersey
Nova York
NOVA YORK
Bayonne
Ellis Island
Downtown Brooklyn
Upper New York Bay
Prospect Park
BROOKLYN
1
2
3
4
5
6
7
8
9
10
11
12
13
14
15
16
17
18
19
20

Introdução

Ambições de voar alto

Com o amanhecer da era Art Déco, a *skyline* mudou dramaticamente, na medida em que os arquitetos, liberados dos elos com o Classicismo e encorajados por novas técnicas construtivas, projetaram arranha--céus de uma extravagância jamais vista.

Embora ninguém soubesse naquele tempo, a arquitetura art déco foi um último "hurra!" para o grande gesto decorativo na arquitetura. Tendo como referência o desenho clássico, mas reduzindo-o a sua forma mais simples e atualizando-o com materiais modernos e temas de diferentes culturas, o Art Déco foi um tempo alegre para o design. Em Nova York, a arquitetura neogótica possibilitou aos projetistas voar com cada ideia artística que tinham. Este estilo foi a reencarnação da arquitetura religiosa europeia dos séculos XIII e XIV, que inspirou ao homem a construção de catedrais colossais, com as agulhas de suas torres apontando para cima, em direção aos céus.

Embora os dois estilos sejam muito diferentes, eles têm muitas semelhanças, principalmente porque os arquitetos com frequência se referiam ao desenho gótico em suas criações art déco. O edifício Chanin e o American Radiator são ambos art déco em essência, mas usam aspectos do Gótico como dispositivos decorativos, em combinação com novas técnicas de construção e novos materiais. Hoje, os mais óbvios exemplos de arquitetura art déco e alto gótico sao, respectivamente, o edifício Chrysler e a Catedral de St. Patrick. Olhe para o alto, para as pontas, ou para baixo, para os salões, para ter pistas sobre a herança arquitetônica dos arranha-céus de Manhattan.

Edifício American Radiator

Localização
40 West 40th Street, Manhattan

Construído em
1923–24

Arquiteto
Raymond Hood

Delícia em dois tons
O American Radiator tomou Nova York de assalto e tornou-se o precursor de uma geração de extravagantes arranha-céus art déco, colocando a cidade na vanguarda de projetos de torres por muitos anos.

Após sua vitória no concurso de projetos para o *Chicago Tribune*, em 1922, Raymond Hood passou a ser um projetista muito requisitado. A American Radiator and Standard Sanitary Company o contratou para projetar um novo salão de exposições e sede, próximo à Fifth Avenue, e o edifício American Radiator nasceu. O edifício é um amálgama de clássico e moderno, um arranha-céu adornado com o esplendor dos estilos neogótico e art déco. Uma vez concluído, em 1924, ele tornou-se, indiscutivelmente, o primeiro dos edifícios altos de Nova York a expressar uma silhueta verdadeiramente art déco contra a *skyline* da cidade, um estilo que seria exemplificado pelo marco art déco mais grandioso na cidade, o edifício Chrysler. O American Radiator foi oficialmente declarado um Marco da Cidade de Nova York em 1974. Embora ainda seja conhecido pela maioria dos nova-iorquinos por seu nome original, foi renomeado como edifício American Standard depois que o venderam para a American Standard Company. Uma firma japonesa, a Clio Biz, foi sua proprietária até 1998, quando a torre foi outra vez vendida e convertida no hotel Bryant Park, com 130 quartos, inaugurado em 2001, após uma remodelação interna projetada pelo arquiteto Davis Chipperfield.

Edifício American Radiator

Iluminação da torre
Projetado para refletir a ocupação do proprietário – um fabricante de equipamentos de calefação –, ainda hoje a iluminação da torre chama a atenção.

Em foco

Com 22 andares, o American Radiator apresenta uma base com quatro andares e mais 18 andares para cima. A fachada em tijolos negros cria uma presença sombria na *skyline*, enquanto ameniza, durante o dia, o contraste visual entre as paredes e as janelas. Essa decisão consciente de Hood amplia a ideia da torre como uma massa sólida monolítica em silhueta, uma imagem que se reverte em um grande efeito à noite, quando a luz brilha das janelas e o coroamento fica iluminado sobre um edifício escuro, quase invisível, contra o céu noturno. Figuras esculpidas, um traço comum da arquitetura religiosa gótica, também aparecem na fachada. Intensamente atento à mudança burguesa no estilo arquitetônico dos anos 1920, Hood também incorporou elementos art déco, inclusive uma série de recuos nos 16º e vigésimo andares, e espelhos e mármore negro no saguão. O porão, que antes tinha um grande salão de exposições, é agora um cinema.

Entrada

A entrada combina o glamour dourado do design art déco com o esplendor de formas e detalhes góticos. A combinação de estilos arquitetônicos feita por Hood é indicativa do design dos anos 1920 e 1930.

Alegorias

A base de quatro andares apresenta placas de bronze e granito preto. Alegorias esculpidas em bronze ficam no topo da base. Diz-se que as alegorias simbolizam a transformação de matéria em energia.

Base

A base de quatro andares apresenta placas de bronze e granito preto. Figuras em estilo clássico no terceiro andar incluem um encanador segurando uma chave-inglesa. A ornamentação foi criada pelo renomado escultor Rene Paul Chambellan.

Pináculos no topo da torre

A torre é coroada por pináculos dourados de terracota. Despidos de decoração clássica – uma reverência ao movimento Moderno emergente – eles são uma versão reduzida dos pináculos de pedra comumente encontrados em igrejas europeias dos séculos XII e XIV.

Edifício Woolworth

Localização
Broadway, 233, Manhattan

Construído em
1913

Arquiteto
Cass Gilbert

O edifício Woolworth é tecnologia moderna vestida de fantasia gótica. Projetado por Cass Gilbert para o milionário barão das lojas Frank W. Woolworth, a elegante estrutura foi saudada desde o início como um paradigma de estética para edifícios altos. Fundações fixadas em caixões de concreto presos à camada de rocha suportam uma estrutura de aço. Robustas pilastras articuladas, subindo por cornijas ininterruptas, dão ao edifício a ideia de impulso para cima e de estrutura portante. Durante a cerimônia de inauguração, em 24 de abril de 1913, o reverendo S. Parkes Cadman apelidou o edifício de "a catedral do comércio". O arquiteto não concordou, mas o apelido "colou", refletindo o sucesso de Gilbert em realizar um desejo de Woolworth de ter um edifício que emprestasse grandiosidade às sujas realidades do comércio no século XX.

Detalhamento da torre
Os piers (estruturas verticais de suporte) da torre crescem sem qualquer interferência de faixa horizontal. Os arremates e florões góticos que finalizam os piers são superdimensionados, de modo que podem ser perfeitamente vistos da rua, mais de 200 metros abaixo. A torre é encimada por um remate piramidal de cobre revestido de pátina verde.

Sanefas

O traçado gótico das sanefas e o brasão esculpido acima do lintel da porta da entrada principal são reminiscentes das corporações medievais francesas e belgas. Várias criaturas heráldicas – inclusive salamandras (que simbolizam a constância) e corujas (que simbolizam a sabedoria) – estão incorporadas ao projeto.

Gárgulas

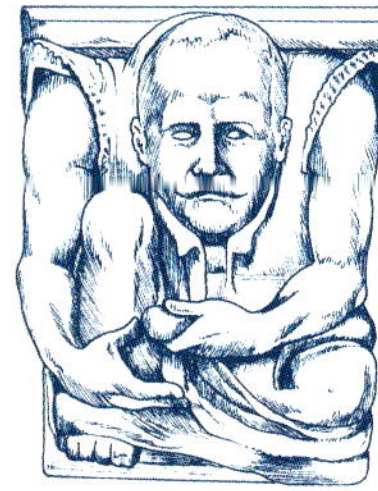

Como as catedrais medievais que serviram de modelo, e que frequentemente incluíam retratos em pedra dos operários que estiveram envolvidos na construção, o edifício tem sua própria coleção de retratos. Gilbert e Woolworth estão no saguão, este contando uma pequena pilha de moedas para representar a riqueza por detrás da magnífica estrutura. Woolworth pagou pelo edifício em dinheiro vivo e, durante quase todo o século XX, o imóvel não foi hipotecado.

Caixas de correio

As caixas de correio em bronze, no saguão principal, são decoradas com as iniciais de Frank Woolworth em uma escrita medieval estilizada, e com o caduceu, o bastão de Mercúrio, associado ao comércio.

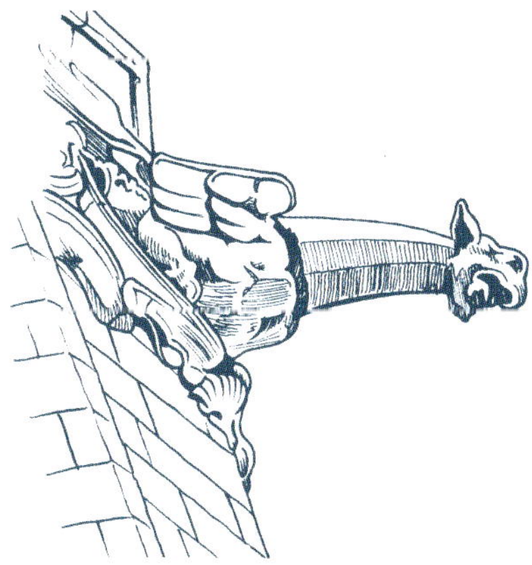

Calhas

As calhas foram projetadas para representar animais, tal como as aplicadas na restauração da Catedral de Notre Dame, em Paris, pelo arquiteto francês Eugène Viollet-le-Duc, no século XIX.

Catedral de St. Patrick

Localização
Fifth Avenue, entre a East 50th e a 51st Street, Manhattan

Construída em
1878

Arquitetos
James Renwick Jr. e William Rodrigue

Uma revolta de esplendor gótico em meio às torres de aço e vidro de Manhattan, a Catedral de St. Patrick é uma das edificações históricas mais magníficas de Nova York. A construção começou em 1858, mas foi interrompida durante a Guerra Civil. A estrutura principal da catedral foi concluída em 1878, mas as torres e a fachada oeste só foram acrescentadas uma década mais tarde. O projeto de duas torres, de Renwick e Rodrigues é um traço clássico das igrejas góticas. Com pouco mais de 100 metros de altura, elas são adornadas com uma multitude de arcos e nichos para criar um esplendor intrincado e decorativo.

Um gótico quase flamejante
O desenho cruciforme do edifício é comum em catedrais góticas, inspirado em projetos de igrejas bem mais antigos. Entretanto, a ornamentação e escala dramática de catedrais como a de St. Patrick a situa no século XIX. Vista da catedral a partir de um terraço do Rockefeller Center.

Fachada principal

A fachada principal da St. Patrick é um exemplo perfeito de arquitetura neogótica com influência francesa. Três entradas, cada uma com um arco ogival, são encimadas por uma grande rosácea. Acima, duplos pináculos elevados apresentam múltiplos micropináculos e pequenos arcos góticos, em um desenho rico e pomposo.

Portas principais

As magníficas portas de bronze da fachada oeste e da entrada principal da catedral apresentam estátuas esculpidas que prestam tributo a antepassados imigrantes católicos, como São Isaac Jogues, primeiro padre de Nova York, Santa Francesca Xavier Cabrini e Santa Elizabeth Ann Seton, filha de Nova York.

Rosácea e linha do telhado

A rosácea é um elemento geralmente visto em projetos de catedrais mais novas. Aqui, entretanto, os vitrais circulares, projetados e construídos por Charles Connick, são integrados à ponta de um arco gótico. Acima, o íngreme coruchéu é decorado com ornatos que combinam com a rosácea.

Interior

O teto, que parece voar para o alto, é um elaborado projeto de abóbadas sustentadas por nervuras de pedra. As colunas de inspiração gótica são uma série de fustes ligados, ao contrário das maciças colunas únicas dos estilos antigo e romanesco. Arcos ogivais góticos seguem o alinhamento da nave central.

Ponte do Brooklyn

Localização
East River, Brooklyn

Construída em
1883

Arquitetos *John Augustus Roebling, Washington Augustus Roebling*

Extensão no tempo
Construída para durar mais do que alguns dos arranha-céus que hoje contemplam a ponte, seus pilares de granito elevavam-se acima de todos, com exceção da Igreja da Trindade, em Wall Street.

Com 84 metros de altura e 1.825 metros de comprimento, a Ponte do Brooklyn é diminuta, em comparação com a Golden Gate de São Francisco e outras pontes pênseis, mas sua história é recheada de tragédia e engenharia de qualidade. O engenheiro John Augustus Roebling foi o cérebro por trás do projeto da ponte, mas ele morreu em outro projeto pouco depois que os trabalhos começaram. Seu filho Washington assumiu, mas sofreu uma paralisia e teve que coordenar os trabalhos de sua casa. Até mesmo a cerimônia de inauguração foi arruinada por uma tragédia. Milhares de pessoas, junto com o presidente Chester A. Arthur, apinhavam a ponte quando um tumulto foi provocado por um grito que a ponte estava desabando, e doze pessoas morreram no caos que se seguiu.

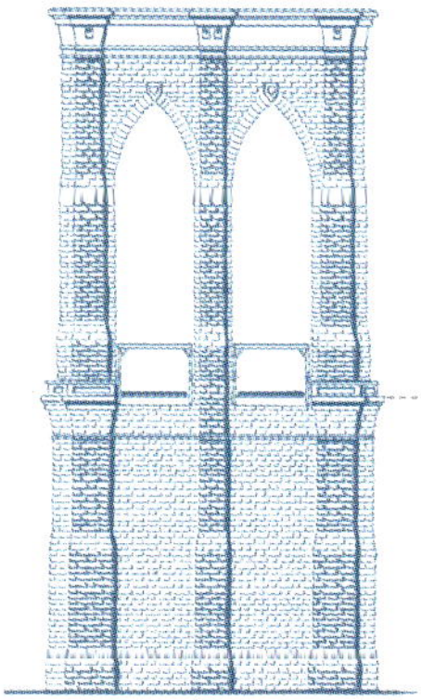

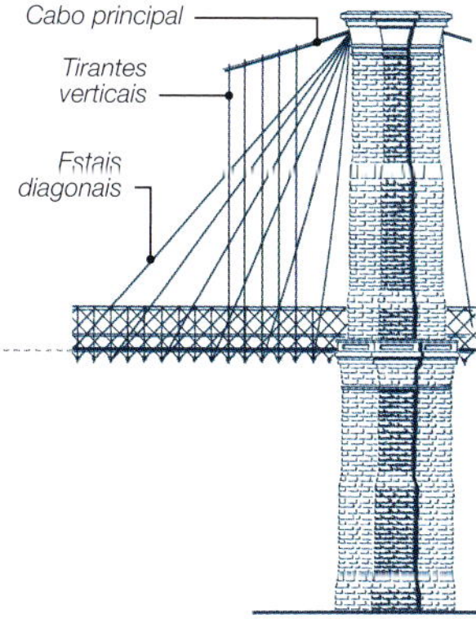

Colunas

Arcos góticos fortalecidos por pilastras servem como passagens na ponte. Construídas de granito, mergulham até 24 metros abaixo do leito do East River. A Ponte do Brooklyn foi o primeiro projeto a empregar dinamite para escavar fundações submersas. Mesmo assim, levou três anos para ser concluída.

Cabos

A pista de rolamento é suspensa por estais com cinco centímetros de diâmetro que se ligam a dois pares de cabos tirantes, cada qual com 40 centímetros de diâmetro. Cada cabo é composto de 5.296 fios de aço galvanizado e suporta uma carga viva de pouco menos de 10.890 toneladas.

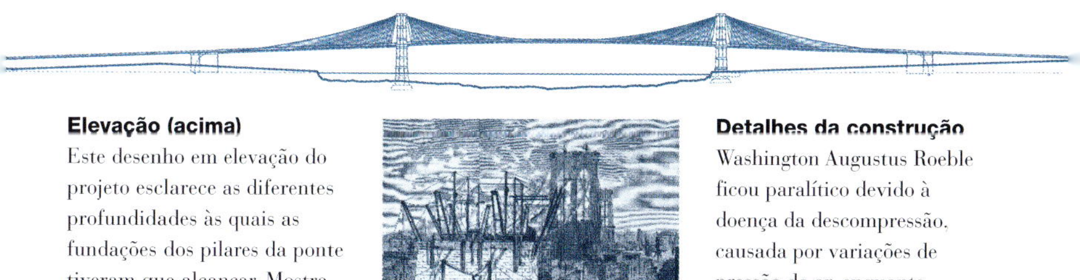

Elevação (acima)

Este desenho em elevação do projeto esclarece as diferentes profundidades às quais as fundações dos pilares da ponte tiveram que alcançar. Mostra também o comprimento total da ponte, o que, infelizmente, não pode ser apreciado devido aos edifícios construídos nas margens do rio, em ambos os lados.

Detalhes da construção

Washington Augustus Roeble ficou paralítico devido à doença da descompressão, causada por variações de pressão do ar, enquanto trabalhava nas ensecadeiras (câmaras à prova d'água) das fundações. No total, a construção da ponte custou a vida de vinte homens.

Cemitério Green-Wood

Localização
Fifht Avenue, Greenwood Heights, Brooklyn

Construído em
1838

Arquitetos
David Bates Douglass, Richard Upjohn

O maior cemitério rural dos cinco distritos de Nova York, Green-Wood originalmente cobria 72 hectares, mas, desde então, teve sua área aumentada para 193 hectares. É o local de algumas destacadas obras de arquitetura e escultura, com túmulos e monumentos em estilos que vão do egípcio ao gótico. A entrada do cemitério, projetada por Richard Upjohn, é um magnífico exemplo de arquitetura neogótica, e a capela no interior é um desenho neogótico com um toque romanesco, tendo arcos redondos e ogivais. Esta foi projetada por Warren & Wetmore, arquitetos do terminal Grand Central.

Glamour gótico
O projeto naturalístico do cemitério Green-Wood foi inspirado pelo paisagismo de um jardim inglês, um contraste com o jardim ordenadamente geométrico francês. O cemitério foi terminado em 1838 por David Bates Douglass, e quase todas as estruturas internas foram da autoria de Richard Upjohn.

A torre abobadada e os pináculos da capela

A inspiração de Warren & Wetmore para a capela foi a Tom Tower, no Christ Church College, em Oxford, Inglaterra, projetada por Sir Christopher Wren (1682). Construída em 1911, sua abóbada pontuda é colocada sobre um tambor cilíndrico para alceá-la acima do teto. A versão dos arquitetos é em pedra, em vez do metal da abóbada de Wren, mas o estilo gótico é muito similar.

O portão principal

Esta obra-prima do Neogótico é o primeiro elemento arquitetônico que os visitantes avistam ao chegar ao cemitério. Arcos e janelas ogivais, e ornatos, bem como os contrafortes vistos nos fundos, têm estabilidade estrutural própria. E também auxiliam a dramatizar o design, como em toda boa arquitetura em estilo gótico.

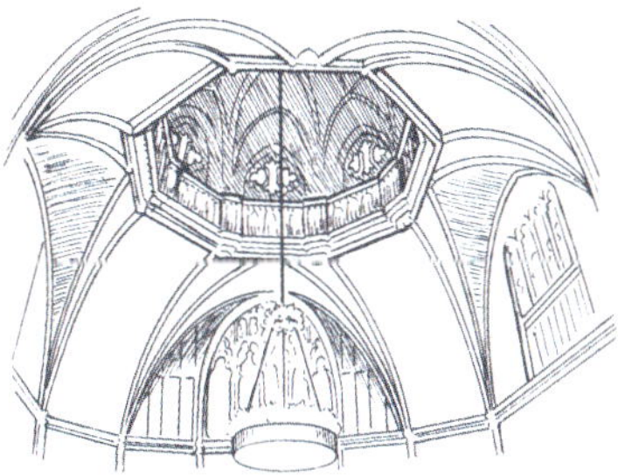

Detalhe do teto da capela

Dentro da capela, o teto abobadado de pedra cresce, em duas fileiras, a partir do corpo principal da edificação. Pares de arestas fornecem força e apoio adicionais, enquanto uma delicada ornamentação esculpida nas paredes de fundo espelham os ornatos dos vitrais.

Lustre

Olhando de baixo para o domo da capela, o lustre predomina. O design do ornato de seis raios é suspenso do centro da abóbada interna. A verdadeira abóbada externa está escondida por este teto falso interno.

Igreja da Encarnação

Localização
205 Madison Avenue, Manhattan

Construída em
1864

Arquiteto
Emlen T. Littel

Construída em 1864 segundo um projeto de Emlen T. Littel, a Igreja da Encarnação pegou fogo quase completamente dezoito anos mais tarde. As chamas destruíram por inteiro a parte leste da igreja, derretendo os vitrais. Sobraram apenas a torre e a parede oeste. Trabalhando com o projeto original, mas alongando a nave e aprofundando a capela-mor, David Jardine supervisionou a reconstrução. A igreja foi reaberta meses depois do incêndio, em 1882.

Olhando para os céus
Relativamente pequena quando comparada a outras construções religiosas em Manhattan, a igreja foi influenciada pelo grupo inglês do século XIX The Commission of the Church Building Society, o qual, durante a Revolução Industrial, construiu para novas comunidades igrejas pequenas, mas muito decoradas.

Praça da torre

O projeto da torre com contrafortes é interessante pelo uso de janelas com diferentes formas. Arcos ogivais neogóticos predominam, mas um par delas é apenas uma simples abertura lisa. A janela mais alta apresenta uma pequena quantidade de ornatos em barras sobre três aberturas ogivais.

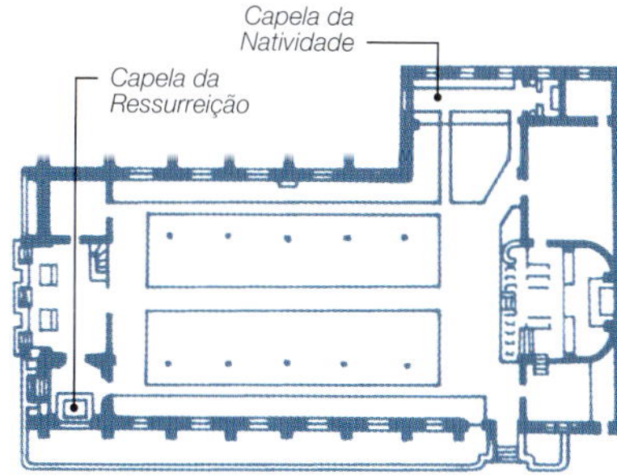

Planta baixa

Esta planta da igreja (seguindo a reconstrução depois do incêndio, em 1882) mostra a Capela da Natividade e a Capela da Ressurreição, ambas acrescidas ao interior segundo o projeto original, a primeira em 1903 e a segunda em 1930.

Portão na parede oeste

Situados em cada lado da entrada principal, estes portões fornecem pontos de acesso à igreja durante cerimônias mais longas. Os ornatos nos portões de ferro lavrado incluem folhagem naturalística, um tema comum no design gótico.

Interior

Relativamente comuns, quando comparadas a outras igrejas de inspiração gótica, as linhas simples do interior são, entretanto, cheias de referências góticas: os arcos ogivais que se alinham às naves, as colunas com fuste múltiplo e os ornatos reticulados das janelas sobre o altar.

Igreja de St. Thomas

Localização
Fifth Avenue com a 53rd Street, Manhattan

Construída em
1913

Arquitetos
Cram, Goodhue & Ferguson

Resplandecente em seu estilo alto gótico francês, a Igreja de St. Thomas um maravilhoso exemplo de arquitetura religiosa. Esta é a segunda igreja no mesmo local. A primeira, com projeto de Richard Upjohn, foi concluída em 1870, mas queimou completamente em 1905. As pesadas paredes com contrafortes e a torre tornam-se mais leves pela presença de inúmeros vitrais, grandes e pequenos. O arquiteto optou por coroar o edifício com uma torre, no lugar de um pináculo, para acrescentar impacto de escala, em vez de altura – uma sábia escolha em uma cidade onde arranha-céus logo fariam a igreja parecer um anão.

Casa de força religiosa

Encolhida em meio aos arranha-céus da cidade, a Igreja de St. Thomas compensa o que lhe falta em altura com uma grandiosidade poderosa devida unicamente a seu forte desenho gótico. Aqui, entretanto, a inspiração gótica vem na forma de pesados contrafortes e não de pináculos esbeltos.

Entrada principal

O arco monumental da entrada principal na fachada oeste da igreja poderia quase ser romanesco, não fosse pela delicada ponta em seu ápice. Os incomuns arcos planos da entrada dupla acentuam a forma dramática do trabalho de pedra dando à igreja um ar de catedral.

Figuras e arremates

Populares e projetados por arquitetos inspirados pelo movimento Gótico, esses pequenos frontões triangulares adornados com motivos de trevos e arremates decorativos eram comuns na arquitetura gótica do século XIV. Os detalhes são especialmente delicados na Igreja de St. Thomas.

Abóbadas

Abóbadas de aresta nas alas da igreja são sustentadas por nervuras de pedra. Entretanto, para uma igreja ornada de maneira tão elaborada, elas são surpreendentemente nuas. Este elemento austero dá uma impressão de procissão em direção ao retábulo de 24 metros de altura, desenhado pelos escultores Lee Lawrie e B.G. Goodhue.

Rosáceas

Com 7.6 metros de diâmetro, a rosácea na janela oeste é um belo exemplo de desenho gótico. O intrincado ornato, preenchido com vitrais coloridos, é tão decorativo que chega a ser um espetáculo por si só. A igreja empreendeu a restauração de todos os seus vitrais.

Catedral de St. John the Divine

Localização
1047 Amsterdam Avenue, Manhattan

Construído em
1892–present

Arquitetos
Heins & LaFarge, Cram, Goodhue & Ferguson

Ainda não acabada, passado mais de um século do início de sua construção, a Catedral de St. John the Divine viu arquitetos irem e virem e foi projetada e construída em dois estilos diferentes. Originalmente concebida em estilo bizantino-romanesco pelos arquitetos Heins & LaFarge, o projeto foi mudado para gótico em meio à obra, em 1909, pelos arquitetos Cram, Goohue & Ferguson, em seguida à morte de George Heins. Hoje em dia, o edifício continua inacabado, e, sem fundos disponíveis, ninguém sabe ao certo quando ficará pronto.

Sinfonia inacabada
Enquanto o interior da catedral apresenta uma grande abóbada central, conforme o estilo bizantino-romanesco original, a arquitetura gótica do exterior e a falta de uma segunda torre contam a história desta invulgar catedral. Notem o frontão acima da rosácea, ao qual ainda faltam os arremates de coroamento.

Portas e portada

Ao nível do chao, a entrada principal está acabada. Uma portada dramática, com um frontão em ângulo agudo, está acima de dois arcos góticos fartamente decorados. De maneira incomum, a portada central é flanqueada por duas portas menores, em vez do arranjo gótico mais comum, com uma de cada lado.

Rosácea vista por dentro

A assinatura de uma catedral gótica são suas rosáceas. Essas obras-primas circulares esculturais são definidas por suas finas barras de ornatos, entre as quais intrincados desenhos de mosaicos de vidro são presos. Os arquitetos originais não esboçaram este maravilhoso elemento decorativo.

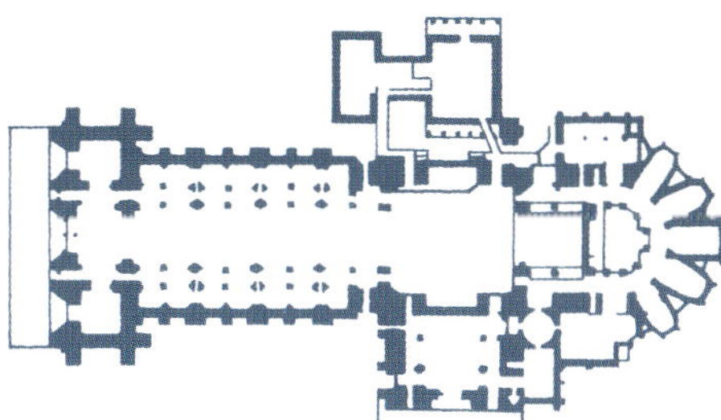

Contrafortes e pináculos

Os contrafortes, embora decorativos, têm o papel de sustentar a nave que, com 70 metros, dizem ser a nave gótica mais longa do mundo. Esses contrafortes com arcos suportam uma tremenda carga, ao contrário de arcobotantes que geralmente são uma brincadeira estética do estilo gótico.

Planta baixa

Da esquerda para a direita, no desenho, a entrada principal se abre para dentro da nave, que foi alongada por Cram, Goodhue & Ferguson, em relação ao projeto original. O domo central, acima do transepto, é em estilo bizantino-romanesco, assim como o deambulatório e o arranjo semicircular das capelas.

Edifício Bayard-Condict

Localização
65 Bleecker Street, Manhattan
Construído em
1899
Arquiteto
Louis Sullivan

Louis Sullivan, um visionário da arquitetura norte-americana, projetou apenas um edifício em Nova York. Este único edifício, entretanto, foi o Bayard-Condict, e até hoje nenhum edifício de escritórios supera o glamour de sua arquitetura. Mas olhe além da decoração da fachada e aprecie o número e o tamanho das janelas. Essa nova era da construção em estruturas de aço permitiu aos arquitetos projetar edifícios altos sem recorrer à maciça cantaria de pedra. Sullivan acreditava que seu projeto deveria acentuar a estrutura de aço com a ênfase nas grandes janelas e nos detalhes verticais da fachada principal.

Alta decoração
Com altura de apenas 13 andares, o edifício Bayard-Condict não é um arranha-céu, e mesmo assim é visto por muitos como o precursor de ícones do estilo internacionalista, como o edifício Seagram e o Secretariado das Nações Unidas. A razão é sua expressão inerente de verticalidade, tanto estruturalmente, em sua armação de aço, quanto esteticamente, via os piers estruturais robustos e as esguias colunetas cilíndricas.

Anjos e linha do telhado

Seis anjos de asas abertas pairam logo abaixo da pesada cornija em balanço do Bayard-Condict. Ainda que o mantra de Sullivan "a forma segue a função" parecesse evitar a decoração, ele em verdade festejava o elemento artístico, desde que não imitasse a arquitetura histórica.

Janelas com painéis decorativos

As janelas, nesta altura, podem hoje em dia passar despercebidas, mas quando o edifício ficou pronto, em 1899, elas foram uma revelação. Até então, edifícios altos tinham que limitar o tamanho das aberturas nas fachadas para não comprometer a estrutura. O edifício de Sullivan, com sua armação de aço, mudou tudo.

Entrada com portal decorativo

A fachada decorativa do edifício foi construída em terracota. Aqui, o frontão em arco acima da entrada principal para o edifício de escritórios apresenta desenhos de inspiração clássica e celta.

Ladrilhos internos

Sullivan não se limitou a adornar o exterior com um design extravagante. Aqui, azulejos de terracota no saguão do edifício demonstram o maravilhoso uso, pelo arquiteto, de uma combinação de desenhos orgânicos e geométricos.

Edifício Empire State

Localização
Quinta Avenida, 350
Manhattan

Construído em
1931

Arquitetos
Shreve, Lamb
& Harmon

De longe o mais famoso edifício de Nova York, o Empire State, com seus 382 metros de altura, foi, na verdade, um primordial exemplo de arquitetura econômica. No auge da obra, 14 andares e meio foram construídos em dez dias, e toda a torre foi erigida em menos de 18 meses. Deixando de lado as façanhas da construção, o edifício reinou como o arranha-céu mais alto do mundo por 42 anos, participou de incontáveis filmes e recebe anualmente 3,5 milhões de visitantes. Esteticamente, talvez não seja tão belo quanto o edifício Chrysler, mas, em termos arquitetônicos, é um ícone duradouro no meio de uma cidade de arranha-céus monolíticos.

O grande
O edifício foi um triunfo de construção em uma época em que a América estava nas garras da Grande Depressão. Com 10 milhões de tijolos e mais de 1.600 quilômetros de cabos de elevadores, foi construído por operários que eram alimentados em estandes situados cinco andares abaixo das obras, para economizar tempo de viagem entre subidas e descidas.

Vista histórica da *skyline*

Situado em Midtown, a localização do edifício e sua altura proporcionam uma vista dominante de toda Manhattan. Como o Chrysler, seus recuos e cume em ponta destacam o Empire State como um arranha-céu art déco e lhe dão uma inconfundível silhueta na *skyline* de Nova York.

Mastro de pedra e agulha da TV

Enquanto muito do projeto da torre é reduzido – recuos lisos, bordas das janelas sem decoração –, o mastro de pedra, em sua ponta, é art déco clássico. A base em degraus e as barbatanas decorativas empurram o mastro para cima (os projetistas imaginaram zepelins ancorando na ponta), encimado pela antena de 61 metros, que foi acrescentada mais tarde.

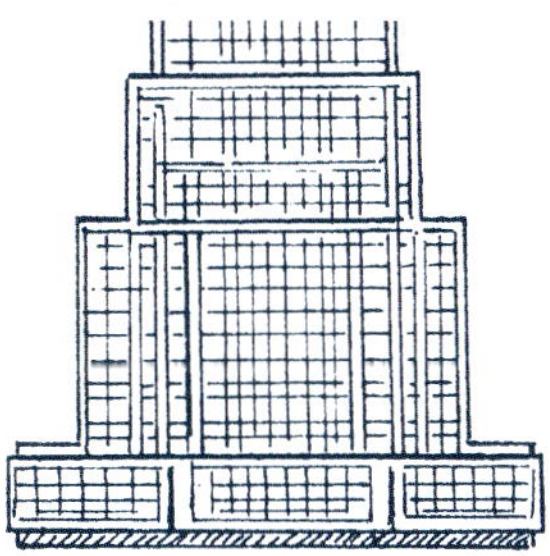

Elementos da torre em degraus

Simplificando o projeto para auxiliar uma construção mais rápida e menos custosa, os arquitetos evitaram uma decoração dispensável. Como consequência, os recuos são funcionais, com os elementos de teto plano empilhados como blocos de construir de um brinquedo infantil. A simplicidade resultante apenas soma ao eterno encanto do projeto.

Detalhe do saguão

Qualquer edifício de escritórios deve impressionar na entrada, e com o Empire State não foi diferente. Este detalhe decorativo no saguão indica a época – uma celebração da indústria contida em um motivo metálico estilizado. Os espaços dos escritórios eram mais utilitários, mas, aqui, dominavam o mármore e o latão.

Edifício Chanin

Localização
122 East 42nd Street, Manhattan

Construído em
1929

Arquitetos
Sloan & Robertson

O edifício Chanin, com sessenta andares e 207 metros de altura, foi construído em 1929 pelo incorporador Irwin S. Chanin como um especulativo edifício de escritórios. Seu projeto art déco é indicativo da época, e Chanin se deleitava em exibi-lo para possíveis clientes. Os principais exemplos das excentricidades do Art Déco são as barbatanas que correm até o alto nos quatro cantos da torre e, internamente, um saguão em déco francês revestido com relevos em bronze e painéis dourados que contam a história da ascensão de Chanin à notoriedade.

Altura pesada

Clássico e moderno em sua forma, o edifício Chanin apresenta vários recuos em seus níveis inferiores, assim como torres históricas, conquanto se eleve em 22 andares como uma peça monolítica, indicativa do movimento Modernista que estava surgindo naquela época.

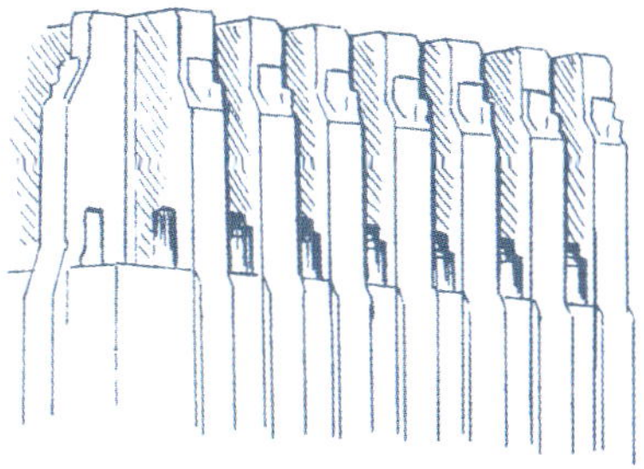

Topo da torre

Os contrafortes no pico da torre formam uma coroa rombuda de pedra calcária e tijolos. Eles são iluminados à noite na parte de trás para deixá-los na sombra, criando um dramático efeito de luz. A forma dos contrafortes é duplicada nos elementos da base do edifício.

Portões

Projetados por Chanin com a assistência do artista Rene Paul Chambellan, os portões barram a entrada ao escritório de Chanin, no último andar. O desenho representa a indústria (as engrenagens), a cultura (o violino dividido, no alto dos dois portões) e o dinamismo (os raios em forma de flechas).

Motivos de folhas

Parte do friso de terracota com 5.5 metros de altura que envolve a edificação no quarto andar, estes baixos relevos de folhas são de um estilo decorativo extravagante, inspirado pela Escola de Arquitetura de Chicago e seu maior patrocinador, Louis Sullivan (veja o edifício Bayard-Condict na página 130).

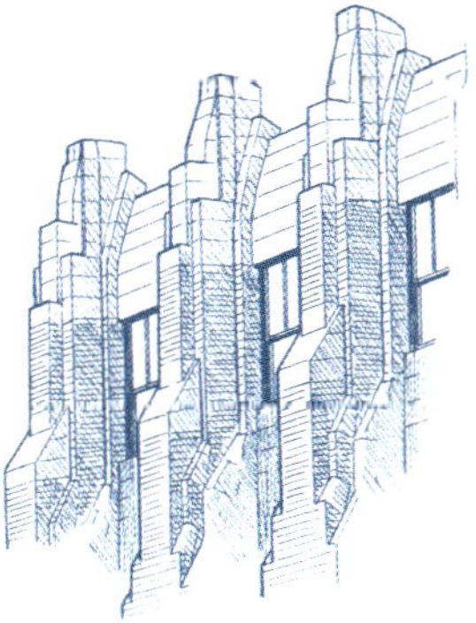

Contrafortes

Contrafortes em um arranha-céu não são comuns. Neste caso, quase que ao certo, são puramente decorativos. Mas estes acréscimos em tijolo e pedra ilustram a combinação de estilos usados no edifício Chanin e fazem referência a seu antecessor histórico e de inspiração vertical, a catedral gótica.

Rockefeller Center

Localização
West 48th Street até a West 51st Street, entre a Fifth Avenue e a Sixth Avenue, Manhattan

Construído em
1932–40

Arquiteto
Raymond Hood

John D. Rockefeller Jr., tido como o primeiro bilionário norte-americano, construiu, em meio à Grande Depressão e apesar dos vários vaticínios de seu fracasso, este grande empreendimento que traz o nome da sua família. O edifício mais alto do conjunto, que originalmente previa a construção de 14 edifícios, é o 30 Rockefeller Center, apelidado de "30 Rock". Com setenta andares e 260 metros de altura, seu projeto estonteante e aerodinâmico é uma obra-prima do Art Déco, cujos melhores ângulos aparecem no icônico filme de Fritz Lang, *Metrópolis*.

Hollywood em Manhattan
Elevando-se, como um monólito futurístico, das austeras ruas de Nova York dos anos 1930, o Rockefeller Center é único, tanto em termos de seu projeto e de seu nome quanto pela influência que a família Rockefeller teve na cidade. É um gesto arquitetônico adequado para e por uma poderosa dinastia de Nova York.

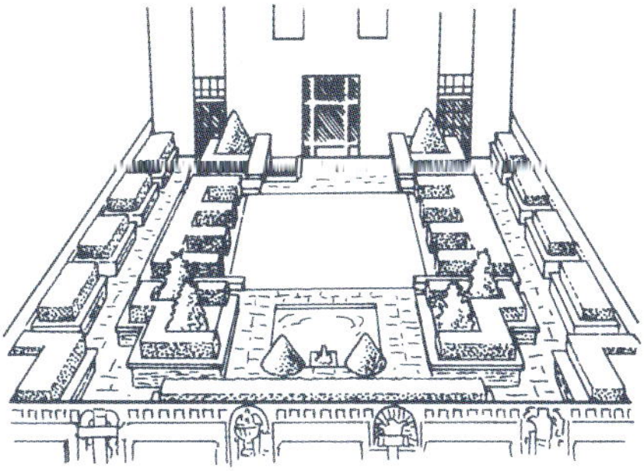

Terraços ajardinados

Os jardins formais dos terraços do edifício British Empire e do La Maison Française (localizados na Fifth Avenue) ressoam a desenhos de jardins geométricos do Renascimento francês, embora fiéis aos temas art déco de Raymond Hood.

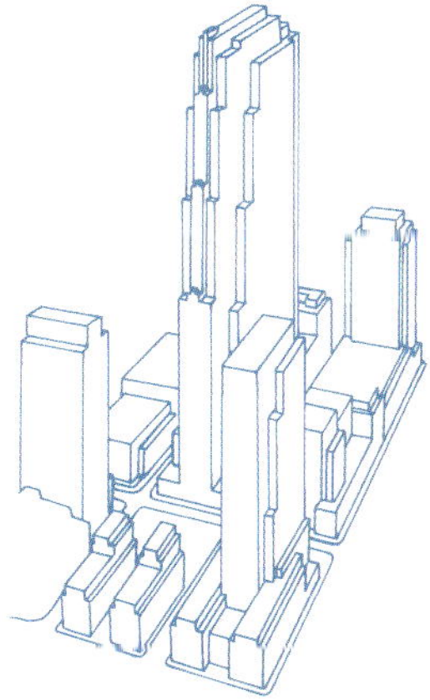

Vista aérea

Concebido como uma cidade dentro de uma cidade, o Rockefeller Center foi talvez o primeiro empreendimento realmente de uso misto no mundo (residências, escritórios, lojas de varejo, entretenimento e restaurantes, em um mesmo lugar). O principal arranha-céu – 30 Rockefeller Center – é rodeado de edifícios menores projetados no mesmo estilo art déco.

Escultura de Isamu Noguchi

O Rockefeller Center é famoso pela generosidade de seus espaços públicos e por suas imensas obras de arte. "News", uma escultura com mais de oito toneladas feita de aço inoxidável por Isamu Noguchi, encabeça a entrada principal do Associated Press, no número 50 da Rockefeller Plaza. Naquele tempo, era a maior obra de arte criada em aço inoxidável.

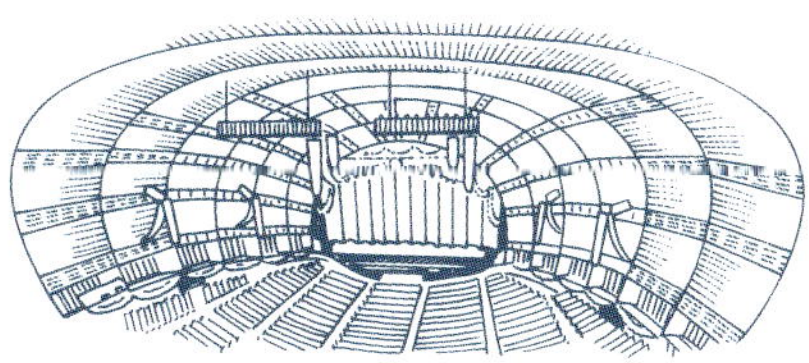

Vista interior do Radio City Music Hall

Nada evoca o movimento Art Déco de maneira mais apropriada do que este arco de proscênio do Radio City Music Hall, no perímetro da West 52nd Street do empreendimento Rockefeller. O uso de um arco contínuo, com outros arcos concêntricos radiando do primeiro, acrescenta real profundidade e grandeza à forma.

Edifício Western Union

Localização
60 Hudson Street, Manhattan

Construído em
1930

Arquitetos
Voorhees, Gmelin & Walker

Enquanto outros edifícios procuravam atingir o céu, os arquitetos do edifício Western Union se satisfizeram em projetar uma estrutura que era monumental em escala, não em altura, talvez devido a seu uso como um depósito para maquinário de telefones, telégrafos e relógios. Entretanto, apesar de utilitário em sua função, não falta estilo ao edifício. Foram usadas 19 cores de tijolos na fachada, e uma multitude de padrões e de juntas criam desenhos art déco na própria estrutura.

Alguém quer bolo?
Os múltiplos recuos e os contrafortes estilizados no alto da fachada dão ao edifício o clássico estilo de "bolo de noiva". Embora isso seja comum em construções mais antigas no estilo *beaux-arts*, aqui, a verticalidade dos piers em tijolos, as barbatanas e as caneluras apontam para uma influência art déco, mesmo à distância.

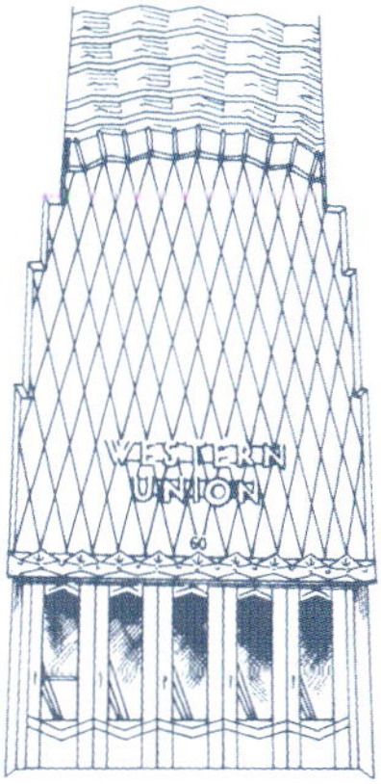

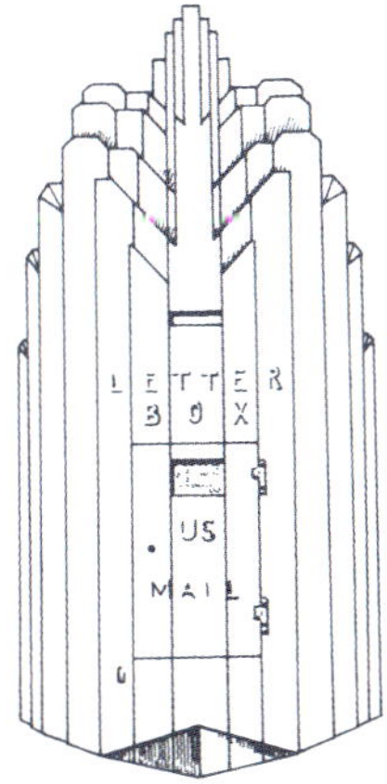

Entrada pela Hudson Street

Esta entrada ilustra a perícia profissional no trabalho com alvenaria de tijolos – a espessura escalonada levando a um painel decorativo, e a pilastra em consolo acima da janela em formato de diamante. Cada aspecto é cheio de detalhes e, ainda assim, está em harmonia com o seguinte.

Caixa de correio

É um pequeno elemento em meio a outros, no entanto, esta caixa de correio é primorosamente desenhada em estilo art déco. O motivo escalonado, com os cantos chanfrados e setas quebradas que apontam para baixo, no centro, toma emprestado da arte expressionista europeia e russa para modelar um forte estilo arquitetônico.

Grelhas de cobre

Até mesmo as saídas de ventilação nesta sede das telecomunicações têm o estilo que combina com a art déco dominante. Aqui, o padrão em ziguezague das aberturas se espelha nas bordas de metal em volta, e também no painel decorativo de tijolos acima.

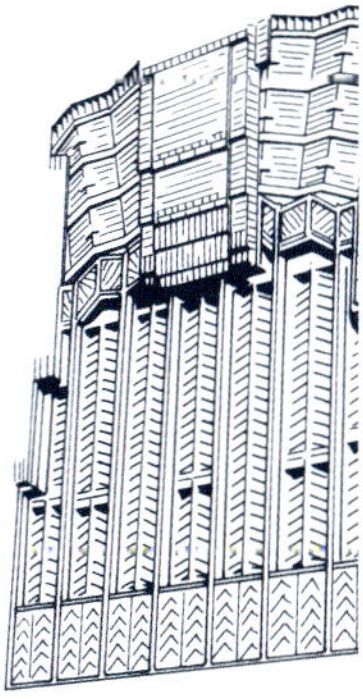

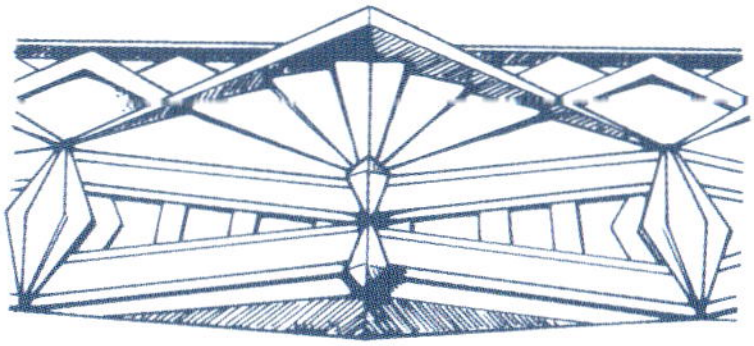

Detalhe art déco

Exemplificando o uso e a técnica de materiais art déco, este painel de latão é um de uma fileira acima da entrada principal. O tema geométrico triangular indica os traços decorativos usados em toda parte, tanto no exterior quanto no interior do edifício.

Hotel Waldorf-Astoria

Localização
301 Park Avenue, Manhattan

Construído em
1931

Arquitetos
Schultze & Weaver

Quando ficou pronto, em 1931, o hotel Waldorf-Astoria havia custado 42 milhões de dólares. Com 47 andares acima das ruas de Manhattan, era o maior hotel do mundo, se vangloriando de seus 2.200 quartos. O hotel agora tem 1.416 quartos, depois de renovações. Coroando o edifício principal estão as duas Torres Waldorf, cada uma com 190 metros de altura. Suas cúpulas de bronze foram projetadas em um estilo indicativo do movimento Art Déco, com barbatanas e padrões geométricos. Na parte de baixo, o edifício de granito, calcário e tijolos tem um recuo que lhe dá a aparência de um bolo de casamento.

Um hotel nas alturas

Citado por Fritz Lang como uma das influências para seu filme *Metrópolis*, de 1927, o Waldorf-Astoria é a epítome do design art déco em Nova York. Das pontas de suas torres às decorações das portas de seus elevadores, o hotel transpira glamour arquitetônico e artístico e, como tal, é um dos mais famosos hotéis do mundo.

Entrada principal

A entrada imponente apresenta uma cobertura plana presa por hastes de metal, sobre a qual o nome e esculturas sao destacados em baixo relevo dourado. Acima, há três aberturas de vidro enfeitadas com grelhas de metal que são iluminadas à noite para realçar as letras em ouro.

Espírito de realização

Como o heroico enfeite na capota dos automóveis Rolls-Royce da época, este rei dos hotéis tem sua própria donzela esculpida. O "Espírito de Realização", tal como é chamada a escultura de 3 metros de altura, foi criado pela islandesa Nina Saemunundsson, vencedora de um concurso, em 1931, superando outros quatrocentos artistas.

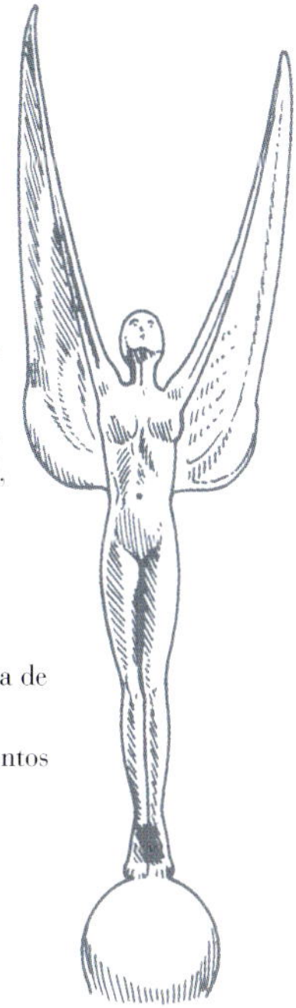

Detalhe do teto

Este detalhe do teto é típico da opulência praticada no hotel. A figura, representada em prata, fica sobre um fundo dourado, que complementa o debrum do trabalho decorativo retilíneo que a circunda. O estilo se refere a obras de arte mais decorativas, mas a gritante combinação de prata e ouro é típica da opulência do Art Déco.

Porta de elevador

O Waldorf-Astoria está repleto de arte e escultura, desde a entrada principal, passando pela caverna expressionista que é o saguão, até a ponta de suas torres. Aqui, este flautista grego é um exemplo de arte mural no saguão.

O Salto de Paraquedas

Localização
Riegelmann Boardwalk, Coney Island, Brooklyn

Construído em
1939

Arquitetos
Michael Mario, Edwin W. Kleinert

Projetado e construído para a Feira Mundial de Nova York, em 1939, no Flushing Meadows Park, no Queens, o Salto de Paraquedas (Parachute Jump) mudou-se para Coney Island em 1941. O percurso era um dos principais atrativos do parque de diversões Steeplechase. Hoje em dia, é apenas uma lembrança daquela antiga atração popular. Permaneceu funcionando até 1968, quatro anos após o fechamento da maior parte do parque de diversões. Depois de ameaçada várias vezes de demolição, a torre foi reformada e estabilizada em 1993.

Ponto para saltos
Um marco inconfundível em Coney Island, o Salto de Paraquedas foi reconhecido oficialmente como tal em 1977, apenas para ter seu status despojado alguns meses depois. Em 1980, a estrutura foi incluída no Registro Nacional de Lugares Históricos, finalmente lhe sendo dado o reconhecimento que esta façanha de engenharia merece.

Retribuição histórica
O sonho do homem de voar estava em seu auge no início dos anos 1940, quando o Salto de Paraquedas atraía multidões ao parque Steeplechase. Esta imagem histórica mostra o salto, com os paraquedas abertos, mais alto que a roda gigante e outras atrações.

Imagem aérea
Única evidência remanescente do parque Steeplechase, a torre de 80 metros de altura era iluminada e serviu como um farol de navegação para as forças aliadas durante a Segunda Guerra Mundial, quando tudo o mais na cidade estava apagado. Hoje em dia, é iluminada periodicamente para celebrar eventos.

A estrutura vista de perto
A estrutura de aço armado pesava aproximadamente 154 toneladas e era chamada de "A Torre Eiffel do Brooklyn". Os braços irradiantes no topo seguram as molduras octogonais nas quais os oito cabos dos paraquedas eram suspensos. Geralmente, tantos cabos significavam paraquedas entrelaçados e a viagem de paraquedas ficava proibida em dias de muito vento.

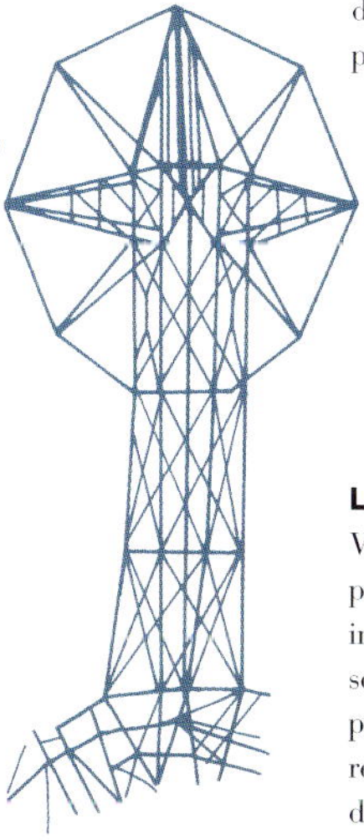

Localização à beira-mar
Vista do fim do píer, na extinta área livre do parque, o Salto de Paraquedas é uma estrutura imponente e tornou-se um marco local. Sua sobrevivência foi ameaçada quando Fred Trump propôs para a área um condomínio, mas a resistência pública e os custos da demolição detiveram os planos.

Estádio dos Yankees

Novo por velho
Externamente, o estádio "se veste" como um figurino de época. Dentro, entretanto, o parque de beisebol é predominantemente uma arena de esportes moderna e funcional.

Muito parecido com o estádio original art déco de 1923, esta nova "casa" para o time do New York Yankees foi projetada pela firma de arquitetos Populous. O exterior é revestido de pedra calcária e apresenta os mesmos detalhes dos altos arcos entremeados por pilastras que circundam toda a fachada do velho estádio. Internamente, as cadeiras dos espectadores foram reorganizadas, mas elementos como o placar manual foram reinstalados conforme o projeto original.

Localização *East 161st Street e River Avenue, Bronx*

Construído em *2008*

Arquiteto *Populous*

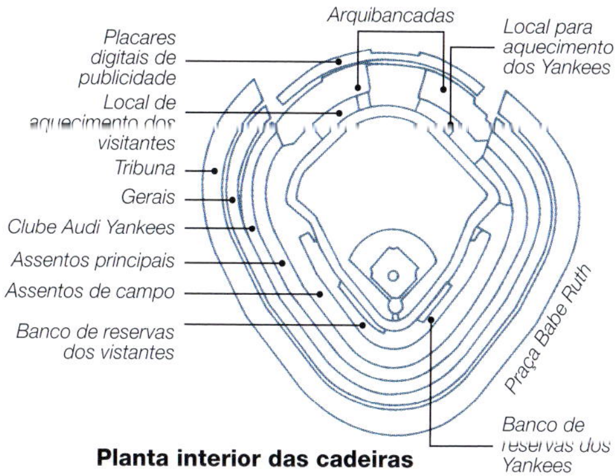

Planta interior das cadeiras

O novo Estádio dos Yankees comporta aproximadamente 51 mil espectadores, 4 mil a menos que sua versão anterior. A parede baixa atrás das cadeiras descobertas em cada lado dos placares de publicidade digitais, onde trens do metrô podem ser vistos passando, foi projetada para reproduzir o estádio original.

Entrada

Projetada para ser quase uma réplica do estádio original, a entrada monumental com três arcos tem detalhes de pedra em alto-relevo e o nome em entalhes dourados acima das janelas. A pesada cornija não tem enfeites, se distanciando dos populares desenhos de cornijas ornadas, típicas do estilo renascentista.

Grande salão

Com altura de sete andares, esta dramática galeria se situa entre os portões quatro e seis. Ela faz alusão à arquitetura de afirmação frequentemente atribuída ao movimento art déco, ao mesmo tempo que abriga estandartes exibindo a história dos Yankees e de suas estrelas do beisebol, passadas e atuais.

Friso

Como que coroando o novo estádio, o friso que circunda os níveis superiores dos camarotes das tribunas principais e outro detalhe de projeto emprestado do edifício histórico. Enquanto o velho friso era de cobre, o novo é feito de aço inoxidável. O desenho geométrico é traço clássico art déco.

A Grand Concourse

Localização
Bronx

Construída em
1909

Arquiteto
Louis Aloys Risse

Não um edifício, mas uma alentada intervenção urbana, a Grand Concourse é uma grande via com 55 metros de largura e oito pistas que liga Manhattan ao Bronx norte. Foi concebida pelo imigrante alsaciano e engenheiro topográfico chefe da cidade de Nova York, Louis Aloys Risse, em 1894, e foi aberta ao tráfego de veículos 15 anos depois, em 1901. Tendo como modelo o Champs-Élysées, em Paris, a avenida, com 6,4 quilômetros de comprimento, é ladeada por arquitetura também influenciada pelo Expressionismo alemão e o movimento Art Déco. Por volta de 1930, trezentos edifícios de apartamentos foram construídos ao longo da Grand Concourse.

Grande aglomerado
Um parque está localizado entre edifícios de apartamentos e o Palácio da Justiça do distrito do Bronx, ao lado da Grand Concourse. A via incluía três rodovias principais, separadas por divisores centrais com fileiras de árvores.

Park Plaza

Indicativo dos edifícios ao longo da via, o Park Plaza é um edifício de apartamentos construído com tijolos, inspirado no Art Déco, que apresenta frisos decorativos e bordas de janelas em arcos neogóticos. Os piers verticais de tijolos e o potente desenho retilíneo da entrada o caracterizam como tendo sido construído nos anos 1920 e 1930.

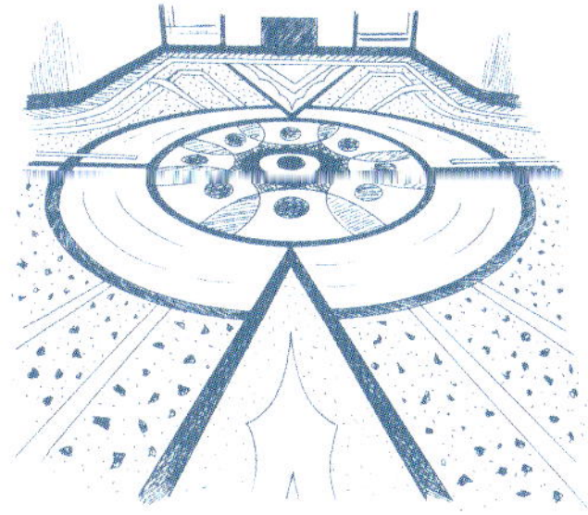

Piso do saguão do edifício Fish

Este é um bom exemplo da moda daquele tempo. Até 1929, o mosaico *terrazo* não era amplamente usado, embora fosse, há muito tempo, preferido por construtores venezianos como uma maneira de aproveitar pequenos fragmentos de mármore. Entretanto, avanços em ferramentas motorizadas facilitaram a produção e o aperfeiçoamento de técnicas para pisos decorativos, como este.

Fachadas curvas e entrada circular

Os edifícios que se alinhavam na Grand Concourse eram um exemplo dos aspectos monumentais da própria via. Aqui, a extravagante fachada curva de um edifício de apartamentos realça o estilo art déco que prevalecia na primeira parte do século XX e que permeia toda a Grand Concourse.

Placa com o número em mosaico

Detalhes nos edifícios art déco acontecem em uma variedade de formas, das quais uma das mais comuns era o mosaico. Aqui, a placa com o número "888 Grand Concourse" é realçada em um desenho estilizado usando ladrilhos de cerâmica.

Edifício Chrysler

Localização
405 Lexington Avenue, Manhattan

Construído em
1930

Arquiteto
William Van Alen

Nenhum arranha-céu exemplifica melhor o movimento Art Déco do que o edifício Chrysler.

Dos desenhos geométricos na entrada e o extravagante saguão em mármore e ônix ao nível da rua à ponta da agulha da torre em cromo, níquel e aço, o edifício é um monumento ao romanticismo do estilo art déco e à era dourada dos automóveis. Como o nome sugere, a torre era propriedade da companhia de automóveis Chrysler. Seu projeto faz múltiplas referências ao fato, incluindo gárgulas em formato de tampas de radiador e a agulha de metal, que foi uma insistência dos clientes, contra a vontade do arquiteto William Van Alen. Quase 27.220 toneladas de aço e

Torre tip-top
Erguendo-se inicialmente como uma torre retilínea convencional, com uma base mais larga e recuos graduais, o esplendor art déco do edifício Chrysler parece reservado para sua agulha. Entretanto, visite o edifício e verá traços estilísticos em todas as partes da torre, do chão até o alto.

3,9 milhões de tijolos foram usados na construção do edifício, e o custo foi de fenomenais 20 milhões de dólares. Em 1930, o edifício recém-inaugurado, que contava com 320 metros de altura, era o mais alto do mundo, mas seu reinado durou apenas 11 meses. O Empire State ergueu-se em Midtown empatando e posteriormente superando o Chrysler por meros 60 centímetros. Outros 61 metros foram acrescentados ao Empire State quando seu mastro foi erguido, e mais 62 metros por sua antena de TV. Mas, embora o Empire State seja o mais alto, o Chrysler é o mais elegante dos dois. O arranha-céu mais glamouroso de Nova York foi declarado um Marco Histórico Nacional em 1976.

Edifício Chrysler

Tempos de aspirações

Com esta agulha, William Van Alen reivindicava o louvor de ser o arquiteto do mais alto edifício do mundo, ainda que tenha sido por um curto espaço de tempo.

Em foco

A "corrida para os céus" era parte integrante da vida de Nova York nos anos 1930, com os arranha-céus da cidade crescendo cada vez mais. O edifício do Banco de Manhattan foi o pioneiro, chegando ao ponto máximo com 282 metros de altura, 61 centímetros mais alto do que seria o Chrysler. Van Alen, então, desfraldou seu golpe de mestre. A agulha do edifício, ou vértice, como os arquitetos chamavam, foi construída dentro da torre e alçada através de uma abertura no teto, surpreendendo a todos e elevando a altura do edifício para 320 metros. Mas, embora as atenções estivessem focadas na agulha, a função do edifício era a de abrigar uma companhia de automóveis, e isto foi feito em alto estilo. O salão de exposições parecia mais um salão de baile do que um mostruário automotivo, e o estilo art déco produziu um luxuoso saguão, com paredes de ônix e um teto que retratava o próprio edifício. Mais glamouroso era o Cloud Club, um espaço de dois andares no 66º pavimento, no alto do topo do edifício. Ali, clientes do restaurante e do clube de fumantes tinham incríveis vistas da cidade, bem como escaninhos para esconder bebida alcoólica, nos tempos da Lei Seca.

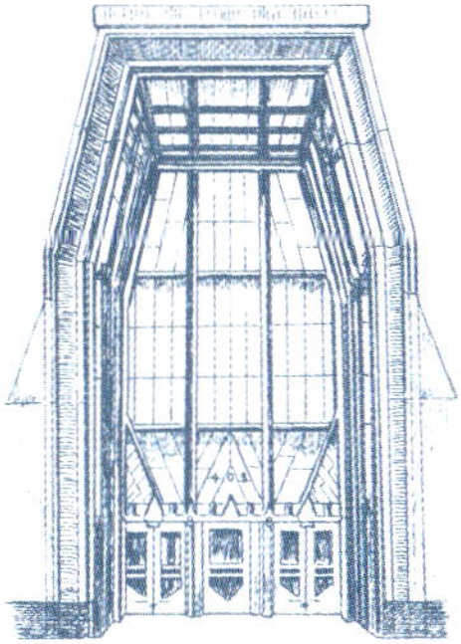

Entrada

O acesso ao nível do chão é uma explosiva salva de entrada na arquitetura art déco. Poderosas dobras de granito preto emolduram um design geométrico de cromo, níquel e vidro que apresenta motivos clássicos art déco, tais como padrões em ziguezague e frontões com cabeças de lanças acima das entradas.

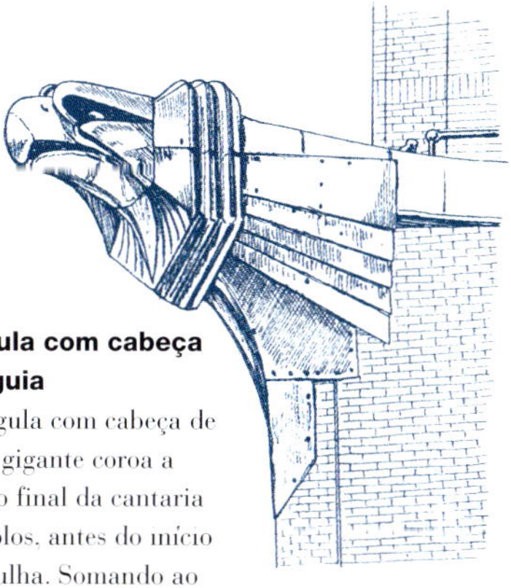

Gárgula com cabeça de águia

A gárgula com cabeça de águia gigante coroa a porção final da cantaria de tijolos, antes do início da agulha. Somando ao todo oito gárgulas, essas dramáticas decorações cromadas são uma referência ao amor do arquiteto pela arquitetura gótica, embora sejam, inequivocamente, art déco em seu design.

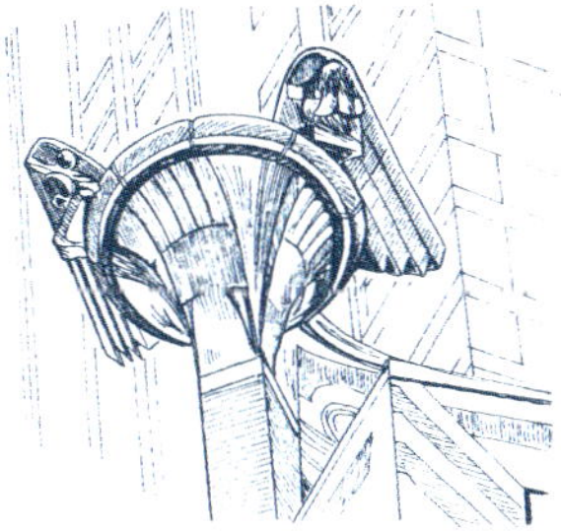

Gárgulas aladas

Tendo como modelo as tampas ornamentais de radiadores que antigamente emergiam das capotas dos automóveis Chrysler, estas gárgulas aladas empoleiram-se nos cantos do terceiro recuo do arranha-céu. Fora com campo de visão, há motivos de carros estilizados que foram encaixados na estrutura usando tijolos coloridos.

A agulha

Com janelas triangulares, inseridas em elementos de cromo e níquel semicirculares lavrados, a agulha é uma coroa glamourosa para aquilo que foi, por um curto período, o edifício mais alto do mundo. Embora não mantivesse essa posição por muito tempo, o Chrysler é único em projetos de arranha-céus, tanto por seu design quanto por seu status icônico.

Mapa de localização

Enquanto a arquitetura clássica e renascentista eram grandiosas, a art déco era glamourosa, ainda mais quando inserida nos projetos dos mais altos arranha-céus da cidade. Afora uma ou duas exceções, os edifícios art déco e neogóticos de Nova York, inclusive o Empire State e o Chrysler, agrupam-se na Ilha de Manhattan, o coração de negócios e de comércio. Os incorporadores gigantes da América lutaram ao longo da Grande Depressão dos anos 1930 e, em alguns casos, construíram, durante aquela época, os arranha-céus que se veem hoje. O resultado é uma combinação de decoração opulenta e métodos construtivos econômicos, que podem ser descobertos apenas com trabalho de detetive.

1 **Edifício American Radiator**
40 West 40th Street
página 112

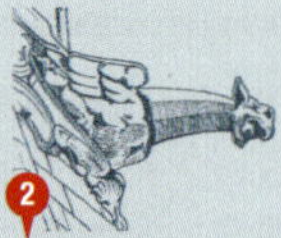

2 **Edifício Woolworth**
233 Broadway
página 116

3 **Catedral de St. Patrick**
Fifth Avenue, entre a East 50th e a 51st Street *página 118*

4 **Ponte do Brooklyn**
East River, Brooklyn
página 120

5 **Cemitério Green-Wood**
Fifth Avenue, Greenwood Heights
página 122

6 **Igreja da Encarnação**
205 Madison Avenue,
página 124

7 **Igreja de St. Thomas**
Fifth Avenue na altura da 53rd Street
página 126

8 **Catedral de St. John the Divine**
1047 Amsterdam Avenue *página 128*

9 **Edifício Bayard-Condict**
65 Bleecker Street
página 130

10 **Edifício Empire State**
350 Fifth Avenue
página 132

11 **Edifício Chanin**
122 East 42nd Street
página 134

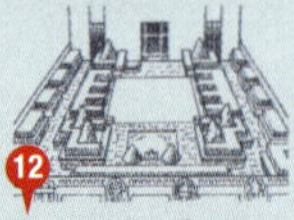

12 **Rockefeller Center**
West 48th Street até a West 51st Street
página 136

13 **Edifício Western Union**
60 Hudson Street
página 138

14 **Hotel Waldorf-Astoria**
301 Park Avenue
página 140

15 **Salto de Paraquedas**
Riegelmann Boardwalk
página 142

16 **Estádio dos Yankees**
East 161st Street
página 144

17 **A Grand Concourse**
Bronx
página 146

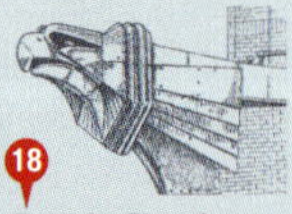

18 **Edifício Chrysler**
405 Lexington Avenue
página 148

BRONX
16
17
8
Harlem
North
Bergen
MANHATTAN
West
Nova York
Aeroporto
LaGuardia
7
3
12
14
18
11
1
6
10
Union City
QUEENS
9
NOVA YORK
13
4
2
Downtown
Brooklyn
Bayonne
Upper
New York
Bay
Prospect
Park
5
BROOKLYN
Staten
Island
15
Coney Island

INÍCIO DO MODERNISMO

Introdução

Regras rigorosas
O início do Modernismo restringiu o que o Art Déco teve de extravagante, como exemplificado no edifício Seagram. Novas técnicas usando vidro e aço e um estilo de projeto mais utilitário criaram um gênero destituído de decorações óbvias, dependente de um equilíbrio entre a forma e a função.

Quando o arquiteto Louis Sullivan escreveu as palavras "a forma segue a função", ele não poderia ter imaginado seu impacto sobre o mundo do design. O Modernismo evoluiu em torno desse simples adágio, e edifícios lentamente se transformaram de palácios elaboradamente adornados em recipientes projetados de maneira eficiente para viver e trabalhar. Simultaneamente, o uso de ferro, aço, concreto e vidro fez nascer uma nova estética arquitetônica na qual os arquitetos se deleitavam, mas o público, frequentemente, não compreendia por completo. Enquanto a Europa reagia a essa dramática mudança, os Estados Unidos – e Nova York – abraçavam essas linhas puras e suas empolgantes possibilidades.

Nova York tem uma abundância de edifícios do início do Modernismo, que podem ser facilmente identificados por suas fachadas de vidro. O edifício Seagram é talvez o mais importante desses monólitos de vidro. Projetado por Mies van der Rohe tendo em mente a perfeita combinação de forma e funcionalidade, o Seagram é a síntese do design modernista e, como tal, influenciou gerações de arquitetos. Outros edifícios, embora não tão evidentes de imediato por suas formas, são também bons exemplos do Modernismo em meados do século XX. O Museu de Arte Moderna (MoMA) é um deles.

Sede das Nações Unidas

Localização
First Avenue entre East 42nd Street com East 48th Street, Manhattan

Construído em *1953*

Arquitetos
Wallace K. Harrison, Le Corbusier, Oscar Niemeyer e outros

Um projeto monumental que envolveu arquitetos de vários países, a nova sede das Nações Unidas seria inicialmente construída no Queens, na área da Feira Mundial de 1939. Entretanto, a família mais proeminente de Nova York, os Rockefeller, comprou e depois doou o terreno de 68.800 metros quadrados sobre o qual estão agora os edifícios, e assim começou a disputa entre os arquitetos, à medida que a construção caminhava. Em virtude de sua fama e de ser mais velho, Le Corbusier tomou para si o papel de projetar o edifício dos escritórios. Segundo consta, durante uma reunião de planejamento ele arrancou das paredes todos os projetos, exceto os seus próprios, e os vazou para a imprensa sem ter aprovação do cliente. Oscar Niemeyer, o outro arquiteto de renome e pupilo de Le Corbusier, tem o crédito pelo projeto do edifício da Assembleia Geral. Formas curvas em concreto, sua marca registrada, são muito aparentes no projeto, que é vizinho da torre de escritórios. Wallace K. Harrison presidiu o comitê internacional de arquitetos. Hoje, a sede das Nações Unidas deveria ser uma atração arquitetônica turística tanto quanto , digamos, os edifícios Chrysler ou Seagram. Entretanto, sua localização, ligeiramente fora do núcleo central de Manhattan, faz com que seja geralmente esquecida por tais itinerários.

Estilos contrastantes

A rigorosa linearidade da torre de escritórios da sede das Nações Unidas é contrastada pela suave curva do teto do edifício da Assembleia Geral. Ambos os edifícios são modernos em suas formas, mas foram projetados por diferentes arquitetos. Um é dominado pela qualidade de leveza do vidro, o outro se fundamenta na permanência do concreto.

Sede das Nações Unidas

Vidro *en masse*

Uma característica que empolgou o mundo da arquitetura, a fachada envidraçada simbolizou a nova era, intocada pelo passado e pela sangria da Segunda Guerra Mundial. A *skyline* de Nova York foi invadida por um novo tipo de construção.

Em foco

Situado entre gramados e árvores verdes, entremeados por fontes e esculturas, os edifícios da sede das Nações Unidas são uma celebração do estilo internacional, o ramo da arquitetura moderna que surgiu em seguida à Segunda Guerra Mundial. O edifício de escritórios, ou 23A, como é chamado, tem 39 andares e 166 metros de altura. É mais uma sucessão de lajes do que uma torre, medindo 87,5 metros de largura. O projeto é baseado no Pavilhão Suíço, em Paris, também de Le Corbusier, um edifício residencial construído com lajes de concreto de arestas vivas.

As paredes de extremidade são cobertas com mármore branco de Vermont, e a fachada envidraçada foi uma das primeiras desse tipo em Nova York. Ao pé da torre fica o menos visível, porém bem mais importante, edifício da Assembleia Geral. Projetado por Oscar Niemeyer, suas paredes externas lisas são predominantemente de concreto armado, um material amado por Niemeyer e pelos modernistas. O movimento curvilíneo do telhado é, no exterior, a única concessão ao estilo. Entretanto, o interior do edifício é, até hoje, uma gruta modernista. Balcões em balanço, pisos de cerâmica *terrazzo*, vigas e colunas em "I" expostas, e luzes de teto embutidas exercem sua função sobre painéis e bancos de madeira.

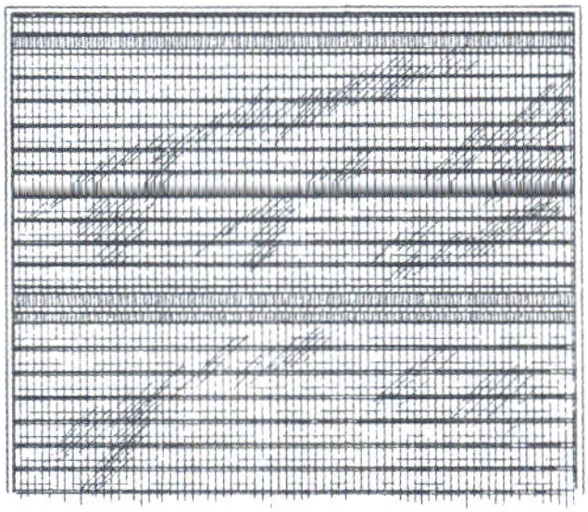

Fachada de vidro

Embora hoje em dia pareça um pouco artificial, a fachada envidraçada foi um avanço que não se pensava possível poucos anos antes da conclusão da sede das Nações Unidas. Este edifício trouxe arquitetos de vários países e seu estilo internacional para frente da cena, em Nova York e nos Estados Unidos.

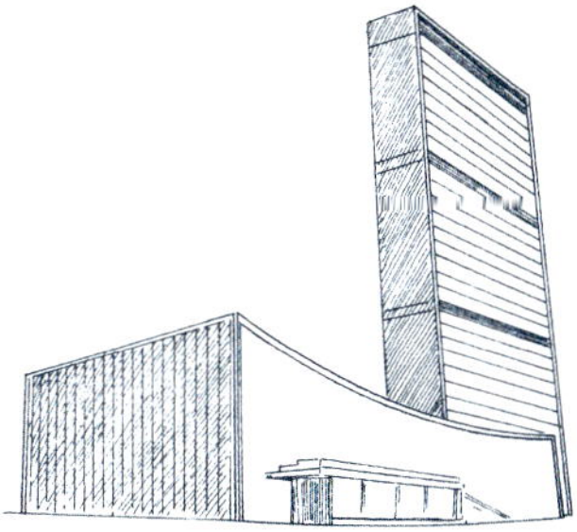

Salão principal da assembleia

Oscar Niemeyer é famoso por sua arquitetura escultórica em concreto. Brasília, a capital de seu país de nascença, é quase uma ode, feita sozinha, ao mais pesado dos materiais de construção. Para o edifício da Assembleia Geral ele justapôs as formas retilíneas de Le Corbusier usando o concreto de maneira alegre, diante de um monólito de vidro.

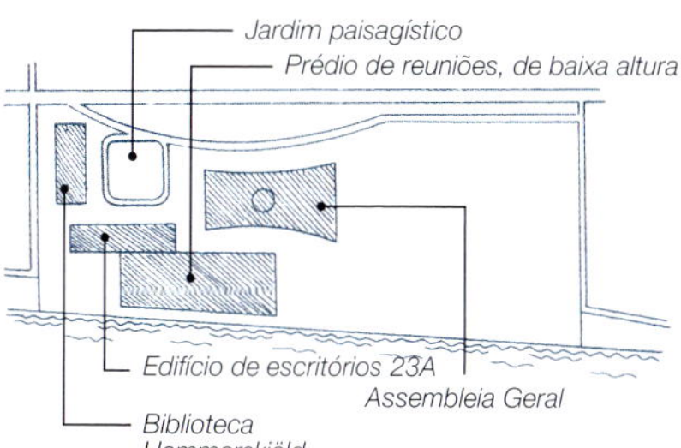

Planta do terreno

Pela planta, é possível apreciar quanto do complexo é dedicado a espaços comunitários ao ar livre. O projeto é possivelmente influenciado pela Ville Radieuse de Le Corbusier, idealizada como uma série de torres dentro de uma paisagem ajardinada. A Assembleia Geral é o grande prédio curvilíneo ao norte do terreno.

Auditório

Dentro do edifício da Assembleia Geral, o espaço mais importante é o auditório. Coroado por um grande domo e limitado por painéis de madeira, ele acomoda 1.800 pessoas. No alto do espaço, como um brasão, está o emblema das Nações Unidas, acrescentando importância ao ambiente antiquado, mas, mesmo assim, auspicioso.

Museu de Arte Moderna (MoMA)

Localização
11 West 53rd Street, Manhattan

Construído em *1939*

Arquitetos
Philip Goodwin, Edward Durell Stone

Tão radicalmente moderno quanto a arte exposta em suas paredes de mármore e vidro, o Museu de Arte Moderna foi inaugurado no dia 10 de março de 1937. Projetado pelos modernistas Philip Goodwin e Edward Durell Stone, o museu original foi acrescido e reformado por famosos arquitetos, incluindo Philip Johnson, que projetou uma nova ala em 1964; César Pelli, que construiu uma torre residencial por cima do museu em 1984 para angariar fundos para a expansão do museu; e, mais recentemente, o arquiteto japonês Yoshio Taniguchi, que reformou todo o conjunto.

Arte modernista
A vidraça espelhada da principal fachada do museu é produto de uma recente reforma projetada por Yoshio Taniguchi. A estética minimalista, entretanto, é tirada do projeto original de 1939, e Taniguchi respeitou o rigoroso estilo internacional do edifício ao longo de todo seu trabalho.

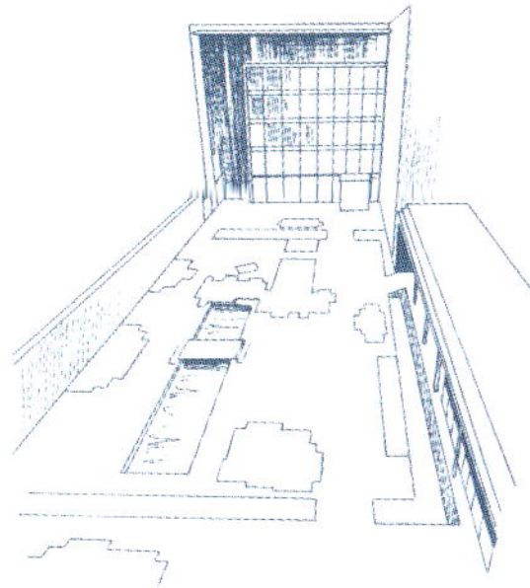

Fachada oeste

A fachada oeste original, que dá para a 53rd Street, era uma construção em armação de aço coberta de fileiras horizontalmente alinhadas de vidraças e painéis de mármore branco. Para muitos, era um design estranho e radical, assentado em meio a fileiras de casas de pedra marrom. Entretanto, ele sobreviveu e hoje em dia é reconhecido como pioneiro do movimento modernista em Nova York.

Jardim de esculturas

Projetado por Philip Johnson, o Abby Aldrich Rockefeller Sculpture Garden foi encomendado pelo curador David Rockefeller para comemorar as realizações de sua mãe ao fundar o MoMA. Escondido da rua, o jardim é um paraíso modernista de arbustos aparados, lâminas d'água retilíneas e árvores esculturadas.

Torre residencial

Enormemente controverso na época de seu anúncio e eventual construção, em 1984, a torre residencial de 53 andares de César Pelli tirou vantagem de sua localização no centro de Manhattan para prover receita para o museu sobre o qual se situa.

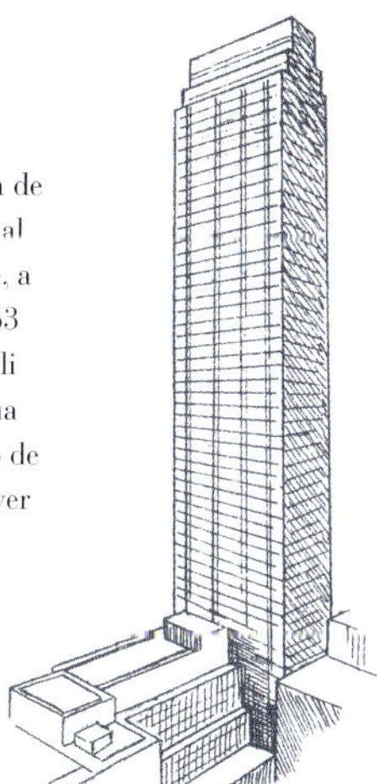

Vista interna

Nem arabescos ou decoração adornam as escadas dentro do MoMA. Em concordância com o adágio modernista que diz "a forma segue a função", a estética reduzida das escadas é uma delícia em sua simplicidade. O arquiteto da reforma, Tanigushi, é renomado por criar edifícios que mostram suas formas sem recorrer a truques de projeto.

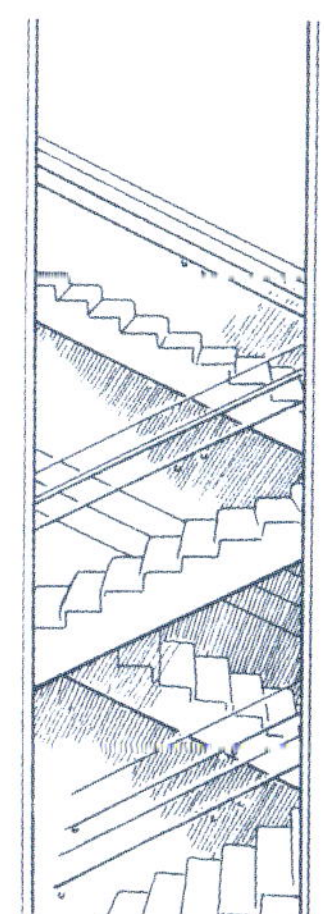

New School of Social Research (Nova Escola de Pesquisa Social)

Localização
66 West 12th Street, Manhattan

Construído em *1930*

Arquiteto
Joseph Urban

Uma escola que parece uma fábrica! As pessoas ficavam surpresas com o novo edifício de Joseph Urban. Citada como a primeira universidade americana para adultos, o edifício é uma lição dos ideais modernos daqueles dias. Enquanto o exterior é uma combinação utilitária de tijolos e vidros com caixilhos de aço, dentro é onde se encontra o verdadeiro glamour. Urban era um arquiteto idiossincrático, o que se reflete em seus projetos. O edifício Hearst Magazine (1928), recentemente ampliado por Foster & Partners, mostra bem como seus humores arquitetônicos podiam oscilar.

Fábrica chique
A Nova Escola de Pesquisa Social parece mais uma fábrica do que um estabelecimento educacional, transpirando a natureza industrial de suas origens no estilo internacional. O uso de painéis de tijolos e faixas de vidraças indica os ideais dos líderes do Modernismo europeu, tais como Le Corbusier e Walter Gropius.

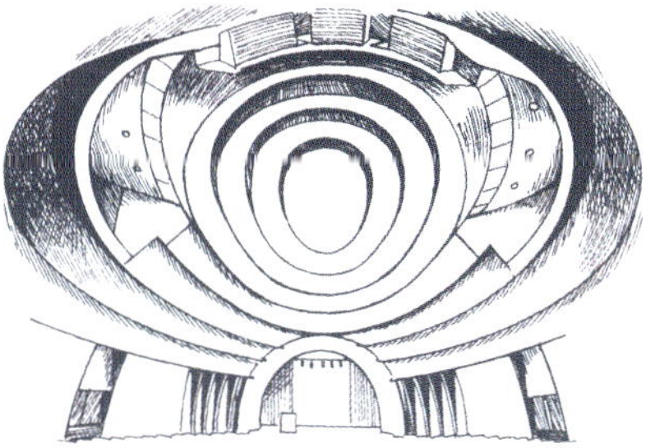

Auditório

Em contraste com o exterior sem enfeites, o interior da escola é uma maravilhosa reverência ao estilo art déco que se retirava de cena. O Auditório Tishman, de forma elíptica, é dominado pelo proscênio em arcada (um clássico do design art déco), enquanto a extravagante decoração do teto, feita de gesso perfurado, tem papel duplo como defletor de som.

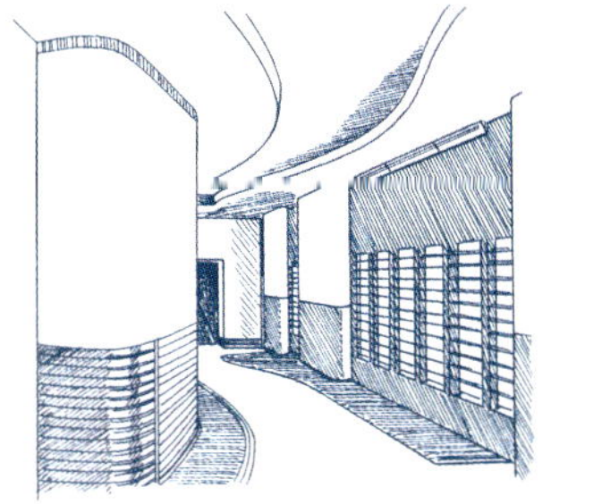

Corredor interno

Mais uma vez, o design interno se reporta às raízes art déco do arquiteto e à moda das duas décadas anteriores. Embora não seja excessivamente decorado, as largas linhas curvas do corredor e a troca de materiais, na altura da cintura, criam um espetáculo no qual muito arquitetos não considerariam gastar tempo ou esforço.

Fachada de tijolos

Embora usando tijolos, o mais mundano dos materiais de construção, o projeto de Urban o eleva ao nível de alta arquitetura. A simples mudança de cores e a decisão de alternar as fileiras de tijolos tornam leve uma parede que, de outro modo, seria apenas uma fachada lisa e impenetrável.

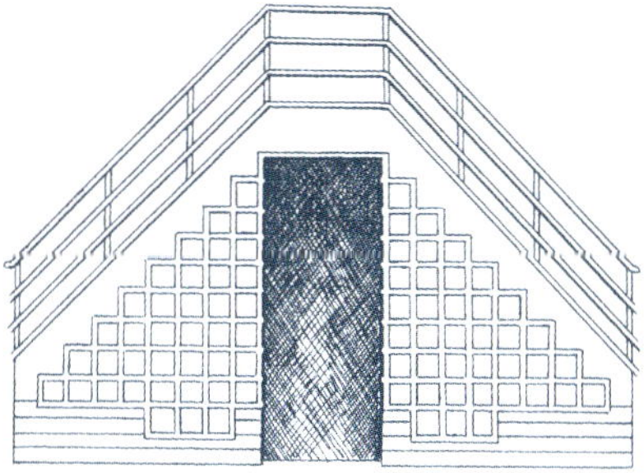

Escadas

Grandiosa em sua dupla descida e na coroação da passagem abaixo, em forma de zigurate, a escadaria combina as qualidades processuais da arquitetura clássica com a estética funcional dos movimentos modernistas. O resultado é mais uma peça de afirmação do design.

Edifício Seagram

Localização
375 Park Avenue
Manhattan

Construído em *1958*

Arquitetos
Ludwig Mies van der Rohe, com Philip Johnson

É atribuída a Mis van der Rohe, o arquiteto dos arquitetos, a declaração de que "a estrutura é espiritual", e no edifício Seagram seus ideais tornaram-se realidade. O edifício mais caro de sua época, este pedaço monolítico de arranha-céu, custou 36 milhões de dólares para ser construído. Foi o primeiro que apresentou janelas do chão ao telhado, e sua forma despojada tornou-se um padrão de projeto para os modernistas quase que da noite para o dia. Com 157 metros de altura (38 andares), o edifício não é particularmente alto, mas foi um importante passo para a mudança de projetos de arranha-céus, e que ainda pode ser apreciado hoje.

Ícone modernista
Nenhum arranha-céu em Nova York exemplifica melhor o estilo modernista do que o edifício Seagram. Suas colunas estruturais podem ser vistas através da fachada envidraçada, que é interrompida apenas por sólidos painéis na junção entre piso e teto de cada andar acima. Montantes salientes de bronze e vidro colorido aumentam a aura magistral.

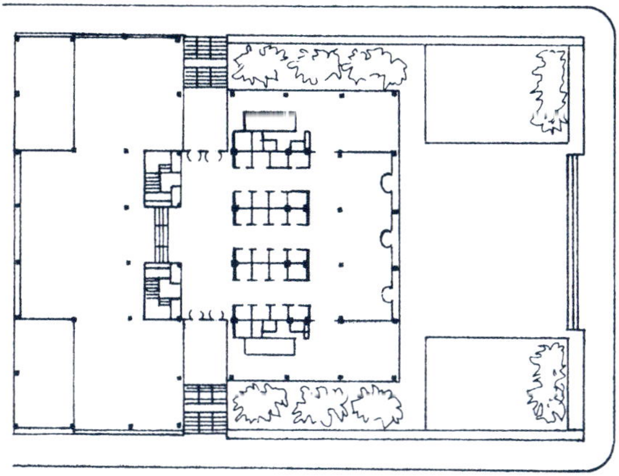

Planta baixa

De plano retangular, o projeto do edifício é a simplicidade modernista no que ela tem de melhor. O espaço entre as colunas estruturais é de 8.5 metros, formando uma área com cinco intercolúnios de largura por três de profundidade. Em volta do edifício há uma esplanada que serve para distanciá-lo de seus vizinhos e, de alguma maneira, preservar sua aura icônica minimalista.

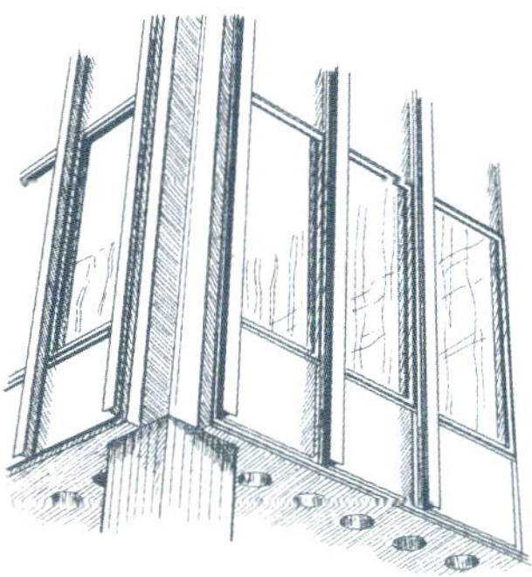

Barbatanas

Os finos montantes que correm até em cima do edifício entre as colunas estruturais são, em essência, apenas esquadrias. Foram comparados às caneluras de colunas gregas clássicas devido ao modo como acrescentam à fachada uma decoração sutil e ordenada e criam um jogo de luz e sombra.

Entrada anterior

Monumental e, ainda assim, mínimo. Este é o efeito da entrada e da marquise do edifício Seagram. O granito vermelho da esplanada externa continua ininterrupto edifício adentro, e sua única barreira é uma janela envidraçada. É como se não houvesse barreira, e, no entanto, o "espaço" é tão incomum que apresenta uma barreira em si mesmo.

A Casa Lever

Localização
390 Park Avenue
Manhattan

Construído em *1952*

Arquitetos
Skidmore, Owings & Merrill

Quando o cliente, um fabricante de sabão, pediu a Gordon Bunshaft algo novo, limpo, espetacular e americano, ele não poderia sonhar que o arquiteto satisfaria tão bem aquela instrução. A Casa Lever é uma visão aquilina de vidro azul e verde e montantes de alumínio em perfeito desenho geométrico de linhas cruzadas. Foi o primeiro edifício em Nova York completamente vedado e com ar-condicionado, e o primeiro a ter uma fachada completamente envidraçada. Com 24 andares, a Casa Lever é considerada um anão pelos arranha-céus de hoje, mas cada um deles deve seu projeto a este pequeno, mas duradouro ícone de Nova York.

Um eterno clássico
A delicada simplicidade do projeto da Casa Lever é bem destacada nesta imagem. Com mais de meio século de idade, ela ainda aparenta ser nova e bem-apropriada aos arredores da Manhattan do século XXI. Ao lado dela, estruturas pós-modernas começam a denunciar suas idades através de peculiaridades fora de moda.

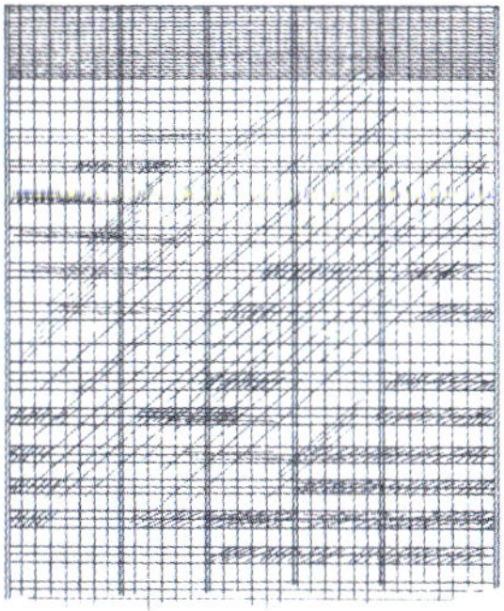

Pódio de três andares

Bunshaft reconheceu sua admiração pelos campeões modernistas europeus Le Corbusier e Mis van de Rohe neste projeto para a Casa Lever. O elemento no nível da entrada, ou pódio, é especialmente indicativo da Ville Savoye, de Le Corbusier, com sua forma erguida sobre colunas e o *layout* aparente, visível a todos.

Fachada envidraçada

A primeira torre totalmente envidraçada de Nova York, a Casa Lever é coberta de vidro azul--marinho e tímpanos opacos de vidros azul e verde. Uma fina grade de alumínio cria uma moldura e um acabamento enrugado para a fachada. Não há na torre nenhuma janela que se abra porque o edifício é completamente climatizado.

Pátio ajardinado

Embora hoje em dia muitos edifícios corporativos contem com átrios e pátios ajardinados, em 1952 isto era quase extraordinário. Neste pódio de três andares, entretanto, uma porção central foi deixada aberta para permitir que as árvores do jardim do primeiro andar crescessem "através" do edifício. É também característica a colocação de plantas no topo do pódio.

Corte

Este diagrama ilustra habilmente a drástica diferença entre a Casa Lever e a grande maioria de arranha-céus que foram construídos antes dela. Enquanto, historicamente, as torres foram projetadas com recuos – inicialmente por questões de estabilidade, mas também para permitir a entrada de luz até o nível da rua – uma nova raça se elevaria sob a forma de monólitos de placas de vidro.

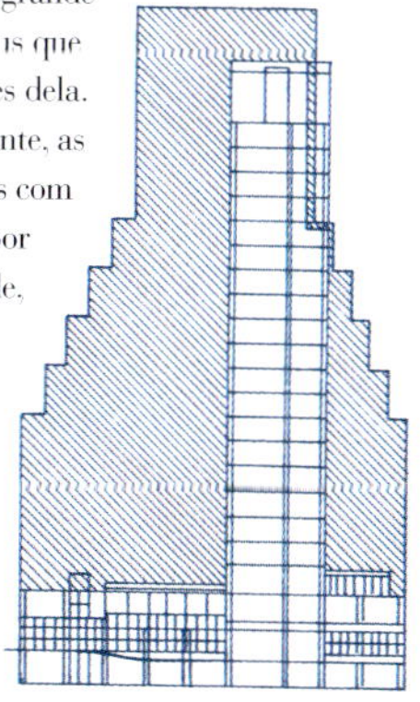

Edifício Starrett-Lehigh

Localização
601 West 26th Street, Manhattan

Construído em *1931*

Arquitetos
Russell Cory, Walter Cory, Yasuo Matsui

O Modernismo foi representado em todas as formas de arquitetura, de casas a arranha-céus, mas em lugar algum esta estética funcional está mais à vontade do que no setor industrial. O edifício Starrett-Lehigh é um glorioso exemplo de um mamute modernista situado na beira da água do West Side. Projetado para permitir que vagões de trens de carga fossem manobrados para dentro e alçados por um elevador até qualquer andar, o edifício foi, em seus dias, uma colossal instalação industrial. Agora, negócios criativos ocupam os vastos andares corridos e se deleitam com a luz natural que entra no prédio através das faixas de vidraças que envolvem o edifício.

Passos de gigante
Visto aqui em sua glória histórica, o edifício Starrett--Lehigh foi um total contraste com estruturas mais tradicionais do início do século XX (cujo exemplo fica evidente no primeiro plano). Seu tamanho e tratamento da fachada deram ao edifício, com 19 andares de tijolo e concreto, uma verdadeira estética modernista que foi copiada, nos Estados Unidos, em muitas estruturas posteriores.

Sacada comunitária

O design industrial modernista nunca está verdadeiramente acabado sem alguma referência ao ideal utópico de socialismo e ao poder operário. Aqui, a referência é uma grande sacada comunitária (abaixo) na qual os operários da fábrica poderiam desfrutar de uma pausa e observar vistas deslumbrantes de Nova York. Se lhes era permitido, ou não, está aberto a debates..

Fachada de faixas de janelas

A integridade estrutural do edifício repousa em sua estrutura de concreto armado, aliviando a fachada de qualquer esforço portante a não ser o seu próprio peso. Isso permitiu aos arquitetos instalar faixas de vidraças contínuas que envolvem o edifício (acima). Entremeadas com bandas de alvenaria de tijolos, essas faixas de janelas criam uma assinatura visual única para o edifício Starrett-Lehigh.

Colunas em cogumelo

Os espaços internos são amplos e abertos, ideais para uma fábrica ou armazém. Os projetistas conseguiram essas grandes áreas abertas instalando uma grade de colunas esbeltas de concreto. O capitel em forma de cogumelo no topo de cada coluna é uma medida para distribuição do peso, que age para aumentar a capacidade portante desses relativamente delgados componentes estruturais.

Manufacturers Trust Company

Localização
510 Fifth Avenue
Manhattan

Construído em *1954*

Arquitetos
Skidmore, Owings
& Merrill

Em seu livro *Os espaços intermediários: a jornada de um arquiteto*, Nathaniel Alexander Owings descreve como seu colega Louis Skidmore desafiou jovens projetistas de sua firma de arquitetura a "sacudir a abordagem convencional dos arquitetos em relação a bancos". O edifício que resultou foi uma caixa de vidro, um projeto fora do comum para uma instituição financeira nos anos 1950, com o cofre-forte colocado à vista, no seu centro, como o principal elemento escultural. E, para confundir ainda mais os tradicionalistas, o projeto tinha um apartamento de cobertura e um jardim no topo do edifício.

Com a cabeça no dinheiro
O edifício da Manufacturers Trust Company foi chamado de "lanterna" inúmeras vezes. Quando iluminado por dentro, à noite, é fácil ver por quê. Este tipo de arquitetura foi um choque para o mundo bancário que, até então, era fechado e encastelado, tanto em ideias quanto na estrutura arquitetônica.

Fachada de vidro

Um concurso interno promovido pela firma arquitetônica Skidmore, Owings & Merrill para projetar o edifício foi vencido pelo funcionário Charles Evans Hughes, e seu banco de paredes de vidro tornou-se uma atração turística, quase uma novidade na Nova York dos anos 1950. Embora controverso, era um perfeito exemplo de projeto modernista que estava impregnando quase todos os aspectos da arquitetura, sinalizando uma nova era.

Detalhe da fachada

O material que todos os arquitetos do momento com pensamentos avançados estavam usando era o vidro, e o Manufacturers Trust Company é indicativo do estilo ao qual todos aspiravam. Aqui, a cortina de vidro é clara e incolor. Montantes finos de alumínio formam uma armação e tímpanos verde-escuros disfarçam as junções entre os níveis dos andares.

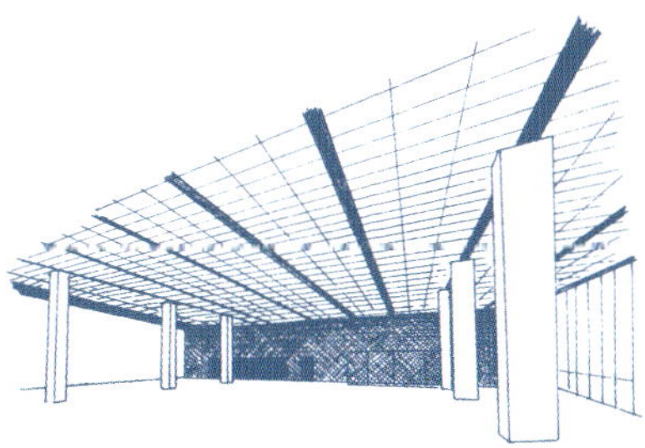

Espaço interno

O espaço interno é projetado tão economicamente quanto a fachada. Entre as grandes colunas estruturais, expansões de andares corridos se somam à estética transparente do projeto. Até os acessórios de luz são ocultados acima do teto para preservar o quase minimalista sentimento de espaço.

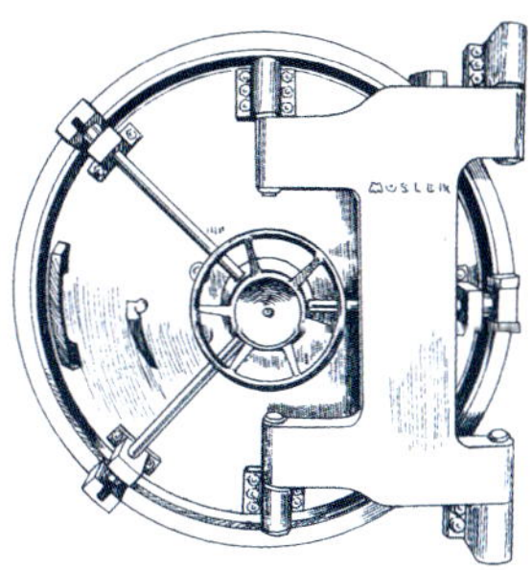

Cofre-forte

Central em relação ao projeto transparente do banco era o cofre-forte. Em contraste com o resto do projeto, ficava à vista do público. Concebido e construído pelo designer industrial Henry Dreyfuss, o cofre tem na sua parte da frente esta pesada porta de aço polido, que é tão escultural quanto segura.

Casa de Hóspedes Rockfeller

Casa moderna
Contrastando com os arcos romanos de propriedades vizinhas, o grande segundo andar envidraçado da Casa de Hóspedes Rockefeller esconde um quarto de dormir por trás de cortinas onduladas que vão do chão ao teto.

Localizada em um terreno desocupado por um edifício mais proporcional a seus vizinhos, a Casa de Hóspedes Rockefeller é uma diminuta ultramodernista habitação em meio aos blocos residenciais tradicionais de Midtown Manhattan. Projetada por Philip Johnson e fortemente inspirada por Mies van der Rohe, tem o andar de baixo sólido e o de cima envidraçado. O notável projeto e o nome associado à propriedade fizeram-na muito desejável – recentemente foi vendido em leilão por 11 milhões de dólares. O projeto era radical em seus dias, mas quase todos seus aspectos foram imitados por arquitetos em todo o mundo.

Localização
242 East 52nd Street, Manhattan

Construído em *1950*

Arquitetos
Philip Johnson

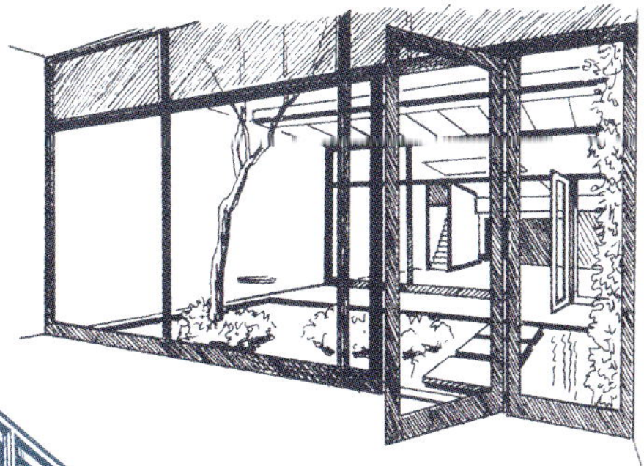

Vista lateral mostrando moldura
Estruturalmente, o projeto é uma moldura de aço preenchida com tijolos em junta flamenga. As vigas em "I" de aço aparente indicam o impulso modernista de fazer referência aos materiais de construção, em vez de escondê-los. O resultado é esta estética semi-industrial, tão querida por admiradores da arquitetura modernista.

Vista interna
Um pequeno pátio se esconde bem no centro do *layout* retangular da casa de hóspedes. Paredes de vidro em ambos os lados permitem que a luz chegue ao nível inferior, enquanto pedras de travertino foram colocadas de modo a permitir aos ocupantes caminhar sobre um espelho d'água. Johnson se referia jocosamente à travessia sobre a água como o seu conceito de "perigo seguro".

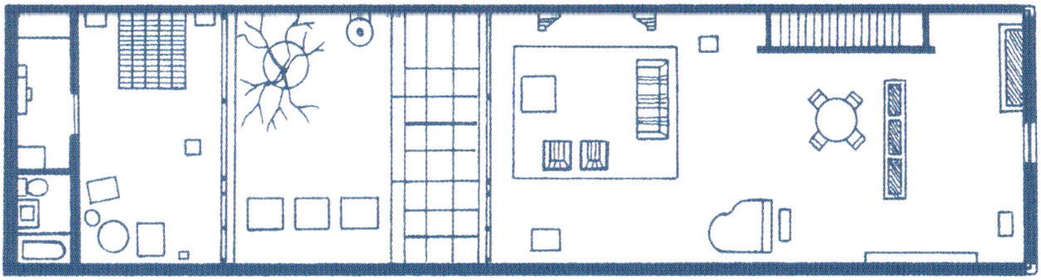

Planta baixa
As proporções estreitas e compridas precisam de uma entrada direta da rua para a principal área de estar. Qualquer ideia de acrescentar corredores comprometeria igualmente a estética e considerações sobre o espaço. Da sala de estar, os ocupantes "viajam" pisando nos blocos de pedra do pátio até as partes mais privativas dos fundos.

A Crimson Beech

Localização
Lighthouse Hill, Staten Island

Construído em *1959*

Arquiteto
Frank Lloyd Wright

O visionário da arquitetura Frank Lloyd Wright era tão intratável quanto brilhante e, como tal, não conseguiu ter vantagens com os gigantes corporativos que estavam construindo Nova York. Seus dois projetos completos na cidade são mundos separados – o Museu Guggenheim e esta residência – mas ambos acrescentam muito à história arquitetônica de Nova York. Crimson Beech é uma casa pré-fabricada projetada por Wright no estilo usoniano, que é sua marca registrada. Foi construída em uma fábrica no Wisconsin e embarcada para Staten Island, onde foi erguida, em 1959.

Destaque baixo
Um projeto que "abraça" o chão, enfatizado por faixas horizontais e um telhado com pouca inclinação era uma marca de quase todos os projetos residenciais de Frank Lloyd Wright. Ele era famoso por insistir em projetar todos os aspectos das casas de seus clientes, da chaminé aos talheres. Este aqui, entretanto, é um exemplo de seu interesse no design pré-fabricado padronizado.

Elevação dos dois andares

Embora vista da rua a casa pareça ter apenas um pavimento, o terreno em declive foi usado e a elevação posterior revela dois andares. A fachada externa é de tijolos vermelhos e masonite branca. Ripas de madeira correm horizontalmente para enfatizar a linearidade do projeto. A apreciação que Wright tinha por materiais e suas combinações criam uma fachada muito detalhada.

Caixa de correio

A primeira insinuação de que esta casa é algo especial aparece logo na entrada da propriedade. Lá fica a caixa do correio, uma peça de design de metal esculpido, completa com uma barbatana decorada, assente sobre um pilar de tijolos. Wright poderia ter-se aprofundado na produção em massa de casas, mas a peculiaridade idiossincrática de seus projetos perdurava. Na realidade, ele se deleitava em criar pequenas gemas como esta.

Entrada

As ripas de madeira de lei que listram a fachada frontal parecem mostrar o caminho até a entrada principal. Elas também funcionam em combinação com as linhas horizontais do painel de aço revestido de uma liga de chumbo-estanho do teto para exagerar ainda mais a natureza linear dos projetos de Wright.

A High Line

Localização

10th Avenue entre Gansevoort Street com West 34th Street, Manhattan

Construída em *1934*

Arquitetos

New York Central Railroad, Diller, Scofidio & Renfro

Construída entre 1929 e 1934, a High Line era uma ferrovia elevada usada para transportar carga ao longo da beira d'água do West Side, removendo assim do nível da rua os notoriamente perigosos trens. Parcialmente demolida em 1960 e completamente abandonada em 1980, a High Line teve recentemente um novo sopro de vida como um parque público linear, projetado por Diller, Scofidio & Renfro e pelos paisagistas da firma Field Operations. Em seções da pista elevada foram construídos habitats de plantas e animais, passagens para pedestres, bancos e outras instalações. O efeito cria um passeio surreal pela vida selvagem e os arranha-céus.

Passeio na ferrovia

Antes uma ruína abandonada e uma esmigalhada lembrança do passado industrial do West Side, a High Line foi revitalizada e transporta tráfego de pedestres em vez de vagões de carga. A renovação inclui plantios naturalísticos e agriculturais, enquanto seções da via férrea foram conservadas como lembranças históricas.

High Line histórica

A imagem mostra os trilhos originais no nível da rua ao lado da High Line recentemente construída. Apoiada em pilares de aço, a antiga linha férrea foi construída pela New York Central Railroad a um custo de 150 milhões de dólares. Correndo através de armazéns, ela era usada para transportar mercadoria dos navios às fábricas. A remoção dos trilhos das vias diminuiu o congestionamento e a possibilidade de acidentes entre trens, veículos de rodagem e pedestres.

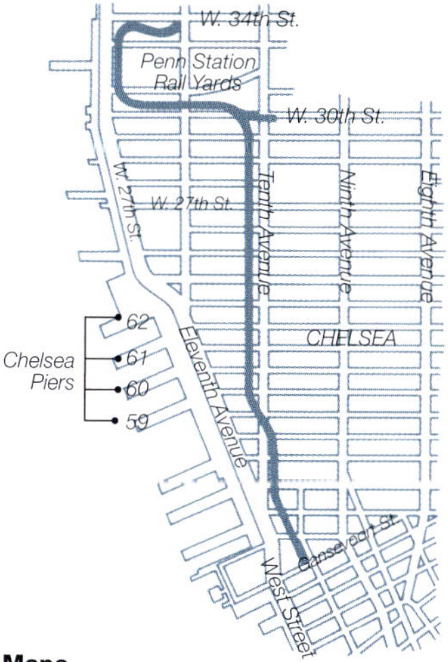

Mapa

Este mapa mostra toda a extensão da linha quando era operacional, transportando carga. O novo parque da High Line foi renovado em seções, com a parte meridional, da Rua Gansevoort até a Rua 20 Oeste, completada em 2009.

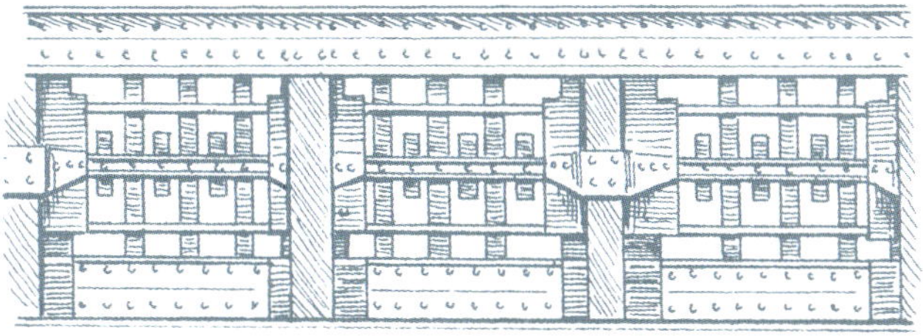

Pilares

O arcabouço estrutural da High Line não foi construído como uma afirmação arquitetônica, mas como um sistema de entrega sobre trilhos. Este funcionalismo rigoroso é um dos charmes da via elevada, salientando sua história como parte do passado industrial da cidade. Note as peças de aço pesado, atualmente usadas para sustentar o parque linear.

Edifício Two Columbus Circle

Localização
2 Columbus Circle, Manhattan

Construído em *1964*

Arquitetos
Edward Durell Stone

Projetado como uma galeria de arte para abrigar a coleção de Huntington Hartford, herdeiro do império do A&P Supermarket, o edifício Two Columbus Circle era originalmente um projeto modernista que introduziu traços ocidentais na fachada. Apelidado de edifício Pirulito devido a uma severa resenha feita pela crítica Ada Louise Huxtable, que zombava das colunas com formas incomuns, o edifício era, no entanto, amado por muitos em Nova York. Em 2007 a fachada foi drasticamente remodelada pelo novo ocupante do edifício, o Museum of Arts & Design, e, mais uma vez, foi ridicularizado na imprensa.

A esquisitice de Colombo
Visto de um dos vários arranha-céus em volta, Two Columbus Circle torna-se um anão perto de seus vizinhos. Erigido em um terreno de formato trapezoidal, dele vê-se, olhando para além das pistas de tráfego, a estátua de Cristóvão Colombo, criada pelo escultor italiano Gaetano Russo.

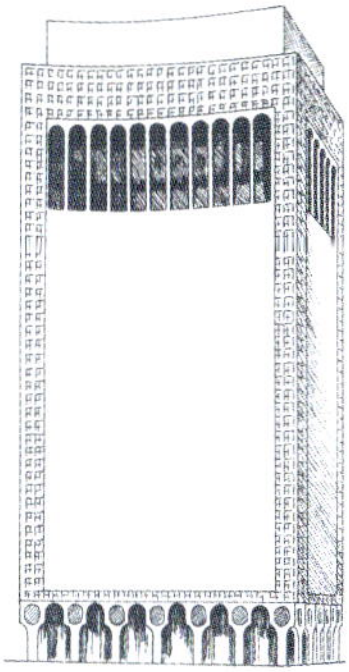

Aparência histórica

Originalmente, o edifício era revestido de mármore branco de Vermont, em vez da terracota vitrificada e vidro de hoje. O arquiteto Edward Durrel Stone era fascinado por padrões geométricos, e os desenhos de filigrana e as aberturas em arco aqui usados são um interessante acréscimo a um design minimalista.

Vista moderna

Apesar da oposição, o Museu de Artes e Design alterou radicalmente o exterior do edifício, recobrindo a fachada, originalmente de mármore, com terracota vitrificada e vidro. Rumores de idas e vindas desleais para influenciar decisões sobre a reforma, junto com críticas maldosas na imprensa, perseguiram o edifício desde sua renovação.

Pilares pirulitos

Com a arquitetura por trás do apelido, estas colunas ao nível do chão sustentam a fachada côncava de mármore do edifício. Únicos em seu design, eles acrescentam um sentido de brincadeira a um edifício que é, em sua maior parte, uma placa monolítica.

Vista interna

Uma vista do interior ilustra o talento de Stone em criar dramaticidade através de padrões de abertura na fachada. Aqui, os arcos ombreados apresentam um aspecto cultural, enquanto a nova fachada externa envidraçada é um simples anteparo contra as condições atmosféricas.

Ponte Arthur Kill

Localização
Staten Island e Elizabeth, Nova Jersey

Construído em *1959*

Arquitetos
Baltimore & Ohio Railroad

Mais uma realização de engenharia do que um tesouro arquitetônico, todavia intrigante, a ponte Arthur Kill é a maior ponte de elevação vertical do mundo. Quando originalmente construída, pensava-se que seria uma bênção para as principais indústrias de Staten Island. Pouco depois, entretanto, os negócios começaram a decair e houve uma mudança geral no tráfego rodoviário de carga. A ponte tornou-se obsoleta e foi fechada em 1991. Hoje, ela está renovada e reaberta para transportar lixo da Estação de Transferência de Staten Island.

Tempo atravessado
Cobrindo a largura de 170 metros de um canal sujeito a marés, a ponte erguida verticalmente serve como lembrança do passado industrial de Nova York, tanto a indústria para a qual foi construída para servir quanto à natureza industrial de seu projeto. Esta ponte substituiu outra mais antiga, com movimento giratório.

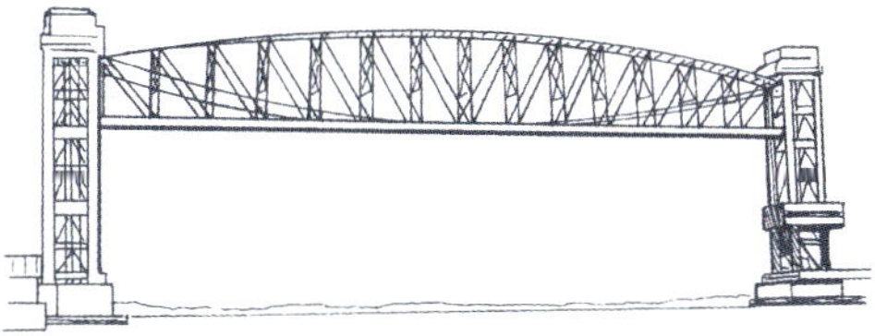

Ponte levantada

Este incomum desenho da ponte significa que a armação central está em posição levantada, 30 metros acima da água quando não em uso, o que permite o tráfego de barcos por baixo.

Ponte abaixada

A armação da ponte é abaixada (à direita) por meio de motores em cada uma das duas torres de 65,50 metros de altura. Isso a posiciona em nível com os trilhos, de cada lado, e permite a travessia do trem de lixo.

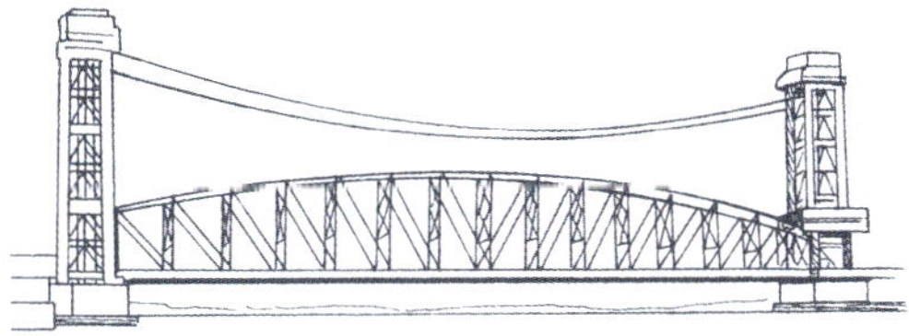

Vista ao longo dos trilhos

O vão gigante da armação é de 41 metros em sua seção central mais alta. Ela leva os trilhos da ferrovia de Staten Island até terra firme, em Nova Jersey. Construída com vigas de aço e treliças laterais para dar estabilidade, a ponte é uma forte afirmação de excelência da engenharia.

Pilares

Vista por quem vem de Staten Island, a ferrovia é elevada para se ligar ao pé da ponte. Aqui, simples pilares de concreto armado e pesadas vigas em "I" levam os trilhos em direção à imponente vista, que é uma das menos conhecidas de Nova York, porém dos mais avançados projetos de ponte.

Casas Williamsburg

Localização
Maujer Street em direção à Scholes Street, Leonard Street em direção à Bushwick Avenue, Brooklyn

Construído em *1937*

Arquitetos
NYC Housing Authority, William Lescaze

O primeiro empreendimento imobiliário de casas sociais modernista em Nova York, ao qual foi conferido o status de Marco da Cidade, é um imenso projeto que cobre pouco mais de 93 mil metros quadrados, no Brooklyn. Substituindo 12 cortiços, as casas foram construídas como parte do Programa Federal de Habitação, e os novos ocupantes eram exclusivamente pessoas desprivilegiadas. Tendo custado 12,8 milhões de dólares para ser construído, em 1937, o projeto inclui edifícios de apartamentos com 24 andares que acomodam 1.622 famílias. O empreendimento passou por maus momentos, mas foi reformado em finais dos anos 1990 a um custo de 70 milhões de dólares.

Residências da época
Enfeitado depois de seu 15º aniversário, o empreendimento parece agora maior do que em 1937. As faixas de lajes de piso, de concreto armado, estendem-se pelo perímetro do edifício, e tijolos amarelo-couro são usados como preenchimento. Na parte de baixo, tijolos de vidro, um favorito do Modernismo, formam uma parede translúcida para os locais de comércio.

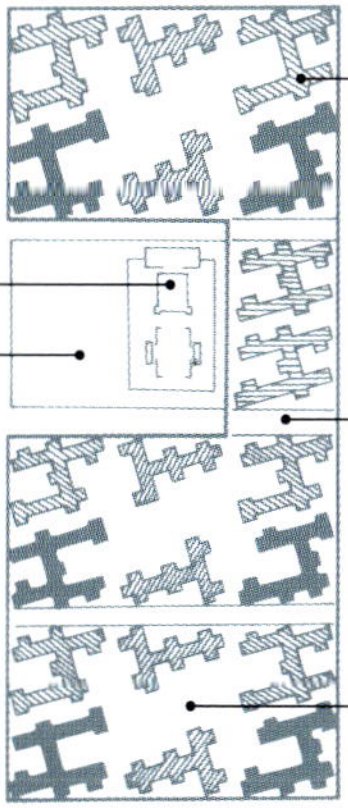

Fotografia histórica

Esta histórica fotografia aérea mostra o empreendimento de casas, novo em folha, em sua totalidade. No centro estão o edifício grande, que é a escola secundária William J. Gaynor Junior, um parque e um playground. O projeto foi um afastamento modernista dos projetos convencionais de casas sociais daquele tempo, motivado pelo fato de William Lezcase, arquiteto suíço, ser o líder do projeto.

Planta do empreendimento

Em contraste com o padrão em grade das vias existentes, os quatro superblocos são girados a um ângulo de 15 graus em relação às ruas para melhor orientá-los em direção ao sol. Foi uma decisão simples de projeto, mas essencial. Somem-se a isso os espaços verdes entre os edifícios, e o empreendimento tornou-se um triunfo de projeto para casas sociais em uma era em que tantos falharam. Como tal, ainda é um local para se viver hoje em dia tão popular quanto quando foi concluído, em 1937.

Fachada

Os edifícios foram projetados na forma de um crucifixo prolongado para criar espaços exteriores relativamente íntimos dentro do empreendimento. As fachadas eram revestidas de tijolos e concreto de cores claras e as entradas marcadas por ladrilhos azul-escuros e marquises de aço inoxidável. Durante as recentes restaurações, todos os materiais externos foram repostos.

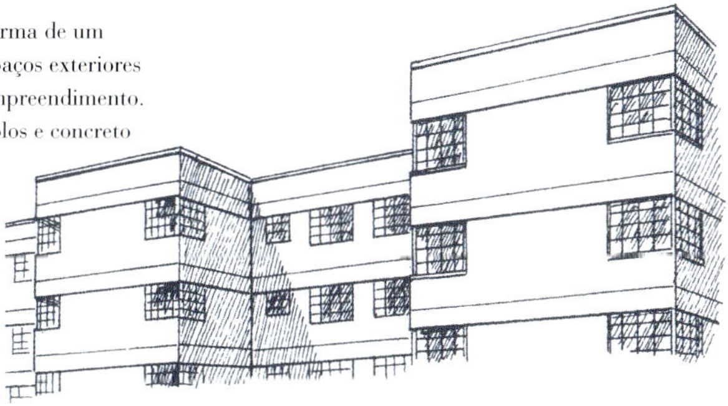

Casa de Edward Durell Stone

Localização
130 East 64th Street, Manhattan

Construída em *1956*

Arquitetos
Edward Durell Stone

Remover da parte frontal o arenito castanho-avermelhado da era vitoriana, acrescentar janelas do piso ao teto, e depois cobrir toda a fachada com uma grade de concreto, tudo isso somado perturbou os críticos de arquitetura e os vizinhos de Edward Durrell Stone. A grade permanece, e foi até concedido à casa o status de Marco da Cidade. Assim, quando, em finais dos anos 1980, ela foi demolida devido ao mau estado, a viúva de Stone – e proprietária do terreno – foi notificada devido a uma violação do status de marco, insistindo para que a casa fosse reconstruída. Amando-a ou odiando-a, a casa de Edward Durrel Stone é uma peça permanente da história arquitetônica de Nova York.

Uma grelha na fachada
Hoje em dia, a Casa de Edward Durell Stone jamais seria autorizada a ser construída. Entretanto, ela foi adaptada em 1956, vinte anos antes da criação do Distrito Histórico do East Side e, desde então, tem sido reformada de modo a garantir que este projeto, único, permaneça pelos muitos anos que ainda virão.

Antes

Mesmo sem a grade, a fachada frontal é notavelmente diferente das de seus vizinhos. Mais modernista em seu projeto, ela abstém-se de janelas salientes e cornijas, confiando nas linhas limpas e na boa forma arquitetônica para se destacar das casas tradicionais que a rodeiam.

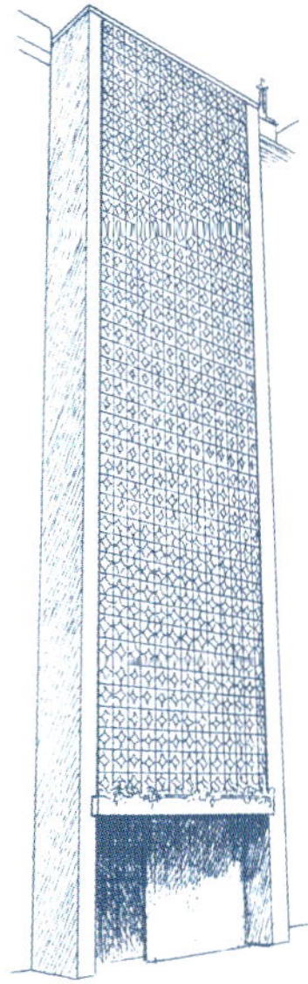

Depois

Com a grade de concreto no lugar, a visão para dentro da casa, de quem está na rua, é completamente bloqueada e a luz solar é difundida de maneira drástica. Entretanto, de dentro da casa, os ocupantes podem, estando em um plano mais elevado, ver a rua, bem como olhar através da grade, a partir do tranquilo santuário do interior.

Detalhe da grade

Tendo usado previamente este mesmo padrão de blocos de concreto decorativos na embaixada americana em Nova Déli, Stone cobriu o arenito castanho-avermelhado da era vitoriana com uma fachada similar. Críticos de arquitetura classificam seus projetos de "Modernismo romântico", citando a maneira pela qual eles incorporam elementos decorativos em um design funcional.

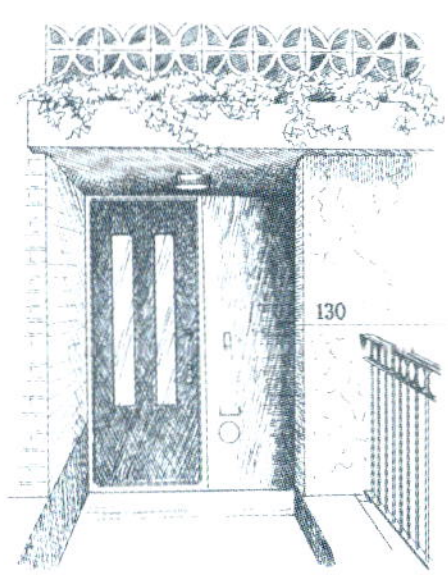

Entrada funcional

Mais declaradamente moderna do que a fachada decorada acima, a entrada para a casa de Stone é funcional: recuada da fachada e abrigada da vista por um vestíbulo coberto. Painéis de mármore branco, sobre um dos quais o número da casa é afixado, apresenta uma estética limpa que dá indicações do projeto de interior da casa.

Ponte Verrazano-Narrows

Localização
Verrazano Narrows, entre Staten Island e Brooklyn

Construído em *1964*

Arquitetos
Othmar Ammann, Milton Brumer

Uma linha de demarcação entre as partes alta e baixa do porto de Nova York, a ponte Verrazano-Narrows é a primeira indicação real da arquitetura monumental que a cidade tem para oferecer aos visitantes que a ela chegam por mar. Ligando Brooklyn a Staten Island, a ponte tem o nome de Giovanni da Verrazano, o primeiro navegador europeu a entrar no porto de Nova York. Hoje em dia, a ponte, um belo exemplo de expressionismo estrutural, abriga a largada para a maratona de Nova York, quando milhares de atletas correm entre seus imponentes pilares em arcos.

A mais comprida dos Estados Unidos

Quando foi construída, a ponte tinha o maior vão do mundo, com quase 1.300 metros, e permanece sendo a ponte de maior vão das Américas. A construção durou pouco mais de cinco anos, e a pista superior foi inaugurada em 21 de novembro de 1964. A de baixo foi inaugurada em 28 de junho de 1969.

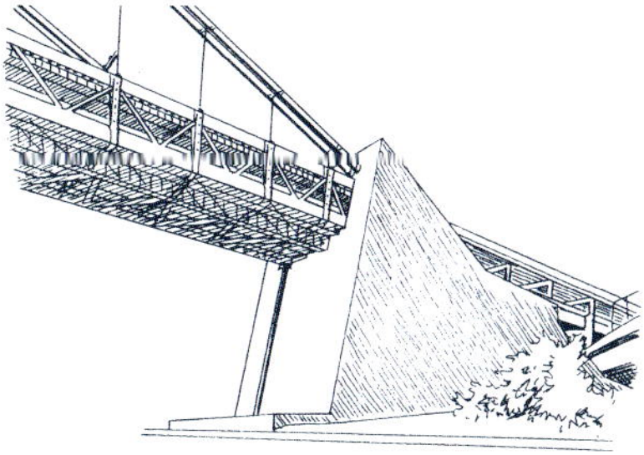

Vista aérea

Esta vista, olhando para os cabos de suspensão do alto de um dos pilares, destaca o tamanho e a altura da ponte. Cada uma das duas torres contém um milhão de parafusos e três milhões de rebites. Cada um dos quatro cabos de suspensão é feito de 26.108 fios de arame.

Pilar e cabo

As duas torres alcançam uma altura de 210 metros e, devido a ela, mais o vão entre ambas, o time de projetistas teve que levar em consideração a curvatura da Terra em seus cálculos. Como resultado, as torres são mais separadas em seu topo do que na base.

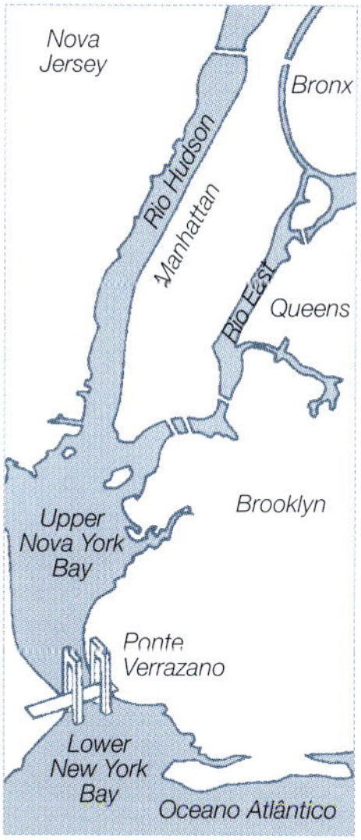

Placa

A sinalização na ponte dizendo "Brooklyn/ Staten Island" é uma marcação oficial da fronteira entre os dois distritos.

Localização em relação a Manhattan

A ponte pode ser vista como o ponto oficial de entrada em Nova York. Sua posição marca a saída do Oceano Atlântico e o início da Upper New York Bay, que dá acesso aos rios Hudson e East. A ponte em si é tão alta que pode ser avistada de pontos elevados em todos os cinco distritos.

Queens Theatre in the Park

Localização
Corona Park, Flushing Meadows, Queens

Construído em *1964*

Arquitetos
Philip Johnson

Originalmente o Pavilhão do Estado de Nova York, projetado por Philip Johnson para a Feira Mundial em Corona Park, em 1964, este extravagante edifício foi convertido em um teatro em 1972. Um grupo teatral, o Queens Theatre in the Park, assumiu o edifício e o inaugurou como uma organização sem fins lucrativos, em 1993. Um dos poucos edifícios da feira ainda existentes, o teatro é uma combinação de três estruturas – a Tenda do Amanhã, torres de observação e o Circarama. O teatro atualmente ocupa o Circarama e os outros dois elementos do pavilhão permanecem sem uso e enferrujando.

Passado futurista
Uma combinação de ruína e renovação, o Pavilhão do Estado de Nova York é um bom exemplo tanto da prodigalidade da Feira Mundial de 1964, com seus pavilhões custando milhões de dólares e depois sendo desmontados ou deixados apodrecer, quanto da inovaçao de comunidades locais, incluindo o distrito de Queens, que apoiaram a criação, no local, do maravilhoso teatro.

Foto de arquivo

Nesta imagem, o menor edifício cilíndrico é o que hoje em dia é o teatro. As três torres de observação eram as estruturas mais altas da feira, servidas por elevadores capsulares. A cobertura elíptica apoiada em colunas com 30 metros de altura era a Tenda do Amanhã, tendo como piso um mapa gigante do Estado de Nova York, feito de mosaico *terrazzo*.

Entrada principal

O Circarama foi projetado para exibir filmes de Nova York em 360 graus. O trabalho de Philip Johnson é incomum na medida em que se afasta de seu gênero anterior, estritamente miesino (de Mies van der Rohe), e torna-se mais divertido. Críticos da época o apelidaram de "futurismo", mas agora é reconhecido como o momento em que Johnson começou a flertar com o Pós-Modernismo.

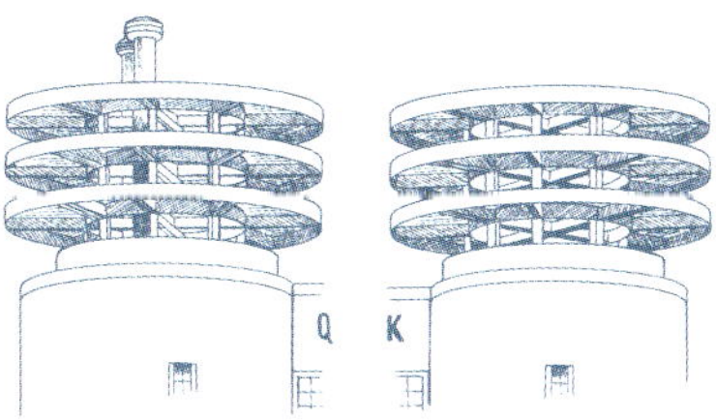

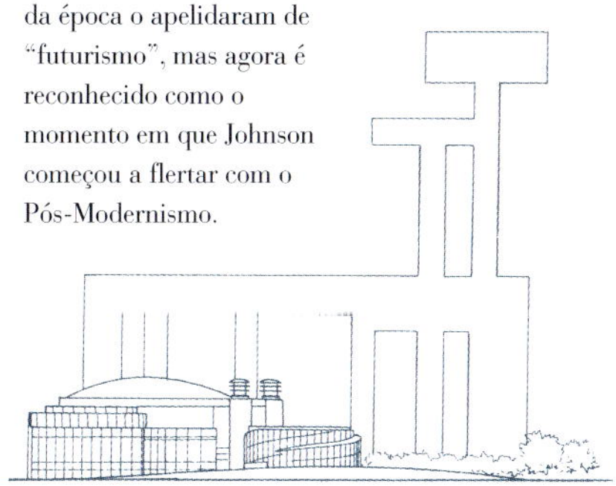

Torres

As duas torres na entrada do teatro são expressões em miniatura das gigantescas torres de observação, situadas atrás delas, que hoje se encontram abandonadas. Iluminadas à noite, elas formam faróis de orientação para quem vai ao teatro, ao mesmo tempo em que complementam o design cilíndrico do edifício.

Corte

Esta representação em corte do teatro e de outras estruturas construídas para a Feira Mundial de 1964 ilustra a escala absoluta dos dois elementos agora abandonados. O relativamente diminuto teatro, em primeiro plano, é como se fosse um anão, comparado à Tenda do Amanhã e às torres de observação.

Salão da Ciência de Nova York

Localização
Corona Park, Flushing Meadows, Queens

Construído em *1964*

Arquitetos
Harrison & Abramovitz

Junto com o Queens Theatre in the Park, o Salão da Ciência de Nova York é uma das poucas estruturas que restaram da Feira Mundial de 1964. Foi projetado como um museu de ciências para a feira e assim continua, embora tivessem sido feitos acréscimos para acomodar mais exposições. O salão original é uma grande estrutura de concreto e vidro que parece com um tapete parcialmente desenrolado, de pé. Uma atração em si, ele abriga veículos da era espacial que pairavam sobre as cabeças dos visitantes. Hoje, o novo pavilhão de entrada apresenta uma face mais convidativa para o histórico pavilhão de concreto e vidro atrás.

Construindo ciência

Aqui vemos a nova ala de entrada do Salão da Ciência de Nova York. Construída muito depois do salão de concreto e vidro original, que pode ser visto atrás, é um simpático acréscimo moderno. A rotunda e as paredes curvas da nova ala fazem eco à forma flutuante do salão existente.

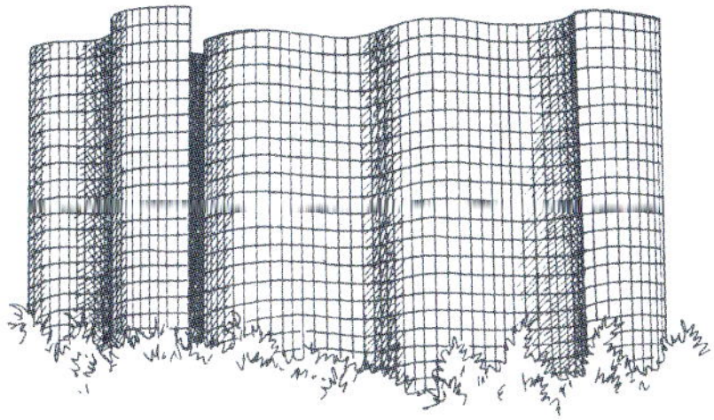

Fachada principal

O projeto incomum de Harrison & Abramovitz foi um fenômeno na Feira Mundial. Visitantes afluíam para ver tanto o edifício quanto a tecnologia espacial que havia lá dentro. O projeto em si recorda, em suas aspirações modernistas, o Pavilhão Philips projetado por Le Corbusier para a Feira Mundial de Bruxelas de 1958.

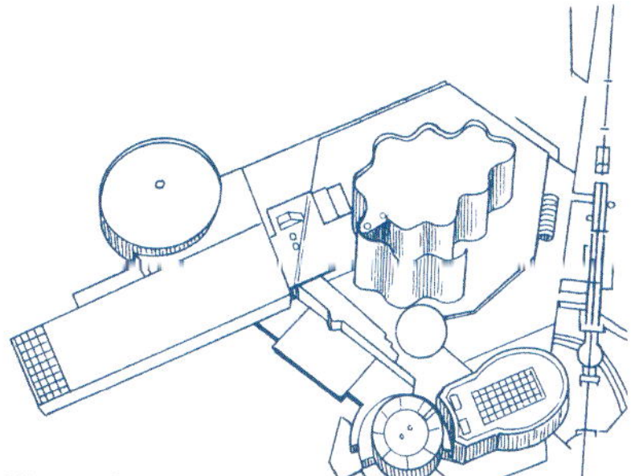

Vista aérea do terreno

O Salão da Ciência original pode ser visto aqui como o edifício de forma ondulada no lado superior direito do conjunto de edifícios. À sua direita, o eixo diagonal marca onde os foguetes eram exibidos. Todos os outros edifícios são acréscimos que foram sendo construídos à medida que o museu crescia em importância e popularidade.

Design interno

Olhando a fachada do grande salão pela parte de dentro é possível apreciar o notável design do edifício. A forma ondulante e a natureza da grade da casca de concreto dão grande estabilidade, enquanto o vidro colorido decorativo é iluminado pela luz do sol sem permitir a entrada de muito calor.

Parque dos foguetes

Os foguetes (Mercury--Atlas e Gemini-Titan) localizados ao lado do edifício foram doados pelo Programa Espacial da NASA para a Feira Mundial de 1964. Eles foram retirados depois que a feira acabou e devolvidos apenas em 1993, em seguida às restaurações do museu e dos próprios foguetes.

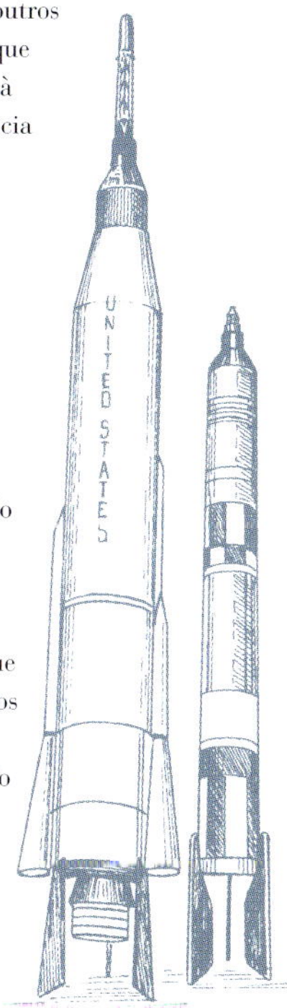

Centro de Voo da TWA

Localização
Aeroporto Internacional JFK, Queens

Construído em *1962*

Arquiteto
Eero Saarinen

Nenhum edifício exemplifica melhor o prazer de voar e o excitamento da era do jato do que o Centro de Voo da TWA, projetado pelo arquiteto finlandês Eero Saarinen. O próprio edifício tem asas e, a despeito de ser construído quase que inteiramente de concreto, tem um extraordinário senso de leveza. A entrada é sob uma "fuselagem" de teto baixo através de uma fachada envidraçada que, debaixo de uma cobertura em balanço, aparenta ser escura. Uma vez lá dentro, o aeroporto se abre à sua frente e uma grande janela proporciona vistas das pistas, situadas mais longe.

Concreto voador
O projeto de Saarinen consegue fazer com que o concreto aparente leveza ao estender as asas do edifício para cima, enquanto na parte de dentro as escadas parecem flutuar no espaço.

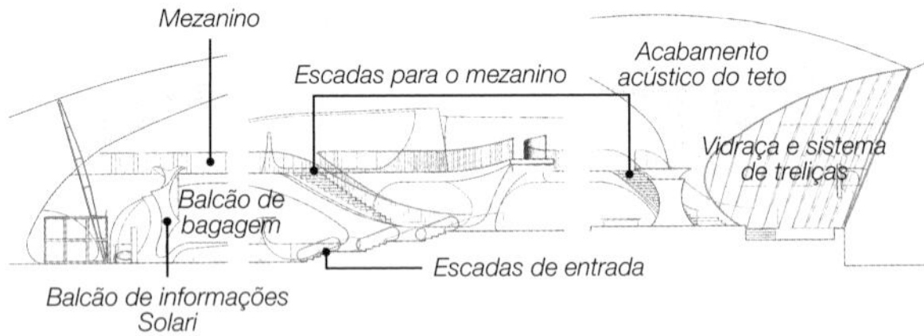

Elevação

Olhando o Centro de Voo de um ponto elevado imaginário da pista é possível apreciar o tamanho da janela de observação (acima, à direita). Saarinen projetou a forma do teto de concreto como uma fina capa que transmite carga até o nível do chão, irradiando e espalhando forças igualmente por toda a estrutura.

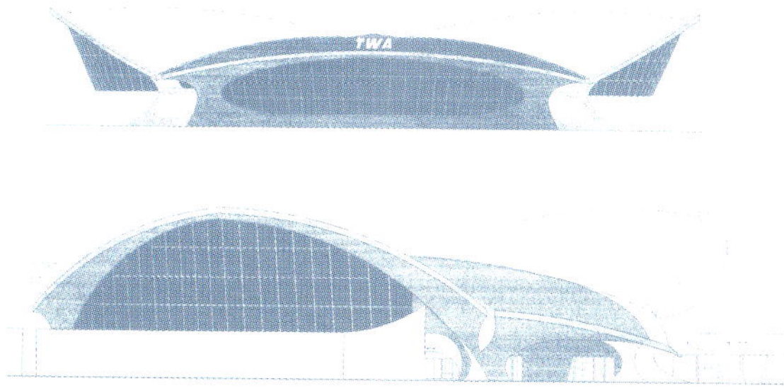

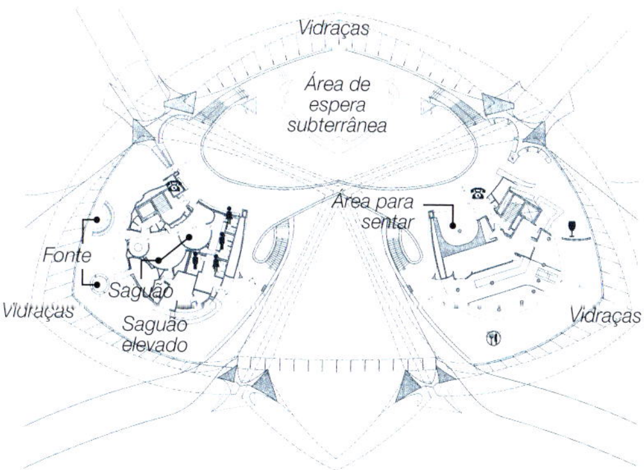

Planta baixa

Ao chegarem, os viajantes são saudados por ampla vista do aeroporto mais além, enquanto o acesso aos portões – um acréscimo mais novo – se situa em cada lado do salão de espera principal.

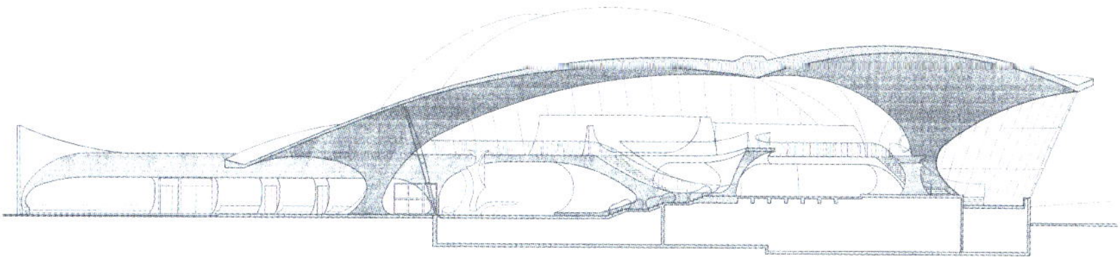

Seção transversal

Uma seção transversal através do edifício ilustra a forma dinâmica do projeto de Saarinen. Mostra também os níveis dos dois andares e as dimensões delgadas da casca de concreto. Quase não há linhas retas no edifício, porque o arquiteto queria evocar um futurismo e uma estética futurística.

Museu Solomon R. Guggenheim

Localização
1071 Fifth Avenue Manhattan

Construído em *1959*

Arquiteto
Frank Lloyd Wright

Ícone idiossincrático
Vários edifícios em Nova York podem ser chamados de únicos, mas nenhum é tão diferente dos outros quanto o Museu Guggenheim. Esta espiralada excentricidade estrutural, junto com o edifício Empire State, ocupa o lugar de um ícone da arquitetura nova-iorquina.

Criticado inicialmente porque seu projeto arquitetônico obscurecia a arte ali exposta, e por suas paredes curvas, que dificultavam pendurar obras de arte, o Solomon R. Guggenheim Museum é possivelmente o edifício mais famoso de Frank Lloyd Wright. Mesmo antes de a construção começar, o edifício e seu arquiteto atraíam manchetes. Famoso por sua sinceridade, Wright declarava que seu novo museu faria o Metropolitan Museum of Art, próximo dali, parecer uma fazenda protestante. Durante a construção, uma delegação de 21 artistas, incluindo Willem de Kooning e Robert Motherwell, assinou uma carta protestando que suas obras estavam sendo expostas em espaço tão inconvencional. Wright rebateu dizendo aos artistas que eles deveriam produzir obras de arte que se ajustassem à nova galeria. O museu foi projetado em meados dos anos 1940, mas sua construção foi retardada pela Segunda Guerra Mundial e pela morte de Guggenheim. Infelizmente, Wright também morreu apenas meses antes de o edifício ser inaugurado. Em 1922, uma torre de dez andares foi acrescentada ao edifício curvilíneo. Projetada por Gwathmey Siegel & Associates Architects, foi um acréscimo controverso porque, àquela altura, a obra-prima de Wright tinha se tornado um dos edifícios mais icônicos de Nova York.

THE

Museu Solomon R. Guggenheim

Belas singularidades

Embora pareça impenetrável do exterior, o Guggenheim é recheado de luz, graças a uma grande claraboia no teto. O edifício é cheio de surpresas.

Em foco

O museu é, em essência, uma espiral de concreto armado virada para cima. Entretanto, esta simplificação sobre a forma do edifício faz pouca justiça à sua majestade, e Wright o visionava como uma onda, calma e sem quebrar. Wright reinventou a maneira de as pessoas verem obras de arte, criando um caminho contínuo ao longo do qual elas são expostas. A rotunda central é iluminada por um dramático domo de vidro armado em nervuras planas. Infelizmente, embora ilumine bem o espaço central abaixo, os largos caminhos em balanço fazem sombra sobre as obras, o que torna necessária luz artificial adicional. A nova torre de dez andares que foi acrescentada nos fundos do edifício de Wright é um contraste dramático. Também modernista em estilo, ela é, entretanto, retangular e em desacordo com as curvas do museu original. Internamente, os projetistas de Gwathmey Siegel & Associates Architects usaram a ideia do projeto da rampa contínua de Wright em um formato retilíneo. O resultado dos edifícios ligados proporciona uma experiência visual única.

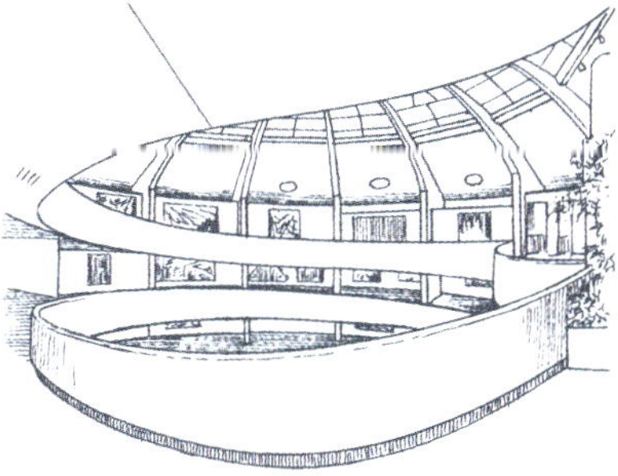

Rampa

Wright tomou a decisão de projetar o museu como uma única espiral helicoidal porque ele imaginava os visitantes subindo de elevador até o topo e, de lá, descendo as voltas da rampa gradualmente, para ver as obras de arte e, eventualmente, chegar à saída no primeiro andar.

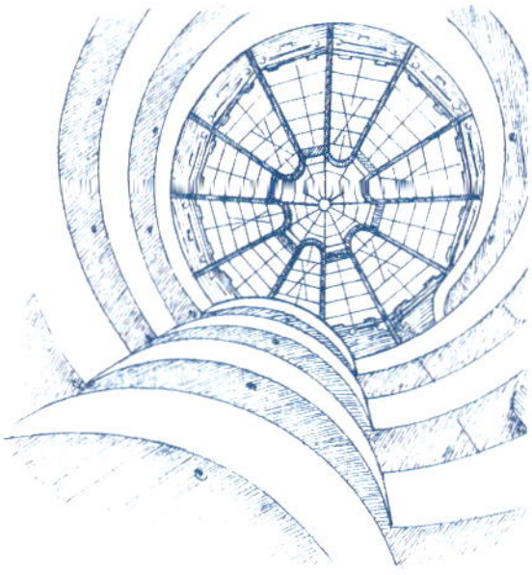

Claraboia

A claraboia circular montada sobre armação de aço acima do pátio central é uma reverência a uma arquitetura mais clássica e um exemplo do projeto idiossincrático de Wright, que era moderno na investida contra fronteiras, mas não seguiu qualquer estilo prescrito.

Curvas encontram o poço do elevador

Para preservar externamente a faixa circular flutuante, a rampa interna se projeta para dentro e envolve o poço do elevador. Mesmo aqui, em uma difícil junção de forma e função, o projeto de Wright mantém sua integridade e beleza.

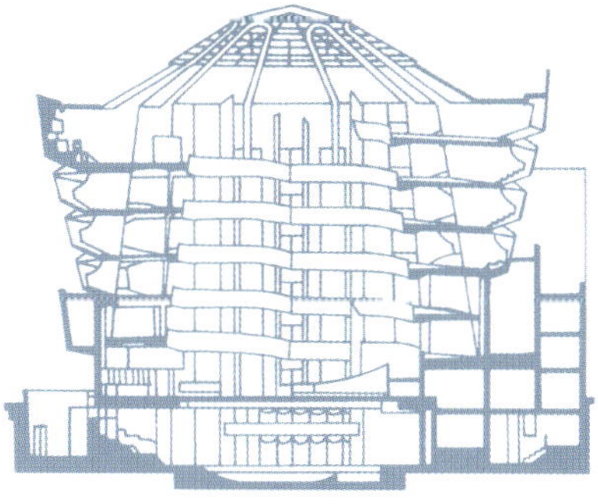

Corte

A espiral de concreto armado pende externamente para fora e internamente para dentro, impelindo aos limites a tecnologia de construção da época. Adicionalmente, esta vista ilustra o tamanho e a altura da claraboia, apoiada apenas em suas bordas externas.

Mapa de localização

O Modernismo virou a cabeça da arquitetura no princípio do século XX, mas foi nos anos 1950 que ele realmente teve um impacto sobre Nova York. O estilo internacional – uma ramificação dos ideais modernistas – trouxe arranha-céus cobertos de vidro para as ruas da cidade, enquanto o futurismo desafiava os ideais clássicos com projetos grotescos que hoje em dia parecem quase cômicos em seu otimismo da era espacial. Para um contraste maravilhoso, compare a rígida formalidade modernista do edifício Seagram com as divertidas curvas do Centro de Voos da TWA, no Aeroporto Internacional JFK.

1 **Sede das Nações Unidas**
First Avenue entre East 42nd e East 48th Streets *página 156*

2 **Museu de Arte Moderna (MoMA)**
11 West 53rd Street
página 160

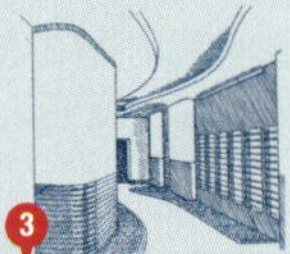

3 **Nova Escola de Pesquisa Social**
66 West 12th Street
página 162

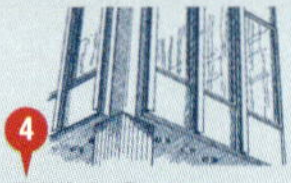

4 **Edifício Seagram**
375 Park Avenue
página 164

5 **A Casa Lever**
390 Park Avenue
página 166

6 **Edifício Starrett-Lehigh**
601 West 26th Street
página 168

7 **Manufacturers Trust Company**
510 Fifth Avenue
página 170

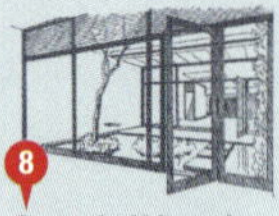

8 **Casa de Hóspedes Rockfeller**
242 East 52nd Street
página 172

9 **Crimson Beech**
Lighthouse Hill
página 174

10 **A High Line**
10th Avenue entre Gansevoort e West 34th Street *página 176*

11 **Edifício Two Columbus Circle**
Two Columbus Circle
página 178

12 **Ponte Arthur Kill**
Staten Island e Elizabeth, Nova Jersey
página 180

13 **Casas Willimsburg**
Maujer Street em direção à Scholes Street, Leonard Street em direção à Bushwick Avenue
página 182

14 **Casa Edward Durell Stone**
130 East 64th Street
página 184

15 **Ponte Verrazano-Narrows**
Entre Staten Island e Brooklyn
página 186

16 **Queens Theatre in the Park**
Corona Park, Flushing Meadows
página 188

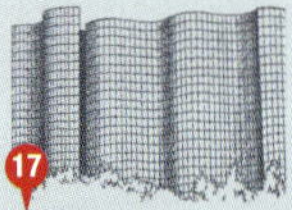

17 **Salão da Ciência de Nova York**
Corona Park, Flushing Meadows
página 190

18 **Centro de Voo da TWA**
Aeroporto Internacional JFK
página 192

19 **Museu Solomon R. Guggenheim**
1071 Fifth Avenue
página 194

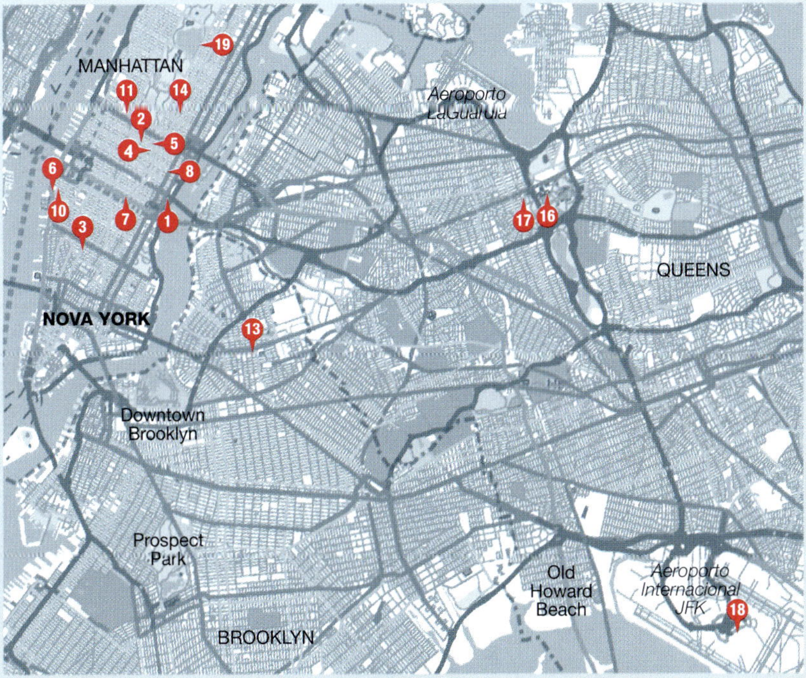
MANHATTAN
19
11
14
2
5
4
6
8
10
7
1
3
Aeroporto LaGuardia
17
16
QUEENS
NOVA YORK
13
Downtown Brooklyn
Prospect Park
Old Howard Beach
Aeroporto Internacional JFK
18
BROOKLYN

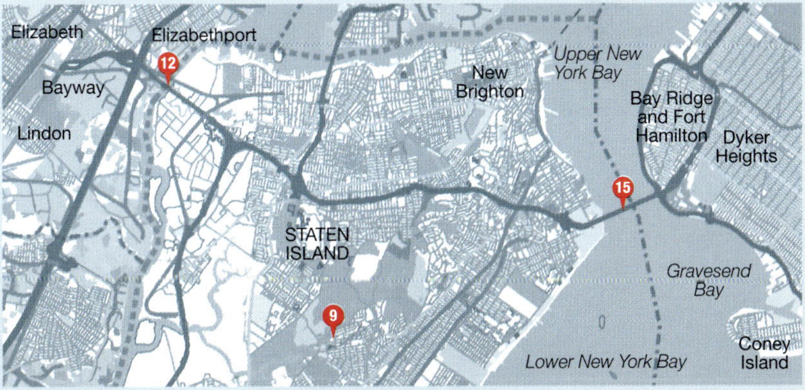
Elizabeth
Elizabethport
12
Bayway
Lindon
New Brighton
Upper New York Bay
Bay Ridge and Fort Hamilton
Dyker Heights
15
STATEN ISLAND
Gravesend Bay
9
Lower New York Bay
Coney Island

Introdução

Um tanto de Modernismo

Os edifícios mais novos de Nova York, incluindo o Eight Spruce Street, combinam a eficiência modernista a traços estilísticos com os quais não era possível sonhar antes de virem à cena avançadas técnicas digitais de design.

A arquitetura moderna é um produto do século XX e, mais ainda, uma reação contra os gestos arquitetônicos grandiosos do passado. Tornando-se mais conhecido entre as duas Guerras Mundiais, o Modernismo focava em forma, linhas e funcionalidade, em oposição à decoração. Daí, às vezes, ser mais difícil apreciá-lo com olhos não treinados.

Muitos projetos modernistas foram aclamados pela comunidade arquitetônica, mas odiados pelo público. Empreendimentos habitacionais de grande escala, que foram projetados com bons ideais, fracassaram. Projetos totalmente inspirados pelo Modernismo foram então arrasados para se construir de forma "tradicional", porque as pessoas a aceitam mais facilmente.

Uma solução populista para a severidade do Modernismo foi o Pós-Modernismo, que usou as ideias espaciais e funcionais do movimento modernista e as enfeitou com cores e ornamentação. Entretanto, isto foi apenas uma moda passageira. Nova York tem bons e menos brilhantes exemplos de projetos pós-modernistas – o Austrian Cultural Forum, de Raimund Abraham, é arquitetura pós-moderna séria. O edifício Sony, de Philip Johnson, por sua vez,, é um exemplo da ironia grosseira do movimento.

Hoje, a arquitetura se move para frente em um estilo menos definido. One World Trade Center é um exemplo de uma nova era.

Edifício do *New York Times*

Localização
620 Eighth Avenue
Manhattan

Construído em
2007

Arquiteto
Renzo Piano

Resistindo à tendência de criar uma torre icônica cuja silhueta seria reconhecida em todo o mundo, o arquiteto italiano Renzo Piano projetou o edifício do *New York Times* como uma máquina, uma estrutura finamente afinada que serve bem a seus ocupantes. Isso não quer dizer que o edifício não evoque uma certa aura. Com 52 andares (e apenas 61 centímetros mais baixo do que o edifício Chrysler), a nova casa do *New York Times* e dos jornais associados com certeza se destaca entre os arranha-céus de Midtown Manhattan. Em 2001, Piano venceu o concurso para projetar a nova sede do jornal, a primeira desde 1913. Seu projeto integra alta tecnologia, estilo pelo qual ele e seus colegas arquitetos, como Norman Foster, são famosos, e o estilo internacional, prevalecente nos edifícios nova-iorquinos dos anos 1950 e 1960. Por exemplo: o saguão do edifício do *New York Times* é projetado para obscurecer os espaços internos e externos, assim como fazia, e ainda faz, o saguão de Mies van der Rohe no icônico edifício Seagram. Adicionalmente, a armação estrutural da torre está à vista. Suas vigas e colunas, escoras diagonais e suportes estão na frente e no centro, para que todos vejam. O edifício é, sem dúvida, moderno e, ao mesmo tempo, nostálgico de suas raízes modernistas.

Grandes notícias
Um edifício sério para o mais proeminente grupo de notícias de Nova York, o edifício do *New York Times* é um monólito de aço e vidro que desafia arquitetos a projetar melhor e de maneira mais inteligente, em uma era quando construir para o alto apenas pelo prazer de fazê-lo não é uma opção. Forma e função estão em sintonia para fazer o edifício operar bem e com eficiência.

The New York Times
6779
Clean Air Hybrid Electric

Edifício do *New York Times*

Furo de reportagem
À noite, é possível admirar a verdadeira transparência do edifício do *New York Times*: a torre parece brilhar, orgulhosa de ser a casa do jornal mais proeminente dos Estados Unidos.

Em foco

O edifício do *New York Times* foi projetado para ser, possivelmente, o arranha-céu mais "verde" da cidade. "Possivelmente" porque seu arquiteto, Renzo Piano, recusou que o edifício recebesse o certificado de crédito ambiental conferido pelo sistema americano, dizendo que ele era apenas um exercício burocrático rotineiro. Piano simplesmente foi em frente e projetou o edifício para que fosse tão eficiente em termos de energia quanto possível. Externamente, isso é mais evidente pela presença de uma miríade de tubos horizontais de cerâmica que sombreiam o interior e difundem a luz natural que entra no edifício. Internamente, um labirinto de dutos sob o assoalho bombeia ar fresco para as áreas de trabalho nos níveis baixos, esquentando ou esfriando os ambientes de baixo para cima, e não de cima para baixo, que é mais comum, mas inerentemente ineficiente.

A qualidade do ar não pode ser julgada da rua, que é de onde a maioria das pessoas conhecerá o edifício. Elas podem, entretanto, olhar diretamente para o coração da torre de vidro e ver os jornalistas subindo e descendo o zigue-zague das escadas vermelhas que serpenteiam o perímetro do edifício. Essa transparência diferencia o projeto de Piano da maioria dos altos palácios corporativos em Nova York.

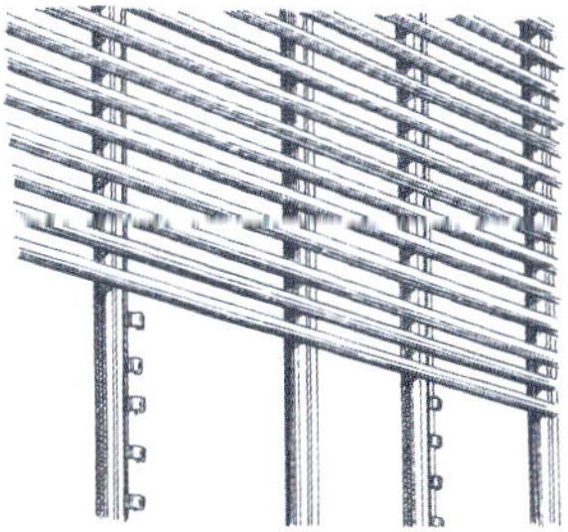

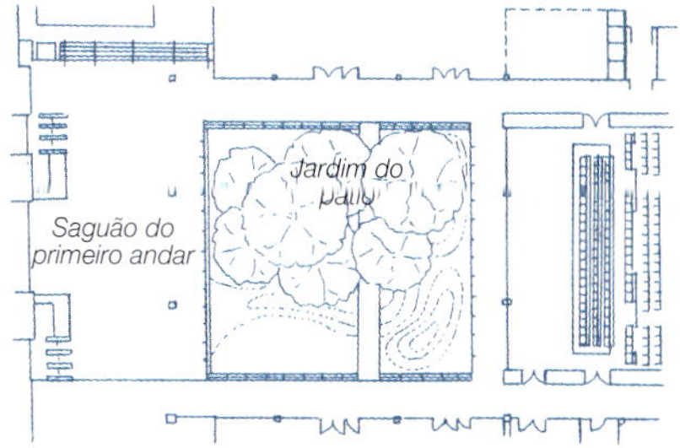

Fachada

A fachada envidraçada é coberta por uma segunda "pele" feita de 186 mil delgados tubos de cerâmica. Eles agem como para-sóis, refletindo a luz solar e o calor para longe do interior do edifício e, ao mesmo tempo, deixando entrar uma iluminação difusa que elimina o ofuscamento e cria um agradável ambiente de trabalho.

Planta do pátio

Dentro, um dos elementos mais notáveis é o jardim do pátio. Finos troncos de vidoeiro prateado crescem de um tapete musgoso, um oásis natural em completo contraste com a pedra e o vidro controlados da área do saguão atrás da qual se localiza o pátio.

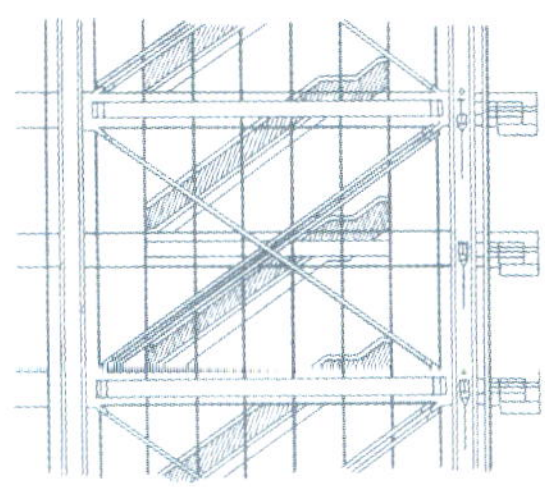

Entrada principal

O encontro do velho com o novo. O nome-marca, uma tradicional torção de letras que é instantaneamente reconhecida em todo o mundo, está brasonado sobre a segunda "pele" da nova torre de escritórios do jornal, um edifício firmemente amparado nos ideais do século XXI.

Poço da escada

Conforme o ideal modernista, a função do edifício é glorificada em sua arquitetura. Aqui, as escadas são realçadas em vermelho vivo, tornando-as altamente visíveis contra a pele envidraçada. O efeito é acentuar a transparência do edifício e permitir aos passantes reconhecer como trabalha uma das instituições mais prósperas do país.

Terminal Coney Island

Localização
Stiillwell Avenue Brooklyn

Construído em
1919; restaurado em 2004

Arquitetos
Kiss & Cathcart

Erigido sobre uma estrutura elevada, o Novo Terminal de West End foi originalmente construído em 1919 para consolidar os terminais de máquinas movidos a vapor de Coney Island. Parte importante da infraestrutura ferroviária de superfície, o terminal foi amplamente reconstruído no princípio do século XXI por Kiss & Cathcart. Os arquitetos prestaram uma homenagem à estação original usando uma fachada de terracota. Entretanto, o novo teto envidraçado do abrigo dos trens é coberto por painéis de filme fotovoltaico (solar), transformando a estação no maior terminal de trânsito de pessoas dotado de energia renovável dos Estados Unidos.

Velho e novo
A sinalização histórica e a estrutura de aço pintada de verde seguem a forma do projeto original do Novo Terminal do West End original, mas a inovação do revestimento em terracota conta a história da completa renovação da estação. O que era uma relíquia ferroviária é hoje um moderno terminal de passageiros.

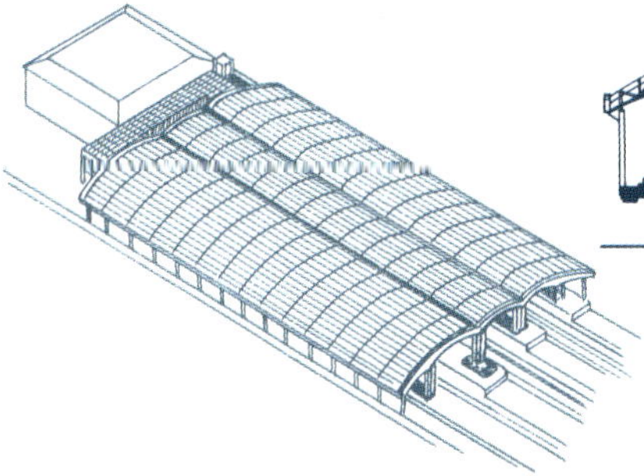

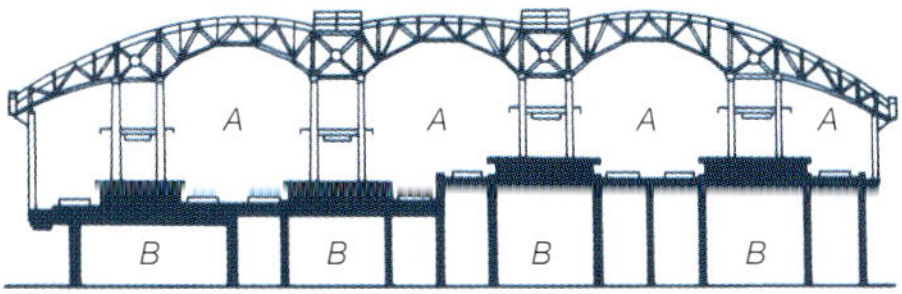

Corte transversal

Esta seção mostra as linhas férreas elevadas (*A*) e as plataformas debaixo do telhado de abrigo dos trens. Mostra também como os passageiros de ônibus são desembarcados e recolhidos abaixo das pistas (*B*) ao nível da rua, fazendo assim duplo uso do espaço limitado em que a estação se situa.

Teto envidraçado do abrigo de trens

Com a dupla função de proteger das intempéries os passageiros que aguardam os trens e permitir a entrada de luz no imenso galpão com três andares de altura, o vidro do telhado é coberto com painéis de filme fotovoltaico. Tais painéis coletam energia do sol que é convertida em eletricidade e auxilia a suprir as necessidades do terminal.

Teto curvo de aço

Lembrando os galpões de trens de fins do século XIX e princípio do século XX, as treliças de aço em arco do teto do terminal são tão ornamentais quanto estruturalmente necessárias. Dois arcos externos cobrem uma linha de trens, enquanto os outros três arcos centrais atingem, cada um, duas linhas.

Zigurate

A glória que coroa o Terminal de Coney Island é o seu zigurate. Uma das figuras preferidas de arquitetos pós-modernistas em todo o mundo, a torre em forma de pirâmide é pouco mais do que uma lembrança decorativa e, como tal, é uma parte incomum do projeto desta estação energeticamente eficiente do século XXI.

Museu Americano de Arte Popular

Localização
45 West 53rd Street, Manhattan

Construído em
2001

Arquitetos
Tod Williams Billie Tsien Architects

À primeira vista, parece uma parede sólida de pedra, mas olhe outra vez e o Museu Americano de Arte Popular se abrirá, tal como a história dos objetos que ele encerra. Projetado pelo escritório Tod Williams Billie Tsien Architects, este museu, com 2.790 metros quadrados e oito níveis de altura na fachada, abriga arte popular de todo o mundo. Inaugurado em 2001, quadruplicou o espaço de galerias, dando também aos arquitetos a primeira encomenda de tal porte em Nova York. O edifício excluir contesta obrigações arquitetônicas, mas é, sem dúvida, moderno pelo impressionante uso de materiais e de formas.

Fachada facetada

Se este edifício ficasse entre outros dois, em um terraço, talvez não sobressaísse de maneira tão proeminente, mas sozinho, entre as torres de Midtown, o Museu de Arte Popular é uma anomalia arquitetônica. O museu é uma declaração de intenções, tanto arquitetônicas quanto de inspiração, estimulando visitantes a fazer perguntas sobre ele e seu conteúdo.

Galeria interna (à esquerda)

Tão incomum no interior quanto na parte externa, o museu é, por si só, uma escultura. Aqui, um espaço para galerias é escassamente enfeitado, mas nao menos dramatico. O uso de materiais pesados – pedra, metal, vidro verde espesso – dão um ar de permanência, talvez mesmo de intimidação.

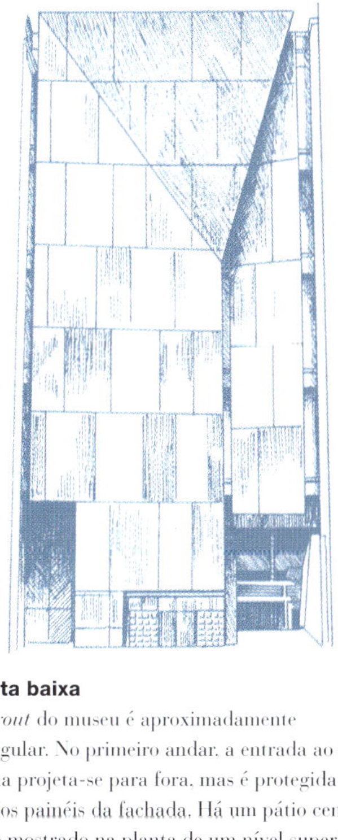

Fachada

Revestida com 63 painéis texturizados de liga de bronze tombasil, a fachada do museu (à direita) tem 26 metros de altura. A ideia por trás do formato dos painéis é que sua configuração coletiva (três planos em ângulos) evoca uma mão humana e captura a luz do dia sob várias inclinações, mudando a coloração da fachada com o passar das horas.

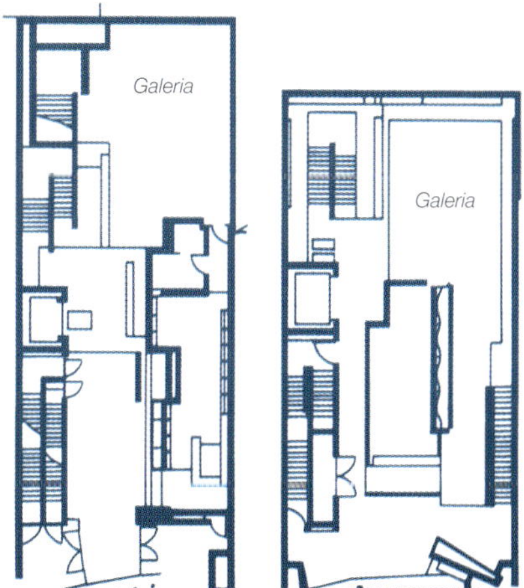

Entrada principal

Nível superior

Planta baixa

O *layout* do museu é aproximadamente retangular. No primeiro andar, a entrada ao nível da rua projeta-se para fora, mas é protegida por um dos painéis da fachada. Há um pátio central, como mostrado na planta de um nível superior, enquanto a circulação é feita pelo lado esquerdo, deixando o direito para a galeria.

Citigroup Center

Localização
153 East 53rd Street, Manhattan

Construído em *1977*

Arquitetos
Hugh Stubbins & Associates; Emery Roth & Sons

Talvez não haja um arranha-céu tão volumoso e ensimesmado no horizonte de Nova York. O Citigroup Center tem 279 metros de altura e é a antítese de torres bonitas, como os edifícios Chrysler e Woolworth. Projetada para maximizar o espaço, a torre tem poucas colunas. Ela é sustentada por um núcleo central e quatro pernas gigantes no seu perímetro. No topo assimétrico em declive, um amortecedor maciço oscila gentilmente para contrabalançar cargas causadas pelo vento e, assim, estabilizar o edifício. Dentro, o prédio inclui uma área de lojas, um centro comercial "afundado", escritórios e instalações para lazer.

Ponto alto

Desajeitado, mas, mesmo assim, impressionante, o topo do Citigroup Center tem um design único. Na base da torre, a Igreja Luterana de St. Peter é a razão pela qual as colunas estão no centro de cada lado, em vez de nos cantos. A igreja era dona do terreno sobre o qual a torre foi construída e insistiu em conservar a posse de uma esquina, mesmo com a torre por cima.

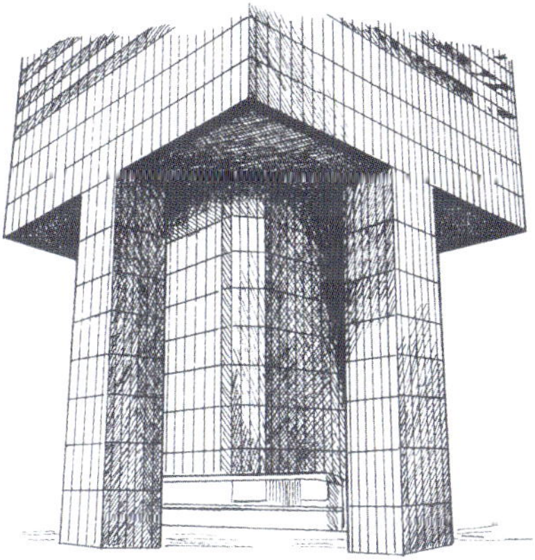

Base da torre

As quatro colunas com 35 metros de altura que sustentam o edifício estão posicionadas no centro de cada lado da torre (à esquerda). Fazendo assim, o engenheiro estrutural William LeMessurier possibilitou que o canto noroeste do prédio ficasse em um balanço de 22 metros sobre a Igreja de St. Peter, uma estrutura modernista por si só interessante.

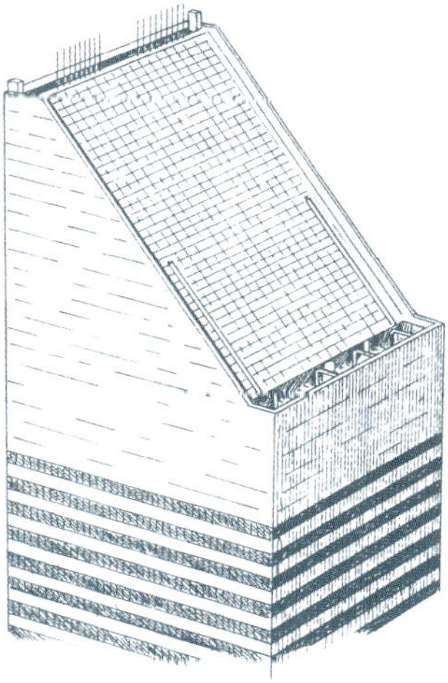

Fachada

Com faixas horizontais, como que para reduzir a enorme altura e o volume da torre, a fachada é revestida de painéis de vidro e alumínio (à direita). De acordo com os padrões ambientais de hoje, o envelope selado que cria espaços internos refrigerados é um pesadelo de consumo de energia, mas este era um modelo típico de construção nos anos 1970.

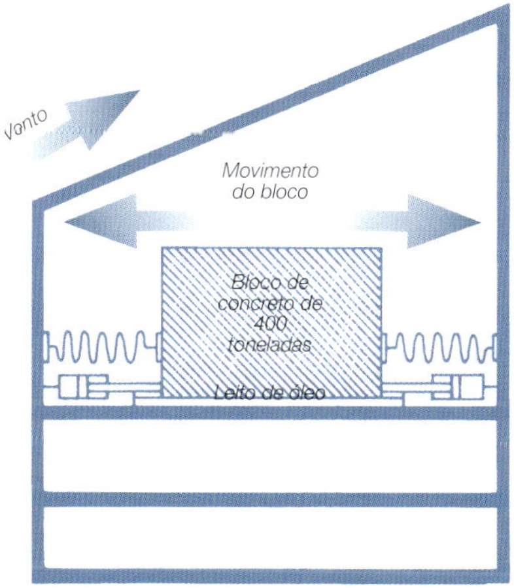

Amortecedor maciço

No alto da torre está o amortecedor. Este bloco de concreto com 363 toneladas está colocado sobre um leito de óleo e, quando o vento golpeia o edifício, o amortecedor, controlado por computador, é posto em ação para neutralizar qualquer movimento. O Citigroup Center foi o primeiro edifício a incorporar este tipo de projeto, que, desde então, foi muitas vezes usado.

Novo Museu de Arte Contemporânea

Localização
235 Bowery
Manhattan

Construído em
2007

Arquitetos
SANAA

Seis caixas empilhadas ao acaso uma sobre a outra, sugerindo os despreocupados blocos de construção de uma criança. Esta analogia foi transformada em vida real pela dupla de arquitetos japoneses Kazuyo Sejima e Ryue Nishizawa, também conhecidos como SANAA. O edifício para o Novo Museu de Arte Contemporânea é um sonho modernista, uma simples nave, ou série de naves, para guardar sua preciosa carga. Quando ficou pronto, a imprensa dividiu-se igualmente por suas maravilhas e erros grosseiros, mas, atualmente, o edifício criou um novo marco para o desmazelado distrito do Bowery.

Caixas empilhadas

Como que trazendo a construção de volta à sua concepção lógica, SANAA projetou o museu como uma pilha de caixas. Internamente, as galerias são predominantemente retangulares, fazendo-as simples de usar e fácil de organizar qualquer exposição, uma característica não encontrada em museus mais antigos, como o Guggenheim.

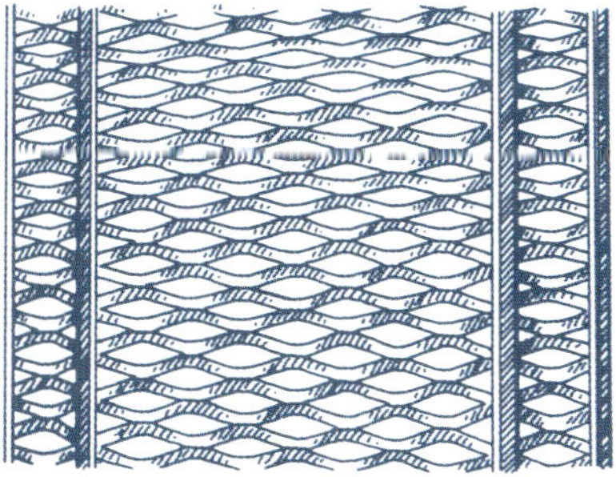

Fachada de malha

Revestindo todo o edifício à exceção do andar térreo, esta tela de grade protege o interior dos severos raios de sol ao mesmo tempo que permite a entrada de uma luz natural difusa, mais agradável para expor e ver obras de arte. Estas fachadas externas de revestimento duplo são relativamente novas aquisições para o arsenal dos arquitetos. Aqui, a camada externa age como um anteparo envolvendo o revestimento interno, protetor das intempéries.

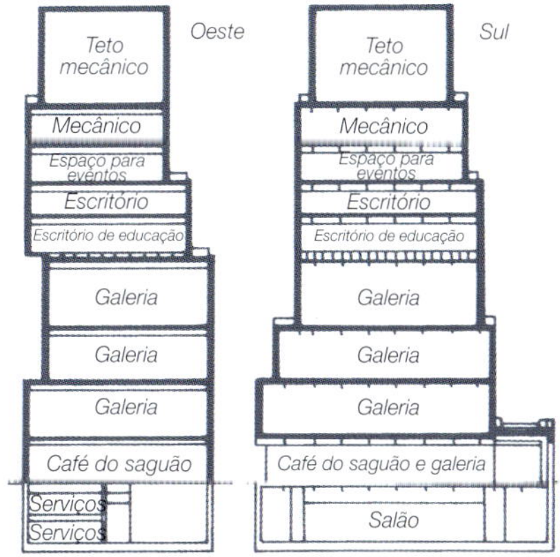

Forma escalonada

Visto aqui como um diagrama de corte, a forma escalonada do edifício é simplesmente dividida em andares e galerias. Os espaços das galerias podem ser separados e repartidos por meio de divisórias dobráveis, criando uma grande variedade de diferentes tamanhos e ambientes.

Entrada transparente

Ao nível do chão, a entrada do museu é transparente, similar à vitrine de uma loja. Esta decisão arquitetônica veio em um tempo em que museus e galerias tinham que batalhar contra a maré do varejo e partir para vendas pesadas (tal como fazem as lojas) para atrair visitantes. A fachada envidraçada também parece contrastar com a aparente solidez do revestimento de metal em cima. Entretanto, ao entrar nos espaços das galerias, os visitantes percebem que o museu inteiro é revestido de vidro.

MODERNO & PÓS-MODERNO

Centro de Visitantes do Jardim Botânico do Queens

Localização *Queens Botanical Garden, Flushing, Queens*
Construído em *2007*
Arquitetos *BKSK Architects*

Uma combinação de loja de vendas a varejo, galeria, auditório, espaço administrativo e área pública para encontros, o Centro de Visitantes do Jardim Botânico do Queens tem múltiplas necessidades e, como tal, é um amálgama de diferentes tipos de espaço. O escritório BKSK Architects pegou essa ampla demanda essa ampla demanda e criou uma solução completamente moderna que funciona bem e é, ao mesmo tempo, esteticamente atraente. O edifício inclui também muitos elementos ligados ao verde, e todos estão virando lugar comum à medida que a consciência ambiental se torna cada vez mais importante na arquitetura.

Uma mistura moderna
Localizado em meio a jardins paisagísticos, o centro de visitantes é uma estrutura de inspiração modernista, com seus pilotis ecoando os de Le Corbusier, enquanto *brise-soleils* horizontais ilustram o novo projeto arquitetônico, que é um produto da procura por criar projetos ambientais tranquilos.

Adro e cobertura

Fazendo uma declaração arquitetônica e sinalizando a presença do centro de visitantes, a cobertura do adro é um elemento escultural que contrasta com a eficiência funcional do edifício principal. A cobertura serve como um espaço público para encontros, e acolhe aulas ao ar livre e encontros informais dia e noite.

Corte

A escala da cobertura pode ser realmente apreciada quando vista neste corte transversal do centro de visitantes (à direita). Ela não só fornece proteção para o espaço exterior contra o mau tempo, mas também sombreia o edifício, reduzindo a necessidade de refrigeração artificial.

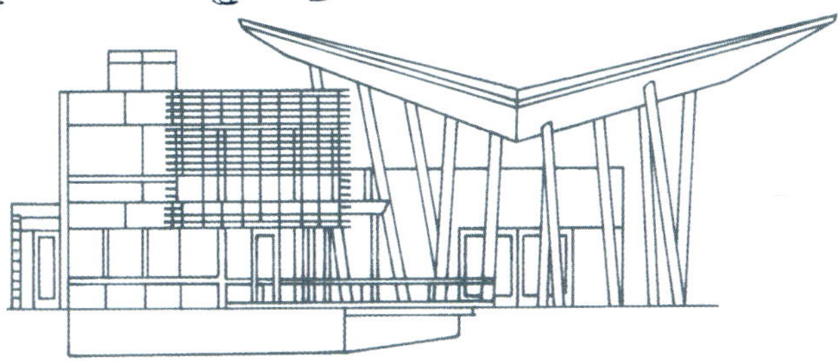

Planta do terreno

O diagrama da planta (abaixo) mostra alguns dos elementos ambientais incorporados ao projeto do edifício: um novo curso d'água (1) e alagadiço (2), o teto verde sobre o auditório subterrâneo (3), painéis solares (4), terraço coberto ao ar livre (5) e purificação do biótopo (área de condições ambientais equilibradas) (6).

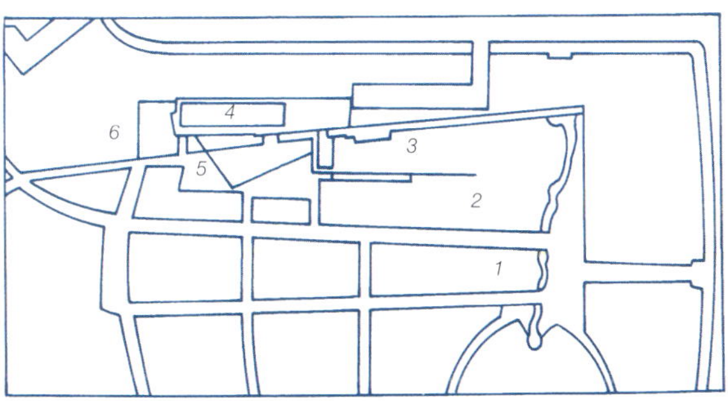

One Court Square

Localização
1 Court Square
Queens

Construído em *1990*

Arquitetos
Skidmore, Owings & Merrill

O edifício mais alto de Nova York fora de Manhattan, o One Court Square é um excelente exemplo de projeto de arranha-céu nessa era de corporações movidas pelo lucro. Sem a bravata das primeiras torres, tais como o edifício Chanin ou as aspirações ambientais do edifício do *New York Times*, este é um edifício com 209 metros de altura, um monólito com ar-condicionado, um altar para o mercado de incorporações de arranha-céus de escritórios. Com quase 140 mil metros quadrados de espaço para escritórios, a torre tem cinquenta andares acima do solo atendidos por 31 elevadores e seis escadas rolantes.

Altura no Queens

Sem ser confundido com o Citigroup Center, o One Court Square também é referido como o edifício do Citigroup. De fato, seu local no Queens fica apenas a uma estação de metrô do seu homônimo. Em termos arquitetônicos, o edifício não tem destaques, sua importância se deve puramente à localização. A gigantesca torre foi considerada como o início da construção de arranha-céus no Queens, mas crises financeiras globais interromperam o processo até o momento.

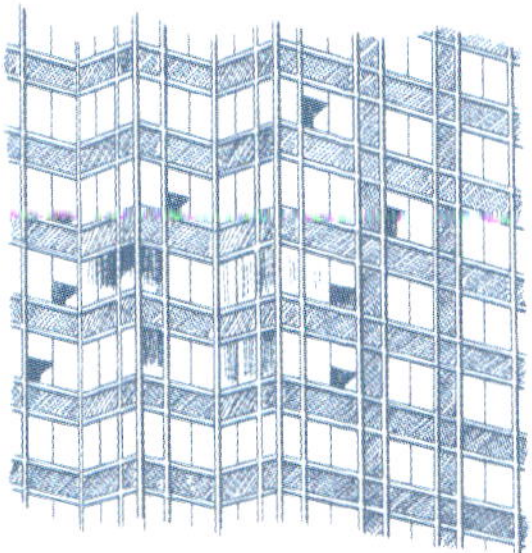

Fachada verde

Coberto por vidro tingido de verde, o edifício se destaca no horizonte com sua massa levemente amenizada pelas inserções de cantos na fachada. Estes detalhes não são puramente decorativos. Na verdade, eles servem para criar em cada andar múltiplo escritórios de esquina, empurrando para cima o valor dos aluguéis das áreas de escritórios.

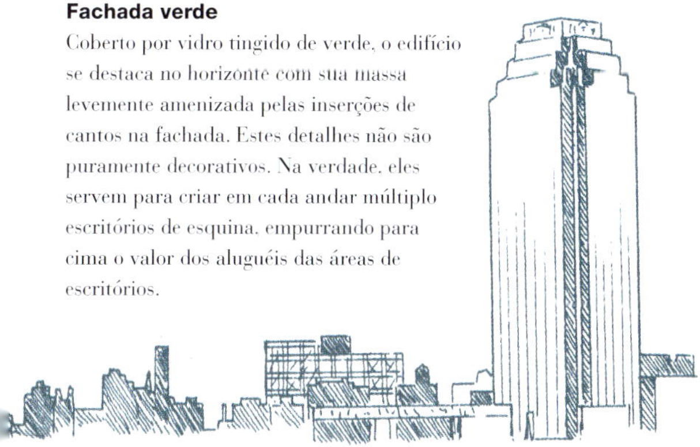

Topo escalonado

Talvez o único elemento de projeto do edifício que o apregoa como um gigante no lado errado do rio seja a ponta da torre com recuos graduais (acima). Escalonado à medida que se ergue, o projeto do topo parece estar tentando aliviar o impacto da torre sobre seus arredores de baixa altura.

Horizonte de baixa altura

Localizado no lado oposto do East River em relação à metrópole que é a ilha de Manhattan, One Court Square é um arranha-céu solitário em meio a um mar de construções baixas ou de média altura (acima). Seu impacto visual é, portanto, muito maior do que o de quase quaisquer torres de tamanho similar no coração do distrito de arranha-céus de Nova York.

Entrada

Inserida nesta placa de vidro do arranha-céu existe outra placa de vidro que marca a entrada. Realçada por uma lacuna de sombra, mas submetida à mesma vidraça verde, a entrada é uma declaração pós-moderna que nunca chegou a fazer uma transição de sucesso entre a prancheta e a vida real.

Edifício Hearst Magazine

Localização *300 West 57th Street, Manhattan*

Construído em *1928 / 2006*

Arquitetos *Joseph Urban, Foster & Partners*

Quando Joseph Urban projetou os seis andares originais do edifício Hearst Magazine ele os imaginava como a base de um arranha-céu, mas, com o começo da Grande Depressão, no ano seguinte, não foi o que aconteceu – não até quase oitenta anos depois. A torre que hoje é vista sobre a base de arte moderna de Urban é um projeto da firma britânica Foster & Partners. Ela fez o edifício crescer para 46 andares e 182 metros de altura. O projeto de Foster é uma estrutura de grade diagonal (*diagrid*) que, comprovadamente, usa vinte por cento menos aço do que uma grade retangular convencional usaria. O edifício ganhou o Emporis Skyscraper Award em 2006 como a melhor torre construída naquele ano.

Alta tecnologia em art déco
Único na forma, o edifício Hearst Magazine é uma atração arquitetônica para amantes tanto do ultramoderno quanto do design de início do século XX. A base de pedra apresenta colunas encimadas com urnas e relevos *art déco*, enquanto, acima, a estrutura triangular da torre é destacada como marca registrada do estilo *high-tech* de Foster & Partners.

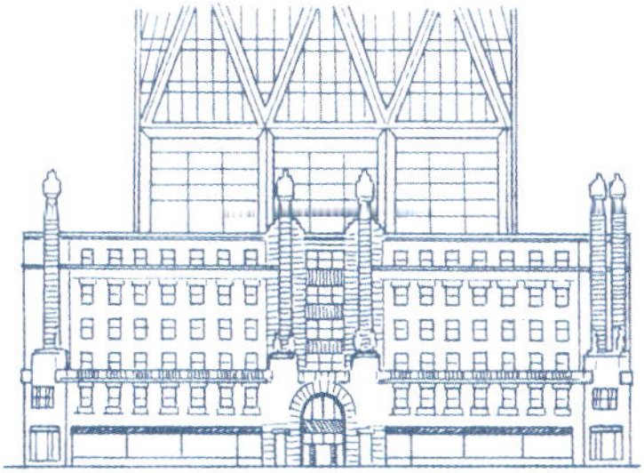

Base da torre

O quartel-general original das empresas foi encomendado por William Randolph Hearst e concluído em 1928, a um custo de 2 milhões de dólares. O edifício foi preservado no projeto da nova torre porque havia sido anteriormente designado como Marco Histórico Nacional.

Painéis triangulares

O padrão triangular da fachada é na realidade um apoio estrutural. Chamado de *diagrid*, o projeto usa menos aço do que métodos convencionais e é um dos preferidos do arquiteto Norman Foster, que o usou previamente na torre Swiss Re, em Londres.

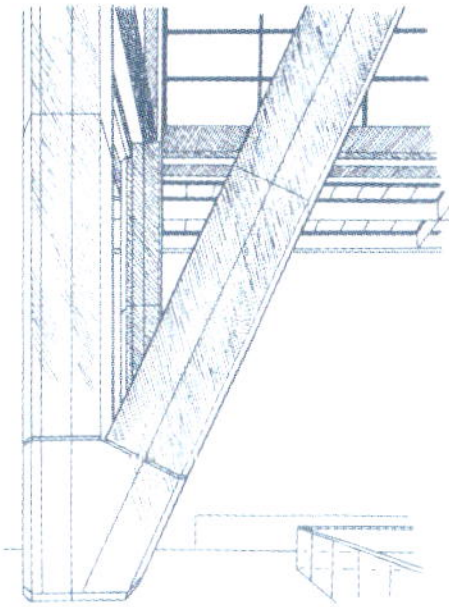

Estrutura de grandes vigas

Na cafeteria, que se situa em um balcão acima do pátio principal do edifício, a verdadeira escala da estrutura portante pode ser apreciada. Estas enormes vigas verticais e diagonais sustentam a nova torre, efetivamente mantendo-a acima da porção inferior do edifício histórico.

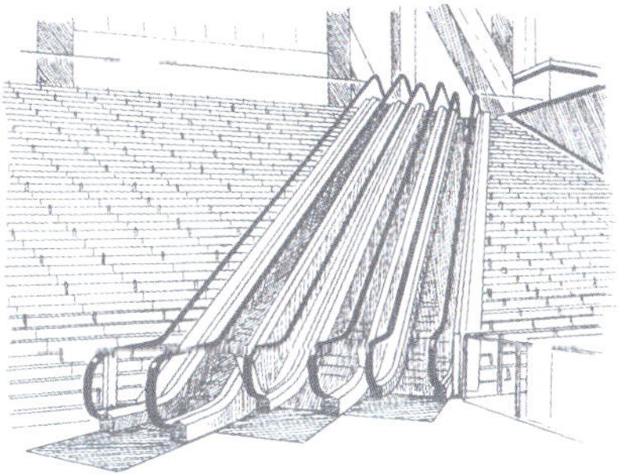

Escultura de água

Mais do que apenas um destaque ligado à água, a *Icefall* é uma cascata de três andares que circula água da chuva filtrada, refrescando o pátio no verão e umedecendo-o no inverno. Como um aparelho de ar-condicionado, ela regula a aeração no pátio, reduzindo imensamente as necessidades de energia deste edifício de escritórios projetado de maneira sustentável.

Co-op City

Localização
Baychester, Bronx

Construído em *1973*

Arquiteto
Herman J. Jessor

Nem toda arquitetura importante em Nova York é boa de se ver, ou bem construída. Co-op City, um empreendimento habitacional gigantesco, consiste em mais de 15 mil moradias em 35 edifícios altos e sete grupamentos de casas. Isso faz com que seja o maior empreendimento residencial nos Estados Unidos. Projetado por Herman J. Jessor para a United Housing Foundation, o empreendimento esteve atolado em problemas como construção de baixa qualidade e má administração desde sua conclusão. Sua operação foi, no princípio, assumida pelo estado e depois deixada para os próprios proprietários. E até agora, mais de três décadas depois de inaugurado, o Co-op City ainda necessita cumprir sua promessa de ser um vibrante bairro urbano, como foi originalmente propagandeado.

Grande impressão
Implantadas em grupos sem seguir regras, as torres que compõem a Co-op City têm entre 23 e 24 andares de altura. O projeto parece aleatório, mas há, na realidade, quatro tipos de construções: *Triple Core*, *Chevron*, *Tower* e *Town House*. O edifício baixo no canto inferior esquerdo é a Escola Secundária Harry S. Truman.

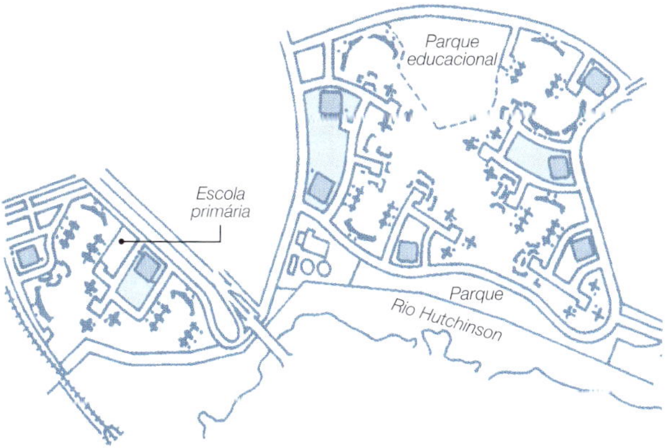

Planta do terreno

Esta planta mostra a escala do empreendimento. Em um total de 1,30 quilômetros quadrados. Co-op City é dividida em cinco seções, das quais quatro estão juntas e a quinta (à esquerda do diagrama) é separada do resto pela Hutchinson River Parkway.

Edifícios de apartamentos

Aqui, três edifícios de planta cruciforme elevam-se para o céu. O ideal de viver nas alturas foi um sonho nunca realizado de maneira correta por esses esquemas de habitação social em larga escala, construídos em cidades em todo o mundo. O problema não foi sempre a arquitetura, e sim as famílias de baixa renda que lá foram morar, criando miniguetos com desemprego em massa e grande ressentimento em relação às autoridades.

Parques paisagísticos

O plano diretor da United Housing Foundation inclui espaços livres de áreas de parque para uso dos moradores do empreendimento habitacional. Este planejamento inteligente do paisagismo infelizmente foi desfeito devido à baixa qualidade da construção e à estreita mentalidade sobre direitos privados daqueles que moravam em Co-op City.

Metropolitan Opera House

Localização
Broadway, na altura da Lincoln Square Manhattan

Construído em *1966*

Arquiteto
Wallace K. Harrison

Construído para substituir a antiga Metropolitan Opera House, na esquina de Broadway com a 39th Street, este edifício, projetado por Wallace K.Harrison, é parte do Lincoln Center for the Performing Arts, um complexo que ocupa 64.750 metros quadrados construído por iniciativa de John D. Rockefeller III. A forma exterior é um estudo de arquitetura modernista romântica, sendo sua aparência de caixa aliviada pela fachada frontal, com seus arcos e painéis simétricos vitrificados criando um espetáculo que combina com a grandeza das apresentações que lá acontecem.

Atingindo as notas altas
Vista da Josie Robertson Plaza, a Metropolitan Opera House é uma construção que tem um apelo eterno. Embora modernista no projeto, seus arcos, que voam alto, evocam a forma romanesca, e o brilho dourado que emana de dentro apenas intensifica o sentido de glamour clássico encontrado com mais frequência em edifício grandiosos do século XIX.

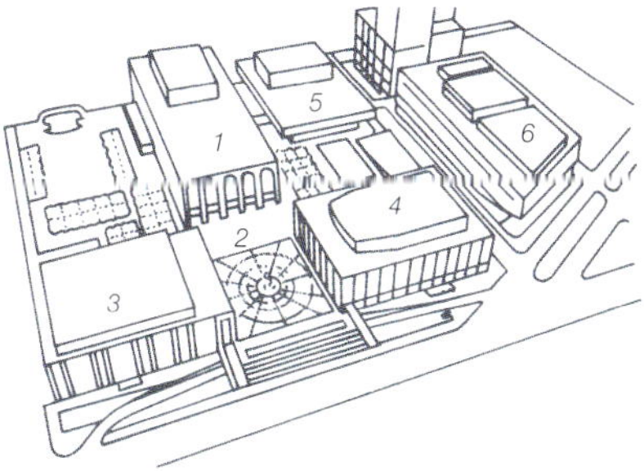

Vista isométrica

O Lincoln Center for the Performing Arts inclui uma variedade de locais. A Opera House (1), com sua fachada de arcos, dá de frente para a Josie Robertson Plaza(2). O teatro David Koch (3) está no canto inferior esquerdo, e o Avery Fisher Hall (4), o teatro Mitzi E. Newhouse (5) e a Julliard School (6) estão à direita.

Escadas curvas

O saguão da Opera House é dominado por uma escada em balanço que liga o nível da entrada principal aos cinco andares superiores e ao salão inferior. Suas linhas dramáticas podem ser vistas pelo lado de fora através da fachada de vidro, acrescentando mais dramaticidade ao projeto arquitetônico.

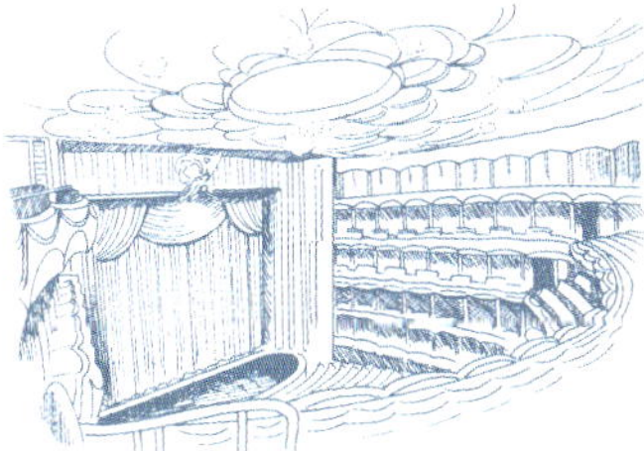

Auditório

O auditório em forma de leque tem cinco níveis acima do fosso da orquestra. Decorado em branco e ouro, é iluminado por 21 lustres que se combinam, tendo o maior deles 5.5 metros de diâmetro. O proscênio tem 16.5 metros de largura e de altura, e a cortina, tramada com ouro adamascado, é a maior de seu gênero no mundo.

Fachada em arcos

O edifício é revestido de painéis de mármore travertino branco. Enquanto as paredes são basicamente lisas, como é necessário para a acústica interna da caixa de qualquer teatro, a fachada da entrada, que dá de frente para a praça e a fonte, tem cinco arcos lindamente proporcionados, cada um emoldurando vitrais claros e vistas para dentro do edifício.

Madion Square Garden

Localização
46 Pennsylvania Plaza Manhattan

Construído em *1968*

Arquitetos
Charles Luckman Associates

O Madison Square Garden é uma referência permanente em Nova York desde 1879, embora o edifício atual, comumente conhecido como MSG IV, tenha sido inaugurado em 1968. Projetado por Charles Luckman Associates, o complexo está construído sobre o terreno que ficou desocupado pela demolição da Penn Station. Na verdade, o MSG IV foi construído enquanto trens continuavam a trafegar no subterrâneo, como fazem até hoje. O edifício cilíndrico do estádio é o centro do Madison Square Garden Center, um complexo de negócios e entretenimento outrora conhecido como Pennsylvania Plaza. O prédio de escritórios ligado a ele inclui entradas para o estádio e a Penn Station, abaixo.

Uma estrela do esporte
O mais antigo estádio da NHL (Liga Nacional de Hóquei) e o segundo mais antigo da NBA (Liga Nacional de Basquete), o MSG IV é um local de esportes icônico, embora envelhecido. Seus proprietários ameaçaram se mudar, mas a aura que envolve o velho prédio é muito evidente. Assim, ele é periodicamente reformado e renovado, para que novas gerações de torcedores possam saborear sua atmosfera sem igual.

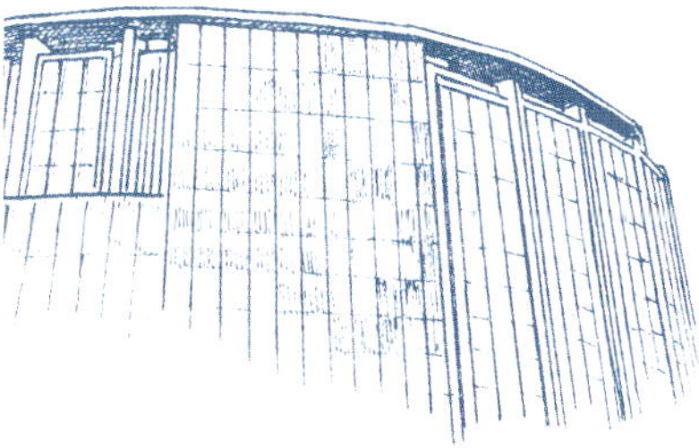

Fachada curva

De forma cilíndrica, o Madison Square Garden é uma estrutura baixa incomum, em meio a arranha-céus retilíneos. A fachada é predominantemente sólida, criando um ginásio interno sem o ofuscamento de luzes exteriores. As entradas e os saguões iluminados são indicados na fachada, a intervalos, por painéis envidraçados.

Entrada pela Sétima Avenida

Situada no edifício comercial, a entrada pela Sétima Avenida também leva ao MSG e à Penn Station. Seu projeto despojado deixa pouco para a imaginação, como é de costume na arquitetura modernista. Uma cobertura em balanço projeta-se sobre a rua, e seu único ornato é a sinalização do edifício ao qual serve.

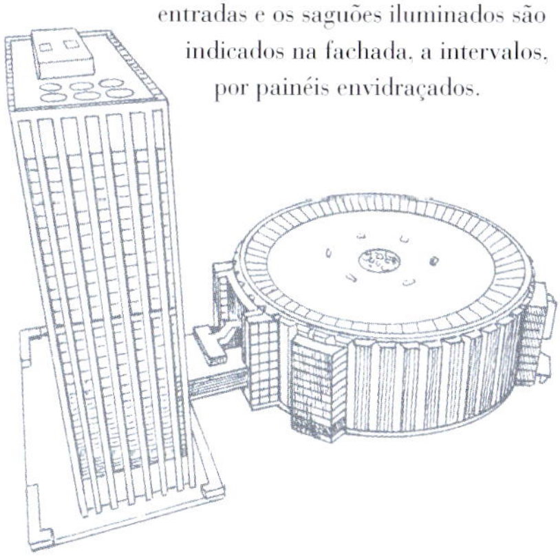

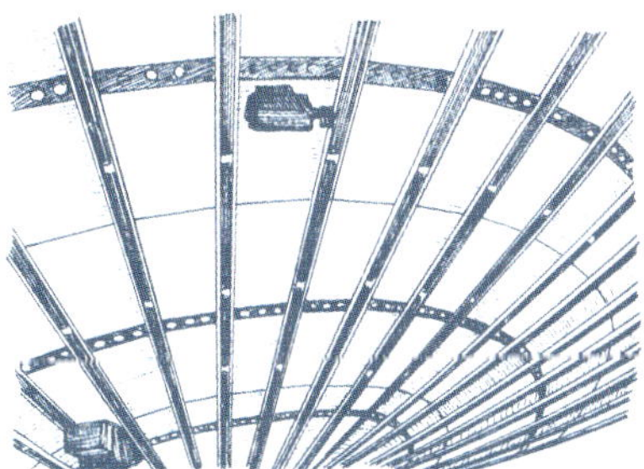

Ligação entre edifícios

A conexão entre o ginásio principal e seu edifício de escritórios irmão pode ser descrita, na melhor das hipóteses, como desajeitada. Essencialmente um largo corredor entre os dois edifícios, ela fornece acesso da Penn Station subterrânea ao Madison Square Garden e uma ligação entre o espaço corporativo e o complexo esportivo e de diversão.

Teto

Irradiando do centro do ginásio como raios de uma gigantesca roda, o teto acentua o projeto cilíndrico da construção. Os grandes painéis do teto são entremeados com linhas mais escuras que contêm trilhos para aparelhos de luz e outros equipamentos necessários aos grandes eventos que acontecem no ginásio.

Edifício Cooper Union

Localização
41 Cooper Square
Manhattan

Construído em *2009*

Arquitetos
Morphosis

À medida que arquitetos percebem o potencial de projetos feitos com a ajuda do computador, edifícios como o Cooper Union projetado pelo escritório Morphosis, estão se tornando referências permanentes nas ruas das grandes cidades. Aqui, os arquitetos criaram um centro de 12 andares para o estudo de técnicas avançadas em arte, arquitetura e engenharia. Embora isso pudesse ser alcançado com um edifício de formas convencionais, Morphosis tentou refletir os valores e aspirações da Cooper Union em seu projeto.

Formas deslocadas
Revestido de aço inoxidável perfurado, este imenso e ensimesmado edifício aparenta ser quase impenetrável, mas, à entrada, ele se enche de luz. Isso é alcançado através do duplo revestimento translúcido de malha de aço e do revestimento de vidro, somados à cicatriz vítrea assimétrica que corre para baixo e transversalmente ao espaço do pátio principal.

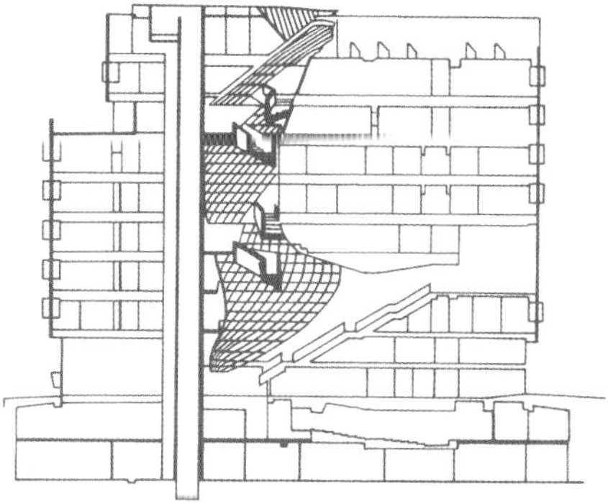

Corte longitudinal

Embora preenchido predominantemente com espaços de ensino convencionais, o edifício provoca um impacto internamente através do vórtice torcido que é seu pátio. Orgânico em sua forma, o pátio é diferente de todos, quase uma declaração de arquitetura primeva em meio à ortodoxia dos ambientes de salas de aula.

Vista interna

Olhando de um nível elevado do pátio para a escadaria principal abaixo e cruzando até a armação estrutural que reveste este grande espaço, a ambição do arquiteto de personificar sua inspiração com o edifício fica muito evidente (à direita). Este santuário à arquitetura e à engenharia do século XXI inspirará mentes que provocarão avanços nessas disciplinas nos anos que virão.

Colunas estruturais

Enquanto o revestimento e o pátio do edifício refletem uma arquitetura vanguardista no que ela tem de melhor, a armação que lhes dá suporte é, até certo ponto, mais convencional. Grandes colunas de concreto formam a disposição estrutural da construção. Entretanto, elas são espaçadas de maneira irregular e erigidas em ângulos complicados, conforme o projeto idiossincrático do edifício como um todo.

Eight Spruce Street

Localização
Rua Spruce, 8
Manhattan

Construído em *2011*

Arquitetos
Gehry Partners

Contrate Frank Gehry para projetar um edifício e você terá a garantia de algo um pouco diferente. Provavelmente o arquiteto mais famoso do mundo, Gehry é conhecido pelas linhas flutuantes, orgânicas, de seus edifícios, e mesmo aqui, com uma torre, ele consegue combinar formas curvilíneas em um arranha-céu. Com 265 metros de altura, o edifício é a torre residencial mais alta do hemisfério oeste e sua primeira encomenda residencial em Nova York, que também está sendo chamada de "Nova York por Gehry", tamanha é a fama popular do arquiteto.

Ondulando em direção ao céu
Com uma altura de 76 andares, este edifício é a primeira encomenda feita a Gehry de um arranha-céu e, potencialmente, o acréscimo mais importante para a Lower Manhattan desde os ataques de 11 de setembro de 2001, os quais forçaram incorporadores a demolir e reconstruir o outrora movimentado distrito financeiro.

Espaço do saguão

Os espaços internos dos apartamentos individuais apresentam toques de Gehry – as maçanetas das portas são um exemplo – e o espaço do saguão é uma gruta pródiga de formas orgânicas, todas projetadas pelo arquiteto. Aqui, as curvas da torre podem ser tocadas e vivenciadas em um nível mais humano, uma introdução à "Nova York por Gehry".

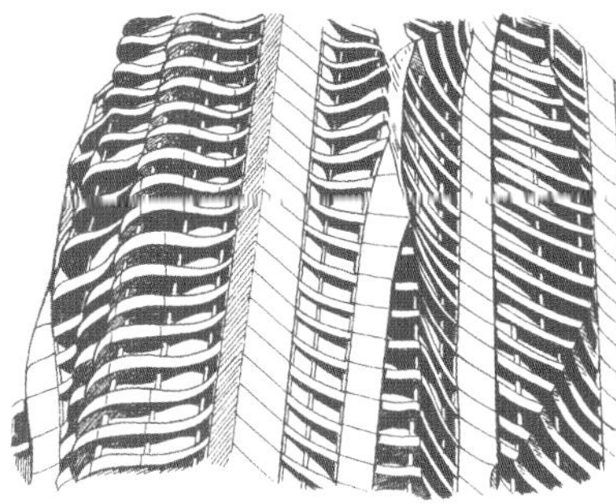

***Close-up* da fachada**

A fachada é composta de 10.500 painéis individuais de aço inoxidável, quase todos com uma forma diferente, de modo que, ao nos movermos em volta da torre, sua aparência muda constantemente. Projetados aplicando o mesmo software usado por Gehry para o Museu Guggenheim de Bilbao, os painéis foram produzidos por um custo não muito maior do que o de uma fachada convencional de aço e vidro.

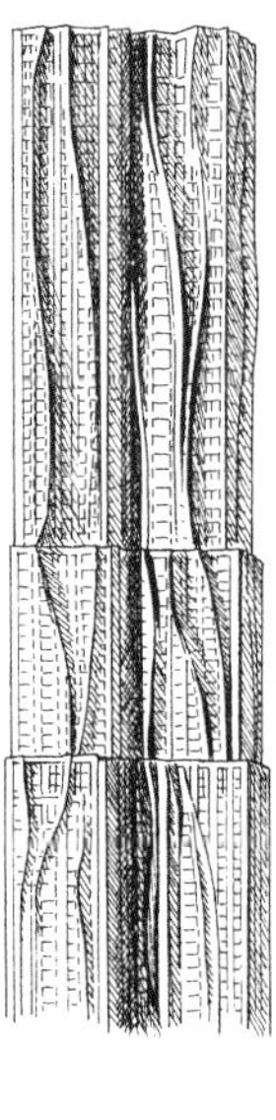

Gosto único de projeto

Marcando uma nova era na arquitetura e a maioridade do projeto digital, Eight Spruce Street é uma demonstração das criações únicas e empolgantes que podem ser alcançadas no século XXI. A arquitetura evolui constantemente, mas nunca se moveu tão depressa quanto hoje em dia. As ondulações aparentemente aleatórias do revestimento da torre são um exemplo perfeito de projeto que não se pensava possível há uma década.

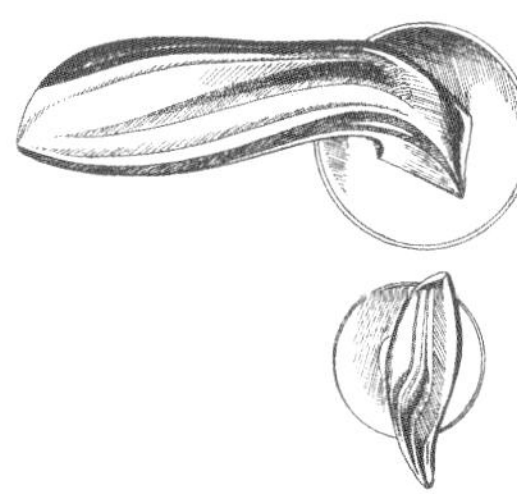

Maçaneta

Quando Gehry projeta, ele projeta tudo, inclusive as maçanetas usadas dentro do edifício. O arquiteto tornou-se admirado por companhias de produtos, móveis e joias, e seu repertório de projetos inclui equipamentos e acessórios imaginados com o mesmo floreado que seus edifícios.

Museu Whitney de Arte Americana

Localização
945 Madison Avenue Manhattan

Construído em *1966*

Arquiteto
Marcel Breuer

A colecionadora Gertrude Vanderbilt Whitney tentou doar setecentas obras de arte a vários museus nos anos 1920, mas a recusa deles levou-a a fundar o seu próprio museu, transformando três casas, em 1931. Este, a terceira encarnação do Museu Whitney de Arte Americana, é uma notável peça de Modernismo brutalista do arquiteto húngaro Marcel Breuer. O edifício chocou nova-iorquinos quando foi construído, contrastando completamente com a estética de caixa de vidro do estilo internacional. Seu projeto ímpar continua confundindo e encantando na mesma medida.

O melhor do brutalismo
Uma singularidade arquitetônica entre os arranha-céus e arenitos castanho-avermelhados de Manhattan, o Whitney é visitado tanto por seu projeto quanto pelas obras de arte que encerra. Este edifício inusitado é um exemplo icônico de projetos em larga escala de Marcel Breuer.

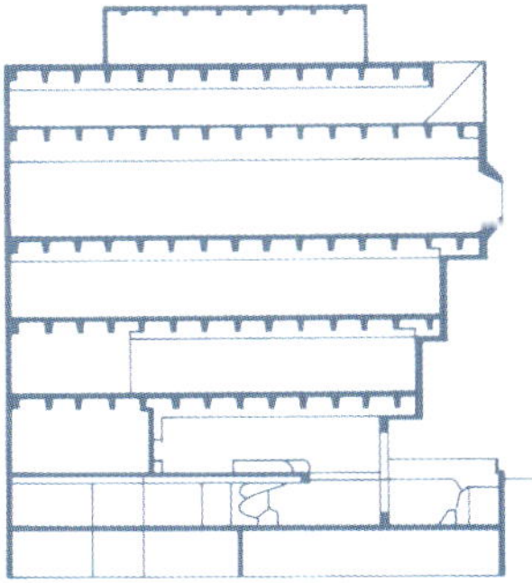

Corte transversal

Este corte mostra a entrada e a área de administração no nível do primeiro andar, com uma escada em espiral que desce ao subsolo e ao jardim de esculturas. Em cima estão os espaços de galerias, de áreas crescentes à medida que o edifício fica mais alto, com a janela poligonal na galeria mais alta.

Entrada principal

A notável entrada principal inclui uma ponte de concreto pré-moldado que repousa sobre um único pilar retangular, e uma cobertura em balanço ao nível da rua. Abaixo há um jardim de esculturas formal, mínimo no que diz respeito a aspectos arquitetônicos, como foi a praxe de Breuer para todo o projeto.

Janela

Situada em uma fachada sem decoração arquitetônica, a não ser o padrão de grade marcado pelas juntas dos blocos de granito, a janela poligonal é um detalhe excêntrico que se distancia da rígida estética modernista que Breuer emprega alhures – talvez seja um aceno para a fundadora do museu e seu amor pela escultura.

Fachada

A corrente brutalista se refere não ao adjetivo "brutal", mas ao termo francês *béton brut* (concreto cru). O estilo frequentemente corresponde ao apelido, sendo áspero à vista se não for bem executado. Aqui, entretanto, o zigurate invertido, revestido de granito, é tão divertido quanto austero.

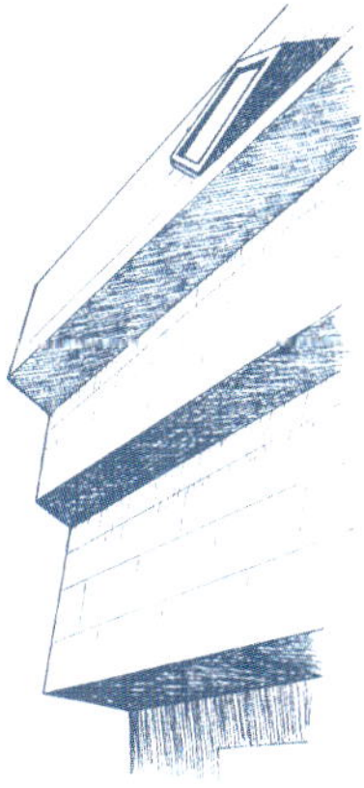

Edifício Sony

Localização
550 Madison Avenue Manhattan

Construído em *1984*

Arquitetos
Philip Johnson, John Burgee

Este prédio corporativo, uma verdadeira catedral ao Pós-Modernismo, é um dos edifícios de Nova York se não tanto amado, mais reconhecível. O edifício Sony, originalmente construído para a AT&T, é uma torre de escritórios com 37 andares situada na Midtown Manhattan. Foi projetada por Philip Johnson, o arquiteto que, três décadas antes, havia apresentado à América o estilo internacional e tinha sido, até agora, útil para promover as rigorosas linhas do Modernismo miesino (de Mies van der Rohe).

Entretanto, Johnson e o sócio John Burgee estavam cansados das restrições do Modernismo. Eles ansiavam por se divertir com a arquitetura, e este edifício é talvez o mais notável exemplo dessa atuação da dupla. Do frontão em estilo Chippendale ao arco triunfal romanesco na base, o edifício Sony é de um kitsch gritante.

Alegre capacete

Situado em meio a uma multidão de arranha-céus da Midtown, o edifício Sony é mais visível do que seus vizinhos, primeiramente devido ao seu coroamento falso clássico. Pode não ser o mais alto de Nova York, mas o edifício assume uma pose inconfundível, que ao mesmo tempo irrita e encanta turistas interessados em arquitetura.

Edifício Sony

Arquitetura irônica
Prestando homenagem ao comercialismo que alimentou em Nova York a corrida para os céus, o edifício Sony é a resposta do Pós-Modernismo ao santuário art déco que é o edifício Chrysler.

Em foco

Examinar o projeto do edifício Sony é algo parecido com uma aula de história da arquitetura. Ainda que, de início, ele possa ser classificado simplesmente como pós-moderno, as referências a numerosas construções e estilos clássicos tornam a torre ainda mais interessante.

Visto em sua totalidade, o edifício é projetado em três partes, como uma coluna clássica. A base com arcos, que aqui são descritos detalhadamente, em separado; o fuste principal, enfatizado pelas faixas verticais da fachada; e o capitel, encimado por um frontão.

Embora visto como grosseria por arquitetos influenciados pelo Modernismo, os projetos pós-modernos tomaram muito emprestado da arquitetura clássica e, por um tempo, encontraram predileção tanto do público quanto de clientes incorporadores, porque eles estavam acostumados a colunas, arcos, estátuas e à solidez do classicismo, e sentiam-se alienados pelas regras rigorosas e a falta de decoração promovida pelo Modernismo.

Johnson e Burgee literalmente seguiram o jogo desta incerteza arquitetônica e, sem dúvida, se divertiram muito projetando o edifício Sony e outras estruturas.

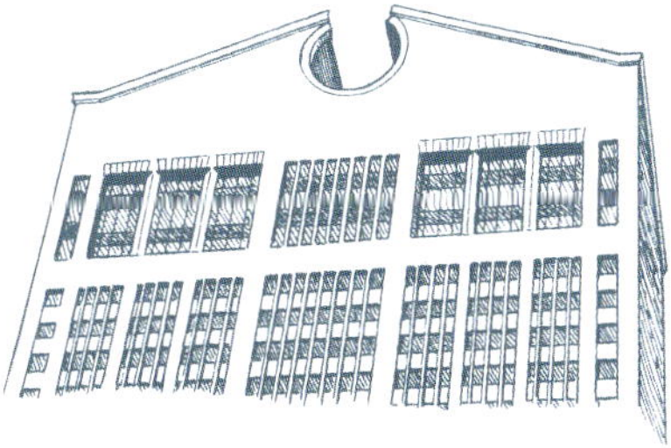

Frontão quebrado

A glória do edifício é seu frontão quebrado, um coroamento decorativo popular em portas na arquitetura barroca e rococó, de onde ele tomou emprestado e ampliou a um tamanho tão grande que chega a ser quase cômico. O apelido de "frontão Chippendale" é uma referência ao estilo da cômoda com gavetas do fabricante de móveis, que tem um topo decorativo similar.

Arco e colunas

Supostamente baseado no projeto do Edifício Municipal de Manhattan (veja página 7), o arco triunfal e as colunas da base do Edifício Sony são uma referência histórica à arquitetura romanesca, preferida pelos projetistas dos primeiros verdadeiramente grandes edifícios de Nova York.

Portas dos elevadores

Arcos de inspiração romana e colunas simples e robustas montam guarda às portas dos elevadores, elaboradamente decoradas. Enquanto Johnson e Burgee nos deram grandes trejeitos no exterior do edifício, internamente eles misturaram e combinaram materiais e estilos, causando efeitos duvidosos.

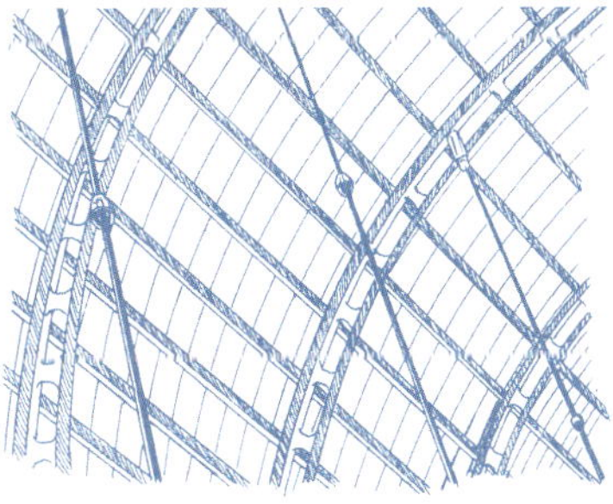

Galeria de vidro

A galeria envidraçada na base do edifício foi uma concessão aos planejadores urbanos, que insistiram em áreas de espaço público. A galeria era inicialmente uma área aberta que não foi bem utilizada. Entretanto, desde que a Sony comprou o edifício, em 1992, ela foi convertida em parte do complexo de varejo que agora ocupa o andar térreo.

Edifício Morgan Stanley

Localização
1585 Broadway
Manhattan

Construído em *1990*

Arquitetos
Gwathmey, Siegel
& Associates Architects

No auge do *boom* capitalista dos anos 1980, a preferência por um estilo arquitetônico inclinava-se para o Pós-Modernismo. Clientes corporativos, tais como o banco Morgan Stanley, queriam torres de escritórios, mas queriam também que elas exalassem um sentimento de riqueza e glamour que estivesse afinado com o ânimo exuberante da nação. O edifício Morgan Stanley é um produto desse hedonismo. Seu projeto está repleto de decoração e truques, das estrias da fachada aos recuos e o topo incomum. Alguns críticos podem dizer que é exagerado, mas a torre conta a história de um estado de espírito na sua concepção e, como tal, é uma parada notável no passeio arquitetônico de Nova York.

Uma afirmação gigante
Situada sobre um pódio do tamanho de uma quadra, a torre de escritórios com 52 andares foi construída como um empreendimento especulativo e alugada antes mesmo que estivesse concluída. O Morgan Stanley a comprou em 1992 e agora a usa como seu quartel-general global.

Pódio

O pódio sobre o qual a torre está localizada é cheio de lojas de varejo, em harmonia com as atividades nas ruas em volta. Em termos arquitetônicos, é quase tão cheio de detalhes quanto a rua sobre a qual ele repousa. É revestido de mármore e janelas vazadas ou paredes envidraçadas, e tem até, em uma elevação da fachada, barbatanas que não oferecem qualquer outro uso, a não ser o decorativo.

Entrada

O acesso à torre de escritórios é feito através da entrada revestida de aço inoxidável na Broadway. Assim como na fachada, o projeto da entrada é feito para exalar um sentimento de opulência, uma estética pós-moderna absurda, derivada de uma década de sucesso no mercado de ações e a crença de que tudo que reluz é ouro.

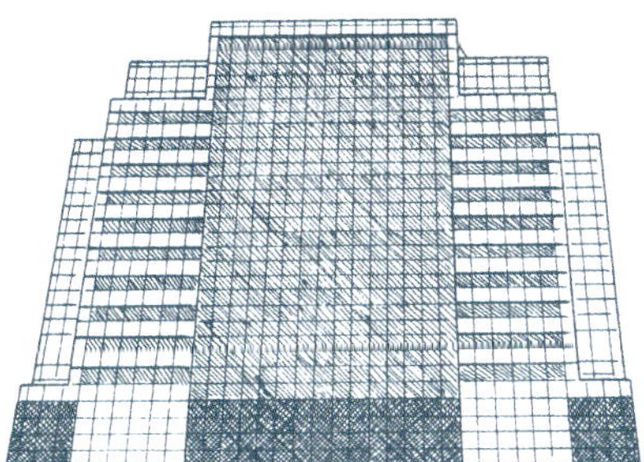

Fachada

A fachada poderia ser a versão, no arranha-céu, dos ternos de risca de giz usados pelos corretores de valores nos opulentos anos 1980. Vidraçarias espelhadas dão lugar a faixas horizontais de alumínio cinza-prateado. Uma larga tira de aço inoxidável envolve o meio da torre, como uma faixa de cintura para um traje de gala. Tudo sobre o projeto é superior ao maior, uma perfeita ironia pós-modernista.

Detalhe do topo

Continuando a analogia com roupas, o topo da torre, um garboso chapéu de ponta, fica fora de visão até ser vislumbrado de uma certa distância. Entretanto, uma série de recuos, semelhantes àqueles usados em edifícios art déco, sinalizam sua presença, e a ponta da torre faz do edifício Morgan Stanley um destaque característico na *skyline*

Citi Field

Imagem de bola

Cercado por um vasto espaço de estacionamento de veículos, o estádio circular, em forma de tigela, está localizado no meio de um invólucro de construção mais triangular. O formato incomum, projetado à frente (nesta imagem abaixo), permite ao estádio abrigar a Rotunda Jackie Robinson.

Com seus arquitetos evocando a poderosa arquitetura do Coliseu, em Roma, o Citi Field é a casa do New York Mets. Projetado pela firma de arquitetura Populous e construído para substituir o envelhecido Shea Stadium, o novo estádio do Mets comporta 41.800 espectadores. Embora a arquitetura de estádios seja frequentemente privada de um estilo particular, o projeto do Citi Field poderia ser ligado aos movimentos Clássico, Art Déco e Pós-Moderno. Entretanto, a elegante fachada externa é esquecida tão logo os visitantes entram no estádio – seu foco está inteiramente voltado para uma vitória da equipe da casa.

Localização *126th Street and Roosevelt Avenue, Queens*
Construído em *2009*
Arquitetos *Populous*

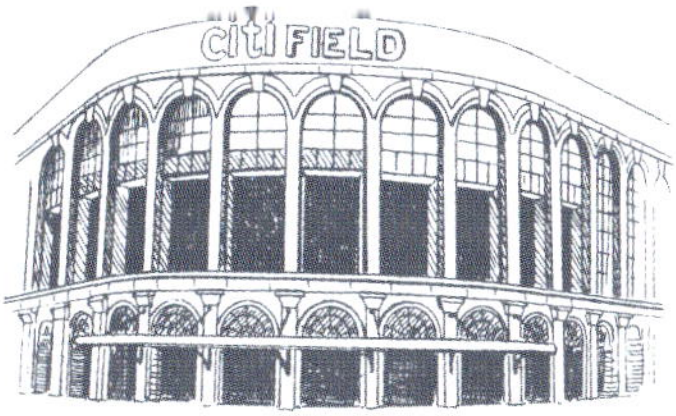

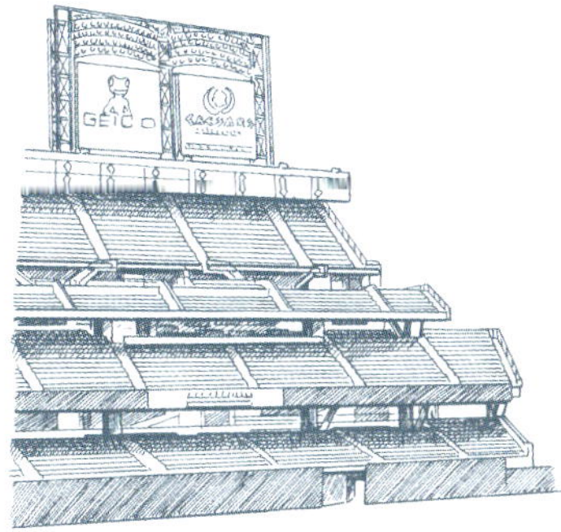

Arcos gigantes

Diz-se que a fachada de arcos representa as 2.027 pontes de Nova York, sejam as internas, sejam as que ligam a cidade ao resto do Estado. O simbolismo é também evidente no logotipo do Mets, ligando equipes da National League do passado, inclusive o New York Giants e o Brooklyn Dodgers.

O estádio

Três andares de tribunas e gigantescos painéis digitais de publicidade são coisas de todo estádio de beisebol moderno. Embora suas dimensões o coloquem entre os maiores da liga, o Citi Field acomoda 15 mil espectadores a menos do que o Shea Stadium, o que o torna um local para um lançador não tão vigoroso.

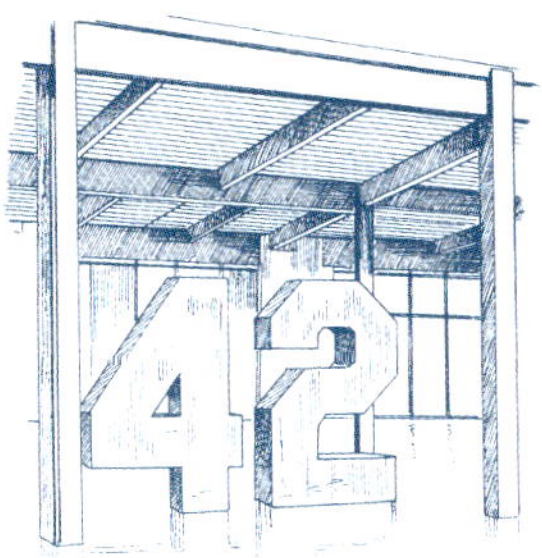

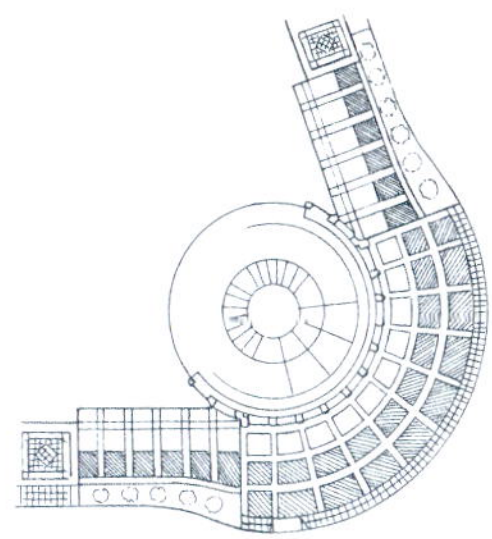

A rotunda Jackie Robinson

Batizada com o nome da lenda do beisebol Jackie Robinson, a rotunda da entrada é um santuário para os atletas. Há uma escultura de 2,45 metros de altura com seu numero, e sua famosa citação está gravada no anel superior: "Uma vida não é importante exceto no impacto que ela tem sobre outras vidas".

Calçamento paisagístico

Cercando a entrada principal há uma passagem pavimentada. Ainda que não seja nem um pouco incomum, o fato de que os torcedores possam pagar para ter no piso um tijolo com seu nome gravado acrescenta um elemento de orgulho pessoal e cívico ao edifício e seus arredores. Os torcedores podem também obter uma réplica do tijolo e levar para casa, quando assim solicitado.

Fórum Cultural Austríaco

Localização
11 East 52nd Street, Manhattan

Construído em *2002*

Arquiteto
Raimund Abraham

O primeiro edifício mais importante nos Estados Unidos projetado pelo arquiteto austríaco Raimund Abraham, o Fórum Cultural Austríaco poderia ser uma representação tridimensional da arte russa construtivista dos anos 1920 e 1930. Ele é único em várias maneiras – do lote estreito que ocupa à sua fachada mascarada – e, como tal, é uma importante contribuição ao cenário arquitetônico nova-iorquino. Ainda que a raiz da inspiração de Abraham seja desconhecida, o movimento que mais poderia reivindicar a posse do edifício é o Pós-Modernismo. Entretanto, aqui, em vez de sinais irônicos para o Classicismo, o arquiteto cria uma nova e interessante compreensão para uma estrutura decorada.

Contraste cultural
Espremida na paisagem urbana, esta lasca de edifício é dez vezes mais alta do que larga. O edifício de Abraham nao e perceptível instantaneamente ao se passar por ele, mas é inconfundível quando visto por causa de sua forma completamente diferente dos gigantes corporativos que o rodeiam.

Vista lateral

Inclinando-se para longe da rua, o edifício, com sua fachada inclinada, desafia a norma de direto para cima, direto para baixo. Abraham a projetou como uma referência aos recuos de outros edifícios na rua, de modo a não criar uma presença de uma placa opressora, o que poderia facilmente acontecer se fosse vertical.

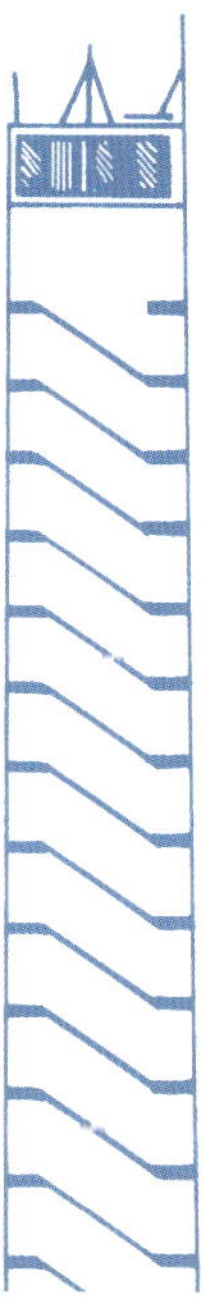

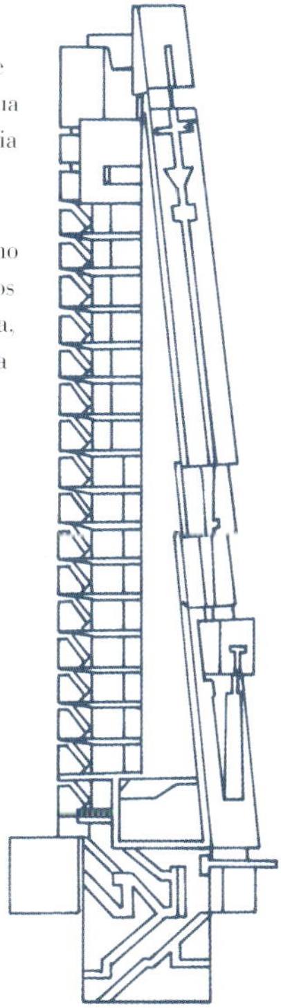

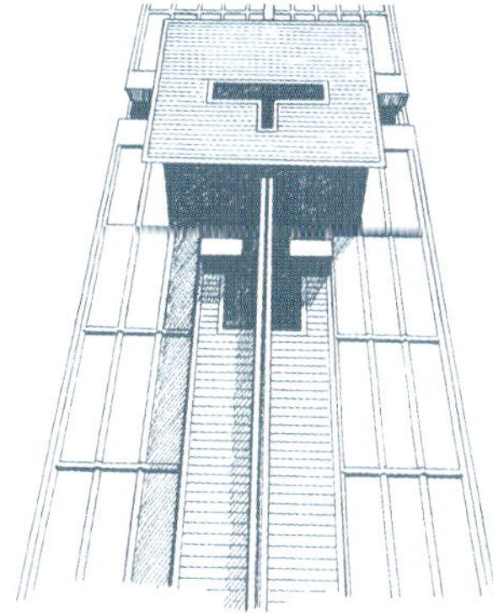

Decoração da fachada

A "máscara de persianas" foi o nome que o arquiteto deu para o ornato escultural abstrato da fachada frontal. Embora tenha sido sugerida uma inspiração religiosa, o projeto de Abraham é tão mecânico quanto espiritual. Qualquer que seja a razão, a fachada é uma poderosa declaração de design.

Poço da escada

Situado nos fundos do edifício, o poço da escada é referido pelo arquiteto como a coluna vertebral da estrutura. Posicionando o poço lá, ele libera toda a fachada frontal para espaços de escritórios/janelas, uma importante consideração para um edifício que tem apenas 7,62 metros de largura.

Interior

Vencedor da concorrência de 1992 realizada pelo Ministério Federal de Assuntos Exteriores da Áustria, o projeto de Abrahams cria um edifício com 24 andares e 2.307 metros quadrados de espaço interno. As salas tendem a ter a mesma largura do edifício, com vidraças do chão ao teto.

A torre Trump

Localização
725 Fifth Avenue Manhattan

Construída em *1983*

Arquitetos
Der Scutt, Swanke Hayden Connell Arquitetos

Influenciada pelo movimento de estilo internacional que impregnou os projetos de arranha-céus a partir dos anos 1950, a torre Trump é a encarnação do estilo para uma Nova York impetuosa dos anos 1980. O edifício é simbólico do distrito comercial onde se localiza, no cruzamento de Midtown e o Central Park. Isso significa fachadas de vidro colorido, grandes vendedores de varejo ocupando o nível da rua e gigantes corporativos habitando os escritórios acima. A torre Trump é a América capitalista em forma de prédio. Forte, alta e, às vezes, agoureira, é a verdadeira síntese de arquitetura e vaidade combinadas.

Jogando a carta de trunfo
Ereta e alta entre ícones de Nova York, como o edifício Sony, a Torre Trump se diferencia de outros arranha-céus cobertos de vidro por sua fachada em sanfona e terraços com árvores plantadas bem acima do nível da rua. Isso é Modernismo com um viés pomposo, o resultado de um cliente com influência e ambição de ser notado em todo o mundo.

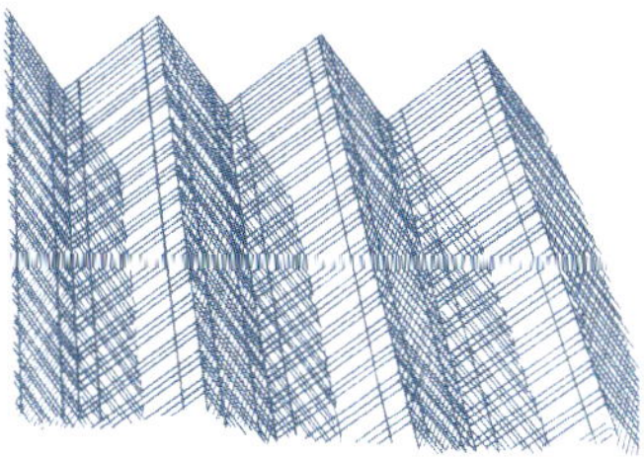

Fachada em degraus, envidraçada

Revestida de vidro escuro reflexivo, a Trump Tower primeiramente recua em uma série de terraços no formato de diamantes lapidados, a partir dos cantos. Depois, esses degraus horizontais transformam-se em uma sanfona vertical que cobre toda a torre. O efeito é único em Nova York e também cria muitos escritórios com dupla vista, algo muito bom para oportunidades de aluguel.

Entrada

Se o projeto do edifício é predominantemente modernista (internacionalismo é um gênero modernista), a entrada é puro capitalismo enlouquecido. Grandes letras douradas indicam o nome da torre, enquanto portas giratórias têm a assistência de porteiros usando cartolas. O resultado é uma mistura de boa arquitetura e consumismo ostentativo.

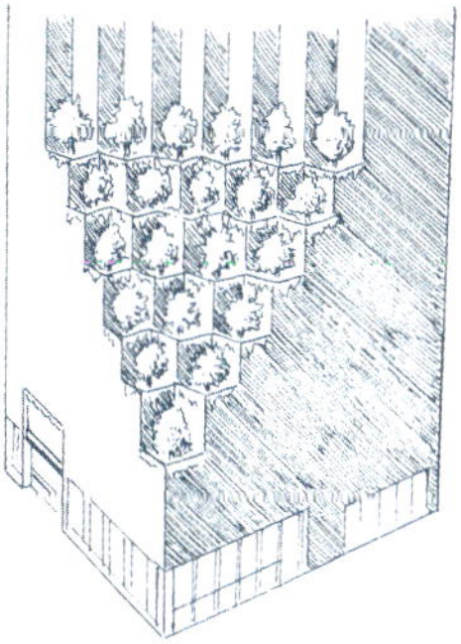

Corte do pátio

Um dos maiores e mais opulentos pátios em Nova York pode ser encontrado na Torre Trump. O pátio de sete andares abriga um shopping center, cascata e jardins (os dois últimos ajudam a regular a temperatura e a umidade). Butiques mais caras são acessadas por compridas escadas rolantes que se erguem do pátio.

Árvores na torre

Incomum para os edifícios altos de Nova York e pré-datando o surgimento de tetos verdes, a torre tem uma série de terraços com a forma de diamantes lapidados, cada qual com sua árvore plantada. Não há razão para este ornato, a não ser decorativa, mas o projeto, bem executado, é um bom ponto para discussão sobre a torre, entre os muitos outros.

Complexo Worldwide Plaza

Considerando uma questão

Com uma silhueta marcante, este arranha-céu pós-moderno é uma tentativa de casar as necessidades comerciais dos anos 1980 com o glamour dos edifícios altos dos anos 1920.

Descrito por David Childs, o arquiteto projetista do complexo, como "o exemplo perfeito daquilo que todos imaginamos que seja o grande clássico americano, o arranha-céu", o complexo One Worldwide Plaza é, na verdade, uma relíquia pós-moderna inchada que fica longe da ambição grandiosa do projetista. Enquanto os altos edifícios que o precederam eram relativamente pináculos delgados que buscavam alcançar os céus, o One Worldwide Plaza é um edifício acanhado, mais propriamente um edifício sustentado por colunas, com 48 andares, ao qual falta a graça de seus vizinhos. A dramaticidade é fornecida por colunas caneladas encapadas de branco no topo de cada recuo, enquanto a verticalidade é representada por montantes entre as janelas.

Localização *West 49th Street em direção à West 50th Street, entre Eighth Avenue and Ninth Avenue, Manhattan*

Construído em *1989*

Arquitetos *Skidmore, Owings & Merrill*

Entrada principal

Toques pós-modernos estão no arco triunfal, nas faixas de pedra colorida nas quais a rusticação era norma, e numa cornija esculpida, todos apontando para estilos arquitetônicos clássicos. Entretanto, o Worldwide Plaza é um produto da demanda comercial e do anseio do arquiteto em criar algo diferente do seu entorno.

Área pública

Assim como um espaço de jardim central público no meio do complexo, o One Worldwide Plaza apresenta uma grande rotunda elíptica em sua base que é acessível a todos. Como tal, todo o complexo tem uma proporção incomum de espaço público, uma exigência que atualmente faz parte dos critérios de planejamento para projetos urbanos de grande escala.

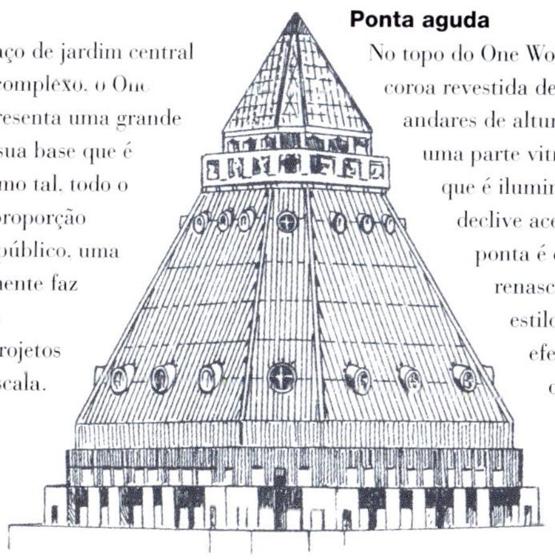

Ponta aguda

No topo do One Worldwide Plaza há uma coroa revestida de cobre com quase dez andares de altura. E na sua ponta há uma parte vitrificada, uma pirâmide, que é iluminada por dentro. O declive acentuado da forma da ponta é evocativo da arquitetura renascentista influenciada pelo estilo gótico ou germânico. O efeito é menos gracioso quando visto em contexto com o resto do edifício.

One World Trade Center

Localização
Liberty Street e Church Street, Manhattan

Construído em *2014*

Arquitetos
Skidmore, Owings & Merrill

Projetado pelo arquiteto David Childs, do escritório Skidmore, Owings & Merril, One World Trade Center tem 541 metros de altura, uma referência simbólica ao ano da independência americana. Com 104 andares, a construção tem uma base quadrada. Depois, seu tronco transforma-se em uma configuração octogonal à medida que se eleva, antes de tornar-se quadrado novamente no topo. Externamente, o edifício parece ser semelhante a outras torres envidraçadas, mas dentro há um núcleo vertical de aço armado envolto em 60 centímetros de concreto. Este núcleo contém elevadores e escadas, inclusive escadas de emergência para bombeiros.

Torre da liberdade
Esta mais que simbólica declaração arquitetônica mudou de projeto várias vezes. Entretanto, a torre que agora se ergue na Lower Manhattan é um farol adequado e uma celebração da decisão de Nova York e do povo americano contra o terrorismo em todas as suas formas.

Planta de terreno

Situado ao norte do local original das Torres Gêmeas, o One World Trade Center (embaixo à esquerda, na ilustração acima), se submete aos vazios deixados pelos edifícios destruídos. Essas áreas agora são ocupadas por um jardim memorial e um centro cultural. A seu leste e sul estão as torres dois e cinco do World Trade Center.

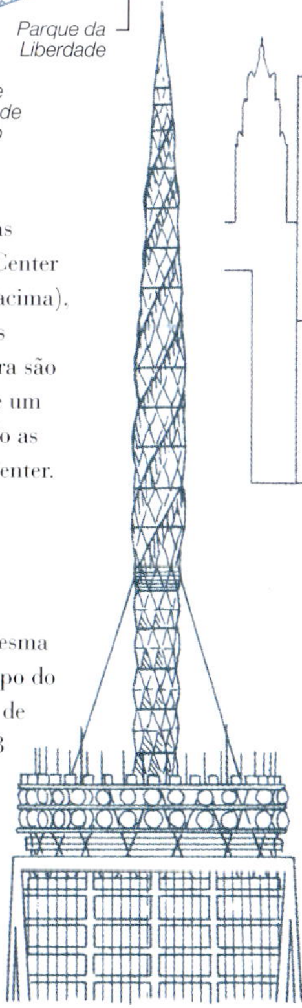

Pináculo

Os espaços ocupáveis internamente chegam à altura de 415 metros, a mesma da Torre Sul original do WTC. No topo do eixo principal da torre há um deque de observação com um parapeito de 1,8 metros de altura e um pináculo iluminado de 124 metros de altura, o que eleva seu tamanho total para 541 metros, que simbolizam o ano em que os Estados Unidos conquistaram sua independência.

Corte

O One World Trade Center se sobressai acima de seus vizinhos. Sua forma lisa encerra cerca de 241.550 metros quadrados de espaço para escritórios e inclui um saguão público em sua base com 15,2 metros de altura. Está planejado para incluir um deque de observação a 417 metros de altura, o tamanho que tinha a Torre Norte original do WCT.

Mapa de localização

Apesar de o Modernismo permanecer como o estilo que muitos arquitetos hoje em dia ainda projetam, ele tem visto seus detratores – e ninguém mais do que eles – durante os anos 1980, quando o Pós-Modernismo levantou a cabeça irônico. Vejam com cuidado o Worldwide Plaza e o Citigroup Center, e o contraste entre os dois estilos. Cuidado também com a nova arquitetura – um bom exemplo é o Eight Spruce Street – que toma emprestado dos dois estilos.

1 **Edifício do New York Times**
620 Eighth Avenue
página 202

2 **Terminal Coney Island**
Stillwell Avenue
página 206

3 **Museu de Arte Popular Americana**
45 West 53rd Street
página 208

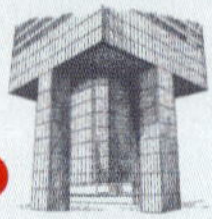

4 **Citigroup Center**
153 East 53rd Street
página 210

5 **Novo Museu de Arte Contemporânea**
235 Bowery *página 212*

6 **Centro de Visitantes do Jardim Botânico do Queens**
Flushing *página 214*

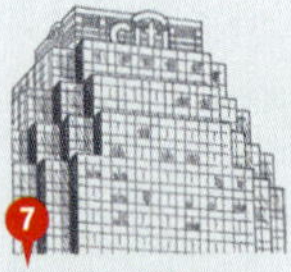

7 **One Court Square**
1 Court Square
página 216

8 **Edifício Hearst Magazine**
300 West 57th Street
página 218

9 **Co-op City**
Baychester
página 220

10 **Metropolitan Opera House** Broadway na altura da Lincoln Square
página 222

11 **Madison Square Garden**
46 Pennsylvania
página 224

12 **Edifício Cooper Union**
41 Cooper Square
página 226

13 **Eight Spruce Street**
300 West 57th Street
página 228

14 **Museu Whitney de Arte Americana**
945 Madison Avenue
página 230

15 **Edifício Sony**
550 Madison Avenue
página 232

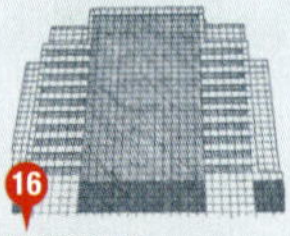

16 **Edifício Morgan Stanley**
46 Pennsylvania Plaza
página 236

17 **Citi Field**
41 Cooper Square
página 238

18 **Fórum Cultural Austríaco**
11 East 52nd Street
página 240

19 **A torre Trump**
725 Fifth Avenue
página 242

20 **Complexo Wordwide Plaza**
West 49th em direção à West 50th Streets *página 244*

21 **One World Trade Center**
Liberty Street com Church Street *página 246*

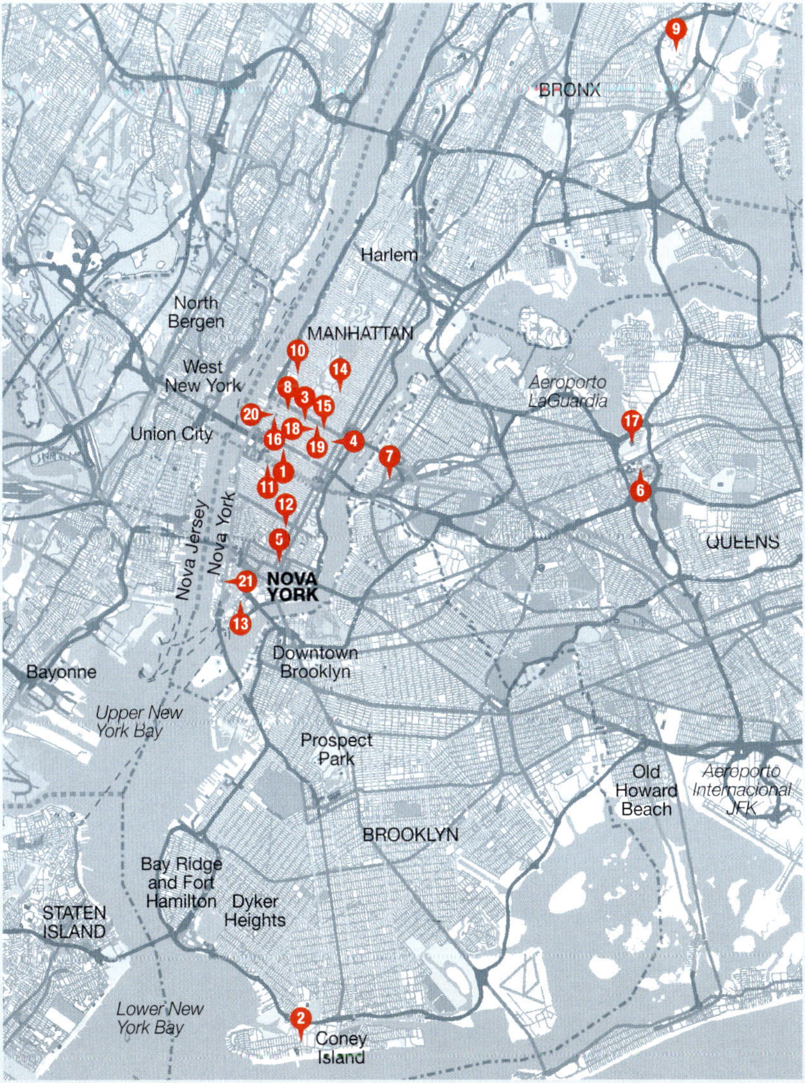
BRONX
Harlem
North Bergen
MANHATTAN
West New York
Union City
Aeroporto LaGuardia
QUEENS
Nova Jersey
Nova York
NOVA YORK
Downtown Brooklyn
Bayonne
Upper New York Bay
Prospect Park
Old Howard Beach
Aeroporto Internacional JFK
BROOKLYN
Bay Ridge and Fort Hamilton
Dyker Heights
STATEN ISLAND
Lower New York Bay
Coney Island
1
2
3
4
5
6
7
8
9
10
11
12
13
14
15
16
17
18
19
20
21

Arquitetos proeminentes

CARRÈRE & HASTINGS
Consulate of the Russian Federation, Cunard Building, First Church of Christ Scientist, Edifício Forbes Magazine, Coleção Frick (página 42), Greek Consulate General, HSBC Bank, Lunt-Fontanne Theatre, Biblioteca Pública de Nova York (página 98), Ritz Tower, Standard Oil Building

CASS GILBERT
90 West Street, 130 West 57th Street, Alexander Hamilton Custom House, Broadway-Chambers Building, George Washington Bridge, New York County Lawyers Association, New York Life Insurance Building, United States Courthouse, Edifício Woolworth (página 116)

WALLACE K. HARRISON
The Corning Glass Building, Metropolitan Opera House (página 222), United Nations Secretariat (página 156)

HEINS & LAFARGE
Estação IRT Bowling Green (página 50), Zoológico do Bronx (página 102), Catedral St. John the Divine (página 128), Enoch Grand Lodge, Judson Memorial Church

RAYMOND HOOD
Edifício American Radiator (página 112), Daily News Building, GE Building, McGraw-Hill Building

PHILIP JOHNSON AND JOHN BURGEE
1001 Fifth Avenue, Bobst Library, Museu de Arte Moderna (MoMA) (página 160), New York State Pavilion, Casa de Hóspedes Rockefeller (página 172), Edifício Sony (página 232), Takashimaya, Trump International Hotel and Tower

MCKIM, MEAD & WHITE
23 Park Avenue, 998 Fifth Avenue, Americas Society, Bowery Savings Bank, Cable Building, Century Association Clubhouse, Church of the Ascension, Collectors' Club, Cultural Services Embassy of France, First Presbyterian Church, Goelet Building, Harvard Club, Hermès, Instituto Italiano di Cultura, IRT Powerhouse, Agência postal James A. Farley (página 90), Lamb's Club, Biblioteca Memorial Low (página 20), Madison Square Garden, Edifício Municipal de Manhattan (página 76), Metropolitan Club, Metropolitan Museum of Art (página 56),
New York Herald Building, NY Life Insurance Company, Penn Station, Racquet and Tennis Club, Regent Wall Street Hotel, Savoy Plaza Hotel, Spanish Institute, St. Bartholomew's Church, St. Paul's Chapel Columbia University,
Strivers' Row, University Club, Village Community Church, Villard Houses

LUDWIG MIES VAN DER ROHE
Seagram Building (página 164)

OLMSTED & VAUX
Belvedere Castle, Central Park (página 22), The Dairy, Jefferson Market Library (Vaux), Metropolitan Museum of Art (Vaux, página 56), National Arts Club (Vaux), Prospect Park, Tavern on the Green

RENZO PIANO
Biblioteca do Museu Morgan (página 32), Edifício do *New York Times* (página 202)

SHREVE, LAMB & HARMON ASSOCIATES
500 Fifth Avenue, Bankers Trust Company, Edifício Empire State (página 132), Forbes Magazine Building, Mony Tower, Standard Oil Building, Trump Building

SKIDMORE, OWINGS & MERRILL LLP
1 Liberty Plaza, 9 West 57th Street, 461 Fifth Avenue, Bertelsmann Building, Chase Manhattan Bank Tower, Goldman Sachs Building, HSBC Bank Building, Islamic Cultural Center, Casa Lever (página 166), Lincoln Center for the Performing Arts, Manufacturers Trust Company (página 170), One World Trade Center (página 246), Park West Village, Saatchi & Saatchi, Time Warner Center, Worldwide Plaza Complex (página 244), WR Grace Building

EDWARD DURELL STONE
Two Columbus Circle (página 178), Casa Edward Durell Stone (página 184), Museum of Modern Art (página 160), One Financial Square, Radio City Music Hall

LOUIS SULLIVAN
Edifício Bayard-Condict (página 130)

JOSEPH URBAN
Bedell Department Store, Edifício Hearst Magazine (página 218), New School for Social Research (página 162)

WARREN & WETMORE
927 Fifth Avenue, Chelsea Piers, Con Edison Building, Crown Building, Downtown Association, Terminal Grand Central (página 64), Helmsley Building, St. James Theater, New York Yacht Club, Vanderbilt Hotel

WILLIAM VAN ALEN
Edifício Chrysler (página 148), Ed Sullivan Theater

FRANK LLOYD WRIGHT
A Crimson Beech (página 174), Hoffman Auto Showroom, Museu Solomon R. Guggenheim (página 196)

Fontes

Livros/Documentos

WILL JONES, *New York* (Carlton, 2002)

DAVID LITTLEFIELD E WILL JONES, *Great Modern Structures* (Carlton, 2010)

ERIC P. NASH, *Manhattan Skyscrapers* (Princeton Architectural Press, 2005)

New York Landmarks Preservation Commission Reports

DONALD MARTIN REYNOLDS, *The Architecture of New York City* (Wiley ,1994)

NORVAL WHITE, ELLIOT WILLENSKY, FRAN LEADON, *AIA Guide to New York City* (Oxford University Press, 2010)

Sites

www.archiseek.com

www.ascemetsection.org

www.aviewoncities.com

www.brooklynmuseum.org

www.centralparknyc.org

http://ci.columbia.edu/0240s/0242_2/0242_2_s5_2_text.html

http://cooperhewitt.org

www.greatbuildings.com

www.green-wood.com

www.historicrichmondtown.org

www.in-arch.net

www.nyc-architecture.com

www.nywf64.com/sitemap.html

www.prospectpark.org

www.shubertorganization.com

www.stgeorgetheatre.com

Glossário

AMEADO Guarnecido de ameia, cada um dos pequenos parapeitos intervalados da parte superior das muralhas de castelos ou fortalezas.

ART DÉCO Estilo arquitetônico típico dos anos 1920 e 1930, caracterizado por uma propensão decorativa formas suaves e aerodinâmicas e padrões geométricos.

ATRIL Pequena estante disposta em plano inclinado onde se coloca um livro aberto, para se poder ler de pé.

BAIXO-RELEVO Escultura em relevo na qual as figuras se projetam levemente para fora do segundo plano.

BANDEIRA Elemento semicircular na parte de cima de portas ou janelas.

BARROCO O estilo arquitetônico europeu extravagante, originalmente dos séculos XVII e XVIII, frequentemente reconhecido por ornatos teatrais e detalhes nas paredes, alternando ondulações côncavas e convexas.

BEAUX-ARTS Esmerado estilo arquitetônico de finais do século XIX e início do século XX, refletindo os princípios ensinados na Escola de Belas-Artes, em Paris, e com frequência caracterizado por formas clássicas, ornamentação rica, simetria e grande escala.

BRUTALISTA Do francês *béton brut*, significa "concreto cru", um estilo caracterizado por prédios revestidos de concreto – ou pedra – com armação estrutural exposta e quase nenhum ornamento decorativo.

CAIXOTÃO Divisão poligonal, geralmente quadrada e ornamentada, aplicada nos tetos.

CÁRTULA Parte de um monumento, quadro etc. que simula uma folha de papel, para inscrição de um dístico.

CAPITEL Extremidade superior de uma coluna, de um pilar ou de uma pilastra, tratada de maneira especial.

CLÁSSICA Arquitetura originalmente relativa aos períodos antigos da Grécia e de Roma. Posteriormente, projetos que seguiam de maneira estrita os ideais clássicos instituídos na obra de dez volumes escrita no século XV por Vitrúvio.

COLUNA CANELADA Diz-se de colunas ou superfícies com acabamento em caneluras, estrias ou sulcos verticais de secção semicircular.

COLUNETA Pequena ou fina coluna, ou seu fuste.

CONTRAFORTE Apoio externo para estabilizar a estrutura opondo-se aos empuxos, especialmente um apoio que se projeta, construído dentro ou contra uma parede externa.

CORNIJA Moldura que se destaca da parede e arremata o entablamento.

CÚPULA Abóbada hemisférica ou esferoide.

DEFLETOR Obstrução artificial para controlar ou defletir o fluxo de som.

ENTABLAMENTO Conjunto de molduras usadas para ornamentar a parte superior das fachadas, constituído por arquitrave, friso e cornija.

ESTILO COLONIAL Estilos arquitetônicos com origens na Europa que foram transferidos para as colônias do Novo Mundo, principalmente por colonizadores britânicos, franceses, holandeses e alemães, e depois incluídos em técnicas locais.

ESTILO INTERNACIONAL Gênero modernista formativo, primeiramente descrito por Philip Johnson nos anos 1930.

FLAMENGO Arquitetura com origem em Flandres. Frequentemente decorativa, com faixas representando motivos florais.

FRISO Qualquer banda decorativa em uma parede exterior, mais larga que uma faixa e exibindo inscrições, esculturas etc.

FRONTÃO Conjunto arquitetônico de forma triangular que decora normalmente o topo da fachada principal de um edifício.

FUTURISMO Movimento arquitetônico do princípio a meados do século XX que deixou de lado referências históricas em favor de projetos influenciados por ideais industriais e pela era espacial, e usando novos materiais, como plástico.

GÓTICO Estilo arquitetônico europeu de cerca dos anos 1150 aos 1500 – repopularizado como neogótico em fins do século XIX – caracterizado por arcos ogivais, abóbadas e um interesse nas expressivas possibilidades da luz.

GROTESCO Fantástico ou mítico, especialmente referindo-se a figuras humanas, animais ou formas de vegetação.

ITALIANADO Amálgama de design da Renascença italiana e o movimento pitoresco.

LAYOUT Disposição ou arranjo físico (montagem ou configuração) de determinado local.

LINTEL Verga de porta ou janela.

MÍSULA Ornato que ressai de uma superfície, geralmente vertical, e que serve para sustentar um arco de abóbada ou uma cornija.

MODERNISMO Estilo arquitetônico em voga a partir dos anos 1920 até finais do século XX, no qual a decoração tornou-se subordinada à função. Ainda proeminente em muita arquitetura do século XXI.

MODILHÃO Ornato geralmente em formato de um "S" invertido, comumente situado sob a cornija de uma edificação.

MONTANTE Peça vertical de pedra ou madeira que, no caixilho, divide as folhas da janela.

NEOCLÁSSICO Estilo arquitetônico baseado em precedentes clássicos, em moda no século XVIII e início do século XIX.

PALADIANO Nome derivado do trabalho do arquiteto italiano Andrea Palladio no século XVI, baseado na simetria, perspectiva e valores de arquitetura formal de um templo clássico.

PARAPEITO Espécie de parede como barreira que se ergue em geral até a altura do peito, situado na extremidade de um edifício, ponte, telhado ou similares.

PERSIANA Uma de várias réguas paralelas e superpostas instaladas na parte interna de janelas ou portas para controlar a entrada de iluminação ou ventilação.

PIER Estrutura vertical de suporte.

PILAR Elemento estrutural vertical usado normalmente para receber os esforços de uma edificação e transferi-los para outros elementos, como as fundações. A palavra pode ser usada como sinônimo para coluna, embora esta tenha um significado próprio.

PILASTRA Pilar fundido numa parede. Geralmente imita a forma de uma coluna, com suas três divisões: base, fuste e capitel.

PINÁCULO Estrutura delgada e ereta com a forma de cone, pirâmide ou espiral, situada no topo de um contraforte ou torre.

PÓDIO Elemento de construção que forma a base de um edifício.

PÓRTICO Estrutura que consiste em uma cobertura sustentada por colunas ou piers, geralmente ligada a um prédio, como uma varanda.

PÓS-MODERNO Movimento de arquitetura que cresceu durante a segunda metade do século XX e que deliberadamente afastou-se do Modernismo, usando, em seu lugar, estilos de vários períodos diferentes, muitas vezes com ironia e um elemento de pastiche.

PROSCÊNIO Arco que separa o palco de um auditório.

RECUO Recesso, na parte superior de um edifício, em relação à linha vertical da fachada, para tornar mais leve a estrutura ou para permitir que desejadas quantidades de luz e ar alcancem a base do edifício.

RENASCENÇA Reflorescimento das formas e da erudição clássicas na Itália dos séculos XV e XVI e no norte da Europa nos séculos XVI e XVII, posteriormente usadas como referência por novas estruturas nos séculos XVIII e XIX.

ROCOCÓ Estilo arquitetônico decorativo caracterizado pelo uso, na decoração, de conchas, volutas, espirais e curvas com formas de "C" e "S".

ROMANESCO Estilo arquitetônico predominante na Europa por volta dos anos 1000 a 1200. Tipificado por formas em arco redondo, abóbadas de berço, paredes e piers espessos, e estilizações lineares, rivalizando com a arquitetura romana.

ROSÁCEA Grande vidraça circular, frequente em igrejas góticas, formada de peças de vidro colorido encaixadas em um rendilhado de pedra ou madeira.

ROTUNDA Construção circular normalmente encimada por uma cúpula, ou parte dela que tenha este formato e cobertura.

RUSTICAÇÃO Ato ou efeito de rusticar: picar a pedra, deixando-lhe a superfície granulada.

TERRAZZO Mosaico para piso ou pavimentação composto de fragmentos de pedra quebrada e cimento, polido após colocação.

TÍMPANO 1 Em um edifício com estrutura de aço, superfície do painel entre o alto de uma janela e o parapeito da janela imediatamente acima.

TÍMPANO 2 Espaço triangular rodeado pelas molduras de um frontão.

USONIANO Estilo arquitetônico criado por Frank Lloyd Wright para designar projetos residenciais de sua autoria simplificados, para reduzir custos, sem sótãos e porões, e pouca ornamentação. A palavra "usonia" é uma abreviatura de United States of North America.

VESTÍBULO Passagem, saguão ou antecâmera entre a porta externa e partes do interior de uma casa ou edifício.

VOLUTA Ornamento espiralado que remata os ângulos dos capitéis jônico, coríntio e compósito.

Índice remissivo

Índice remissivo

Agradecimentos

Agradecimentos do autor
Gostaria de agradecer a Jason Hook, Caroline Earle, Stephanie Evans, Jamie Pumfrey, James Thomas e a toda a equipe da Ivi Press por seu excelente trabalho de pegar minhas primeiras escolhas dos edifícios, os textos subsequentes e transformá-los neste livro maravilhoso. Agradeço também aos vários autores, arquitetos e criadores de sites pela riqueza de informações disponibilizadas, e que muito ajudaram em minha pesquisa para esta publicação. Por último, mas não menos importante, agradeço à minha mulher Stephanie por seu constante apoio em todos meus esforços.

O editor agradece às empresas e pessoas listadas abaixo pela gentileza de permitir a reprodução das imagens que integram este livro. Todos os esforços foram feitos para reconhecer os direitos das imagens. Pedimos desculpas caso haja alguma omissão involuntária.

Simon Absonditus: 128.
Alamy/Patrick Batchelder: 32, 244; Michael Doolittle: 236; Len Holsborg: 102; Interfoto: 140; Albert Knapp: 50; Russell Kord: 92; Terese Loeb Kreuzer: 38; Richard Levine: 162; Frances Roberts: 126, 216; Alan Schein: 233; Vespasian: 42, 172.
Jules Antonio: 212.
Oscar Arranz: 30.
Austrian Cultural Forum New York, Photo by David Plakke: 240.
Scott Beale: 190.
Dave Beckerman: 142.
Peter Bennett: 4.
Mario Burger: 54, 180.
Corbis: 168; Bettmann: 90, 94; Cameron Davidson: 144; Nic Lehoux/View: 188; James Leynse: 224; Charles E. Rotkin: 220.
Dan DeChiaro: 222.
Vincent Desjardins: 62.
Enid A. Haupt Conservatory, Conservatory in Winter, Photo by Joseph DeSciose: 82.
Simon Fieldhouse: 64.
Flickr/Alsandro: 218; Beyond My Ken: 226; Bill: 174; BrOnXbOmBr21: 11; Dan: 176; Elaine: 195; Flickr4Jazz: 16; Gryffindor: 230; Malrite: 238.
Fotolia: 2; Matt Apps: 242; Ilja Mašík: 132.
Getty Images/AP Photo: 189TL; FPG: 114; Edwin Levick/Stringer: 134; Andrew C. Mace: 118; Barbara Singer: 143.
Emilio Guerra: 100, 124, 146, 170, 182, 192B, 214.
Aurelien Guichard: 196.
Jim Henderson: 24, 96, 138.
Dave Hoggan: 119TR.
Jason Hook: 36, 72, 80, 120, 150, 164.
Emmett Hume: 228.
iStockphoto/Ian Klein: 157; Jitalia17: 18.
Courtesy Kalmbach Publishing Company: 177TL.
Library of Congress, Washington, D.C.: 8, 12, 13, 14BR, 20, 21, 26, 27TR, 27BL, 27BR, 28, 29, 33, 44, 45, 46, 52, 55BR, 55BL, 55TR, 56, 58, 59TL, 65, 66, 70, 74, 77, 78, 88, 91, 93, 98, 99TL, 105, 107R, 116, 119TL, 119BR, 121, 122, 130, 133TL, 136, 149, 183TL, 186, 187TL, 192T, 193.
Min Liu: 40.
Kenny Louie: 110.
J. Eric Lynxwiler: 86.
Lauren Manning: 154, 208.
Christoph Anton Mitterer: 204.
Arad Mojtahedi: 57.
Kim Navarre: 34.
Dirk Olbertz: 203.
Photolibrary/Barry Winiker: 113, 178.
Amar Raavi: 210.
Stefan Schulze: 158.
Silke Seybold: 84.
David Shankbone: 68, 166, 234.
Shutterstock/Elliotte Rusty Harold: 206; Morphart: 123TR.
Skidmore, Owings & Merrill LLP: 247.
Robert Skolmen: 184.
Martin St-Amant: 6, 22B.
Studio Daniel Libeskind: 247.
Superstock: 47TR; Tony Linck: 48.
Joe Vare: 201.